国内外经典教材辅导系列·政治类

《政治学基础》
考研真题和典型题详解

【适用王浦劬第5版教材】

主编：圣才考研网
www.100xuexi.com

中国石化出版社
·北京·

内 容 提 要

21世纪政治学规划教材《政治学基础》（王浦劬等著）是我国高校广泛采用的政治学权威教材之一。本书遵循该教材第5版的章目编排，共分为7编21章，每章由三部分组成：第一部分为复习指南，知识框架部分清晰勾勒出了每章的知识脉络，通关提要部分剖析了本章重难点、考查特点和学习方法；第二部分为考研真题与典型题，精选了近年的部分名校考研真题，补充典型题；第三部分为考研真题与典型题详解，对第二部分的习题提供了详细的分析和解答。

圣才考研网（www.100xuexi.com）提供全国所有院校各个专业的考研考博辅导方案【网络课程、电子书、题库等】。购书即可享受大礼包增值服务【本书电子书（手机版、电脑版）+考研专业课咨询服务】。手机扫码（本书封底）领取本书大礼包。

图书在版编目（CIP）数据

《政治学基础》考研真题和典型题详解/圣才考研网主编．—北京：中国石化出版社，2025．1．—ISBN 978-7-5114-7808-5

Ⅰ．D0-44

中国国家版本馆CIP数据核字第2025MN8653号

中国石化出版社出版发行

地址：北京市东城区安定门外大街58号

邮编：100011　电话：（010）57512500

发行部电话：（010）57512575

http://www.sinopec-press.com

E-mail：press@sinopec.com

湖北新华印务有限公司印刷

全国各地新华书店经销

*

787毫米×1092毫米 16开本 13印张 326千字

2025年1月第1版　2025年1月第1次印刷

定价：62.00元

序　言

我国各大院校一般都把国内外通用的权威教科书作为本科生和研究生学习专业课程的参考教材，这些教材甚至被很多考试（特别是硕士和博士研究生入学考试）和培训项目作为指定参考书。为了帮助读者更好地学习专业课，我们有针对性地编写了一套与国内外教材配套的复习资料，并提供配套的名师讲堂和题库。

21世纪政治学规划教材《政治学基础》（王浦劬等著）是我国高校广泛采用的政治学权威教材之一。本书遵循该教材第5版的章目编排，共分为7编21章，每章由三部分组成：第一部分为复习指南，知识框架部分清晰勾勒出了每章的知识脉络，通关提要部分剖析了本章重难点、考查特点和学习方法；第二部分为考研真题与典型题，精选了近年的部分名校考研真题，补充典型题；第三部分为考研真题与典型题详解，对第二部分的习题提供了详细的分析和解答。所选习题基本涵盖了每章的考点和难点，特别注重理论联系实际，凸显当前热点。

要深深牢记：考研不同于一般考试，概念题（名词解释）要当作简答题来回答，简答题要当作论述题来解答，而论述题的答案要像是论文，多答不扣分。有的论述题的答案简直就是一份优秀的论文（其实很多考研真题就是选自一篇专题论文，完全需要当作论文来回答）。

圣才考研网编辑部

目　录

第一编　政治与政治学

第二编　政治关系

第三编　政治行为

第四编　政治体系

第五编　政治文化

第六编 政治发展

第七编 国际政治

第一编　政治与政治学

第一章　政　治

1.1　复习指南

【知识框架(庖丁解牛)】

- 政治
  - 政治的含义
    - 若干非马克思主义政治观
    - 马克思主义政治观
      - 一种具有公共性的社会关系
      - 经济的集中体现
      - 根本问题是国家政权问题
      - 有规律的社会现象
    - 政治的定义
  - 政治的历史发展和社会地位
    - 政治的起源和发展
    - 政治的社会地位
      - 政治与经济的关系
      - 政治与法律的关系
      - 政治与宗教的关系
      - 政治与道德的关系

通关提要(提纲挈领)

本章主要考查政治学的基础概念，要着重了解若干非马克思主义政治观，把握马克思主义政治观的基本内容，以及政治的起源和发展历程。同时，通过政治与经济、法律、宗教、道德四方面的比较，明确政治的重要意义和社会作用。本章是本课程的基础章节，考试难度一般，考生在复习时要重在理解，注意细节。

1.2　考研真题与典型题

一、判断题

1．中国历史上的法家、西方政治思想史上的马基雅弗利、马克斯·韦伯等都认为，政治是对于权力的追求和运用。(对外经贸 2017 年研)

2．在西方思想史上，率先把道德与政治权力分离开来的思想家是英国的洛克。(对外经贸 2013 年研)

3. 马克思主义认为，国家政权问题是全部政治的基本问题、根本问题。(对外经贸2013年研)

二、概念题

1. 政治(四川大学2025年研)

2.《理想国》(柏拉图)(南京大学2014年研；南京工业大学2014年研)

3. 马克思主义政治观(东财2014年研)

三、辨析题

“政治是人们围绕公共权力而展开的活动及政府运用公共权力进行资源的权威性分配过程”。(中山大学2014研)

相关试题：

(1)政治就是对社会资源和价值的权威性分配。(中国海洋大学2018年研)

(2)简释“政治是人们围绕公共权力而展开的活动及政府运用公共权力进行资源的权威性分配过程”。(简答题，中山大学2011年研)

四、简答题

1. 中国古代思想家和西方古代思想家是如何用道德的观点解释政治的?(首都师大2011年研)

2. 简述非马克思主义者代表性的“政治”含义。(广西民大2017年研)

相关试题：

(1)若干非马克思主义政治观分析。(四川大学2025年研)

(2)试述当代西方政治学者对政治的解释。(首都师大2013年研)

3. 如何理解马克思主义政治观?(辽宁大学2019年研)

相关试题：

(1)简述马克思主义的政治观。(吉林大学2025年研；湖南师大2024年研；南京师大2019年研；华中师大2017年研)

(2)政治的根源是什么?(湘潭大学2014年研)

1.3 考研真题与典型题详解

一、判断题

1. 中国历史上的法家、西方政治思想史上的马基雅弗利、马克斯·韦伯等都认为，政治是对于权力的追求和运用。(对外经贸2017年研)

【答案】正确

【解析】非马克思主义政治观中，权力政治观对政治的看法包括：①中国历史上的法家，主张政治之道的主要内容应是法、术、势，即政治权力的获取、保持和运用。②马基雅弗利认为“政治是夺取权力、掌握权力的必要方法的总和”。③马克斯·韦伯认为，“‘政治’意指力求分享权力或力求影响权力的分配”。由此可知他们均认为政治是对于权力的追求和运用。

2. 在西方思想史上，率先把道德与政治权力分离开来的思想家是英国的洛克。（对外经贸2013年研）

【**答案**】错误

【**解析**】意大利思想家马基雅维利是第一个使政治学获得独立的人，他将政治学与伦理学分开，率先把道德与政治权力分离开来，认为“政治是夺取权力、掌握权力的必要方法的总和”。

3. 马克思主义认为，国家政权问题是全部政治的基本问题、根本问题。（对外经贸2013年研）

【**答案**】正确

【**解析**】马克思主义政治观认为，政治的根本问题是国家政权问题。在政治生活中，一切政治现象都与国家政权有着密切的关系。国家是实现政治权力的机器，一切政治关系和政治活动都是围绕国家政权而展开的。马克思主义认为，国家政权问题“是全部政治的基本问题，根本问题”。

二、概念题

1. 政治（四川大学2025年研）

答：政治是经济的集中表现。产生于一定的经济基础，又为经济基础服务，给予经济发展以巨大影响，并在社会上层建筑中居于统率地位。在阶级社会里，各对立阶级为维护自己的经济利益，彼此之间必然展开激烈的阶级斗争。因此，阶级斗争、处理阶级关系成为政治的重要内容。

2. 《理想国》（柏拉图）（南京大学2014年研；南京工业大学2014年研）

答：《理想国》是古希腊哲学家柏拉图的代表作。全书主要论述了柏拉图心中理想国的构建、治理和正义，主题是关于国家的管理。《理想国》共十卷。第一、二卷讨论公道正义问题。因为在柏拉图的思想中，国家的建立是求实现公道正义，所以这两卷概括了全书的主旨。从第二卷后半部分到第三卷，讨论卫国者的教育，也是执政者的初级阶段教育。第四卷讨论教育的效能与领导，还谈及节制、勇敢、睿智、正义等的意义。第五卷讨论学前教育和妇女教育。第六卷和第七卷讨论哲学家的培养，也就是执政者的高级阶段教育。第八卷和第九卷谈论政体。第十卷谈论艺术。

3. 马克思主义政治观（东财2014年研）

答：马克思主义政治观是指马克思主义经典作家运用辩证唯物主义和历史唯物主义基本原理，在分析资本主义社会矛盾运动和政治斗争的实践过程中，探索人类社会政治现象的本质，把握其发展规律而得出的理论观点。具体表现为：①政治是一种具有公共性的社会关系；②政治是经济的集中体现；③政治的根本问题是国家政权问题；④政治是有规律的社会现象，它既是一门科学，也是一门艺术。

三、辨析题

“政治是人们围绕公共权力而展开的活动及政府运用公共权力进行资源的权威性分配过

程”。（中山大学 2014 研）

相关试题：

(1) 政治就是对社会资源和价值的权威性分配。（中国海洋大学 2018 年研）

(2) 简释“政治是人们围绕公共权力而展开的活动及政府运用公共权力进行资源的权威性分配过程”。（简答题，中山大学 2011 年研）

答：该观点是决策政治观的观点，它没有揭示社会价值分配及其方式形成的深层动因，把政治活动限定于分配性决策，具有片面性。具体分析如下：

(1) 社会需要进行资源分配

①人是有欲望的，但是满足人们需求的资源通常又是稀有的，不可能每个人都如自己期望的那样富有、拥有权力和特权。

②人们所需求的多数资源是有代价的，要得到它们，人们必须付出金钱、时间，有时甚至是生命的代价。

因此，任何一个社会必须寻求一种途径以决定这些资源和代价是如何分配的。这个分配过程就是政治。因此，政治是一个社会系统的关键部分，没有政治过程，社会就不能运转。

(2) 分配必须是权威性的

①政治关心的是被认为对整个社会有权威性的政策关系。

②权威性分配是指，在大多数社会，由拥有权威和权力的政府机构去作出决定。参与分配过程的还有政党、社团及政治人。

③一个政治体系不但分配好处，还要分配代价。军队、警察和社会福利项目的存在都是要付出代价的。大多数人总是追求他们认为的公平份额的好处，同时却力图减轻他们支付代价的份额。政府靠征税和服役来分配这些代价。

(3) 权威性的分配是一个系统化的过程

政治是一个持续的过程，在这一过程中，输入（要求与支持）影响输出（决定），而输出又影响下一轮的输入，如此循环。

四、简答题

1. 中国古代思想家和西方古代思想家是如何用道德的观点解释政治的？（首都师大 2011 年研）

答：无论是西方还是中国，在古代，政治学和伦理学都是混在一起的。各个思想家都把政治等同于或归结为伦理道德，用道德的观点解释政治，认为政治是对于一种社会价值的追求，是一种规范性的道德，政治的最高目的，就是为了使人和社会达到最高的道德境界。这种政治观是一种理想主义政治观，强调政治的应然性，体现了人们对于政治生活超越现实的追求和要求。代表人物有孔子、柏拉图和亚里士多德。

(1) 我国古代的儒家思想是道德政治的典型代表。如孔子说：“政者，正也。子帅以政，孰敢不正？”他把“政”解释为正，正就是正道，也就是符合礼义的道德。儒家强调“礼治”“德政”就是要求统治者按照礼法来进行统治，并强调统治者要以身作则，自己本身首先要正，即要具有良好的道德素质，才能很好地进行统治。

(2)西方古代的思想家柏拉图、亚里士多德也把政治与伦理混在一起，柏拉图所设计的“理想国”就是“公道或正义之国”，而“公道”乃是灵魂的至德。公道既是个人的道德，也是国家的道德。柏拉图认为，政治意义上的善应该是“哲学家管理国家，武士管理军队，支配人民工作，而人民则供给国家以劳动物质。”这就是公道，即每个人按其本性去做他们自己的事，而不管闲事。因此，正义就是各守本分。人类最高的生活就是公道或正义的生活，这就是政治活动的最高目的。亚里士多德也认为，国家表现为最高的善，是人们的一种道德生活的体现，城邦存在的目的就是使人们在城邦中过有道德的生活。

2. 简述非马克思主义者代表性的“政治”含义。（广西民大 2017 年研）

相关试题：

(1)若干非马克思主义政治观分析。（四川大学 2025 年研）

(2)试述当代西方政治学者对政治的解释。（首都师大 2013 年研）

答：非马克思主义政治观是指与马克思主义政治观相对应的一些对于政治的看法。非马克思主义政治观的代表性观点主要有以下几种：

(1)政治是对一种社会价值的追求，是一种规范性的道德

中国儒家学说认为政治与道德是一体两面的，其对于政治的阐释寄托着对仁义礼智信的道德价值的追求。在西方，也有一些思想家认为政治是与某种伦理价值联系在一起的，其代表人物是古希腊的柏拉图和亚里士多德，他们认为政治是人们相互间的一种道德性结合。

(2)政治是对于权力的追求和运用

这种观念认为政治是对权力的争夺和巩固，政治的目的不过是获取并保持权力，政治的手段则是玩弄权术，其最终目的不过是对权力的攫取和维护。

(3)政治是管理公众事务的活动

政治是与社会事务的治理以及个人和群体对这种治理所具有的控制力的相关的制度安排，它是对公共事务的治理和管理，是对权力巩固的公共服务和公共治理。

(4)政治是对于社会价值物的权威性分配的决策活动

这一定义主要由美国政治学家戴维·伊斯顿提出，并且在当今西方社会得到广泛认同和引用，美国政治学家拉斯韦尔在此基础上进一步引申，把政治的此种定义做了进一步和详细的解释。

(5)政治是一种超自然、超社会力量的体现或外化

在中国殷周时期，神权政治观成为封建统治的合法性依据。在西方中世纪也有把政治当作一种超自然、超社会力量的神秘化倾向。

3. 如何理解马克思主义政治观？（辽宁大学 2019 年研）

相关试题：

(1)简述马克思主义的政治观。（吉林大学 2025 年研；湖南师大 2024 年研；南京师大 2019 年研；华中师大 2017 年研）

(2)政治的根源是什么？（湘潭大学 2014 年研）

答：马克思主义政治观是指马克思主义经典作家运用辩证唯物主义和历史唯物主义基

本原理，在分析资本主义社会矛盾运动和政治斗争的实践过程中，探索人类社会政治现象的本质，把握其发展规律而得出的理论观点。可从以下几个方面来理解：

(1)政治是一种具有公共性的社会关系；

(2)政治是经济的集中体现；

(3)政治的根本问题是国家政权问题；

(4)政治是有规律的社会现象。

马克思主义政治观具有科学性、阶级性、革命性和发展性的特点，它既吸收了其他政治观的合理因素，又充分体现了辩证唯物主义和历史唯物主义方法论的根本立场和思维逻辑，从而有助于我们认清政治现象的本质，把握其变化和发展的规律。

第二章　政治学

2.1　复习指南

【知识框架(庖丁解牛)】

- 政治学
  - 政治学的含义和内容构成
    - 含义
      - 定义
      - 与其他社会科学学科关系
    - 内容构成
      - 马克思主义政治学和非马克思主义政治学
      - 理论研究和应用研究
      - 宏观政治学和微观政治学
      - 静态研究和动态研究
      - 规范的政治学和实证的政治学
      - 若干内容结构
  - 政治学的历史发展
    - 西方政治学的历史发展
      - 奴隶社会
      - 中世纪
      - 自由资本主义产生和发展时期
      - 垄断资本主义时期
    - 马克思主义政治学
      - 产生
      - 基本特点
        - 科学性
        - 人民性
        - 革命性
        - 实践性
  - 中国化马克思主义对马克思主义政治学的发展
    - 毛泽东思想对马克思主义政治学的贡献
    - 邓小平理论、“三个代表”重要思想、科学发展观对马克思主义政治学的贡献
    - 习近平新时代中国特色社会主义思想对马克思主义政治学的贡献
    - 中国政治学的历史发展
  - 政治学研究方法
    - 马克思主义
      - 哲学方法
      - 分析途径
        - 历史分析方法
        - 经济分析方法
        - 阶级分析方法
        - 利益分析方法
    - 西方
      - 传统方法
        - 哲学研究方法
        - 历史研究方法
        - 机构研究方法和制度研究方法
      - 现代方法
        - 社会学分析途径
        - 经济学分析途径
        - 心理学分析途径
        - 政治系统分析模型
        - 政治沟通分析模型
        - 制度主义分析方法
        - 政治实证研究方法

通关提要(提纲挈领)

本章主要涉及政治学的含义、内容构成、中西方以及马克思主义政治学的历史发展过程和主要研究方法。考生在复习备考时，要着重理解政治学的历史发展历程，同时明晰各种研究方法的利弊得失。本章内容较多，主要考察概念和简答题，难度一般，重在理解。

2.2 考研真题与典型题

一、判断题

1. 心理学分析方法既是马克思主义政治学研究的基本方法之一，也是西方政治学研究的基本方法之一。(对外经贸 2017 年研)

2. 从 20 世纪 70 年代开始，行为主义政治学逐步成为西方政治学的主流。(对外经贸 2014 年研)

3. 公共选择分析是现代西方政治学研究方法中的一种社会学分析途径。(对外经贸 2016 年研)

二、概念题

1. 伦理政治观(青岛大学 2017 年研)

2. 行为主义(清华大学 2021 年研；厦门大学 2011 年研)

3. 行为主义政治学(安徽大学 2022 年研；四川大学 2017 年研；青岛大学 2016 年研；浙江工商大学 2014 年研；华南理工 2011 年研)

4. 阶级分析方法(人大 2015 年研)

三、辨析题

“政治学是对权势和权势人物的研究。”请评析。(南航 2010 年研)

四、简答题

1. 结合中国实际，分析政治学对中国经济社会发展的学科价值。(四川大学 2015 年研)

2. 简述现代西方政治学研究方法中的心理学分析途径的特点。(辽宁大学 2014 年研)

相关试题：简述马克思主义政治学的基本特点。(兰州大学 2021 年研)

3. 政治沟通分析模型。(中传 2017 年研)

相关试题：政治沟通分析模型(概念题，中南财大 2009 年研)

4. 简述西方政治学的两个发展方向。(首都师大 2015 年研)

5. 简述西方政治学的主要研究方法。(四川大学 2015 年研)

相关试题：

(1)马克思主义政治研究基本方法。(中传 2014 年研；四川大学 2010 年研；燕山大学 2012 年研)

(2)现代西方政治学研究的主要方法有哪些？并对其中的某一种方法的依据及其运用展开论述，并评价之。(武大 2013 年研；中南财大 2010 年研)

(3)政治学主要有哪些研究方法？(深圳大学 2011 年研)

五、论述题

中国政治学会自1980年成立，至今已经有30年了。30年来，中国政治学会在推动政治学研究的发展方面取得了长足进步。请结合现实，自拟题目，写一篇关于中国政治学30年来发展状况的评价。(南航2011年研)

2.3　考研真题与典型题详解

一、判断题

1. 心理学分析方法既是马克思主义政治学研究的基本方法之一，也是西方政治学研究的基本方法之一。(对外经贸2017年研)

【答案】错误

【解析】马克思主义政治学研究的基本方法为历史研究方法、经济分析法、阶级分析方法和利益分析方法等。心理学分析方法是西方政治学研究的基本方法之一。

2. 从20世纪70年代开始，行为主义政治学逐步成为西方政治学的主流。(对外经贸2014年研)

【答案】错误

【解析】20世纪70年代以前，行为主义政治学和政治理论成为西方政治学发展的两个主要方向。行为主义政治学是西方政治学家努力使政治学科学化的结果。第二次世界大战后，行为主义政治学在美国得到了迅速发展，并逐步成为20世纪70年代以前西方政治学的主流，而不是从20世纪70年代开始才逐步成为西方政治学的主流。

3. 公共选择分析是现代西方政治学研究方法中的一种社会学分析途径。(对外经贸2016年研)

【答案】错误

【解析】公共选择分析是现代西方政治学研究方法中的一种经济学分析途径。它是从微观到宏观的研究方法。

二、概念题

1. 伦理政治观(青岛大学2017年研)

答：伦理政治观是一种将伦理道德作为政治基础和目标的政治观念，认为政治本身应该具有伦理价值。这种政治观强调政治与道德的紧密联系，认为政治行为和制度应当遵循一定的道德准则。其局限性表现为：①理想化倾向。伦理政治观往往从“应然”的角度出发，强调政治应当如何，但忽视了政治现实中的复杂性和利益冲突。②忽视权力关系。这种观点可能掩盖了权力背后的实际动因，未能深刻揭示社会政治的本质。

2. 行为主义(清华大学2021年研；厦门大学2011年研)

答：行为主义作为一种观点，主张对政治行为进行科学的研究，特别是通过使用定量方法，旨在创立完全以经验数据为基础的政治科学。作为一种研究方法，它把政治行为作为政治的出发点和政治分析的基本单元，主张政治应从国家制度、法律、政治权利性质的研究，转向对政治行为的研究。反对传统主义政治学历史的、法律的研究方法。行为主义政治学是与行为主义方法相联系的。行为主义方法的主要特征是运用行为科学的方法来研究影响人的政治行为的各种因素，并力图从中找出人类政治行为的规律性的一种政治学研究方法，它主要采用了现代社会学、心理学和文化人类学的研究方法，它主要研究影响政治行为的各种因素和政治行为的规律性。

3. 行为主义政治学(安徽大学 2022 年研；四川大学 2017 年研；青岛大学 2016 年研；浙江工商大学 2014 年研；华南理工 2011 年研)

答：行为主义政治学是指强调运用自然科学的实证方法，对社会政治生活的过程作系统的、经验的和因果的解释的西方政治学思潮和流派。形成于 20 世纪初，50 至 60 年代盛行于美国及其他西方国家，60 年代以后，随着后行为主义政治学兴起逐渐低落。其特点有：①行为主义关注的是政治活动者的行为，断然拒绝机构研究法。②注重政治研究形式和手段的精确化、数量化，因而注重定量研究而抛弃定性研究。③运用科学的方法研究政治现象。④强调“社会科学的统一”，即政治学要合法地利用社会学、经济学和心理学的资料来描述和解释政治现象。⑤主张“价值祛除”或“价值中立”。

4. 阶级分析方法(人大 2015 年研)

答：阶级分析方法是指从阶级和阶级斗争的角度分析社会、政治现象的研究方法。人们按照经济地位及其政治态度分属于不同的阶级和阶层。社会分层是社会和政治生活最基本的条件，因而必须根据各阶级的相互关系来进行分析。阶级分析理论认为，在阶级社会中，社会生活充满着各种矛盾和矛盾的意向，对立阶级之间彼此进行着斗争，其主要根源在于社会各阶级的经济状况和生活条件不同，利害关系不同。因此，对错综复杂的社会现象，只有运用阶级分析的方法，研究各个阶级的经济地位和政治态度，以及它们之间的关系，才能透过现象认清本质，理出矛盾的主导线索，找出规律性，对各种形势和问题作出正确的判断；才能辨别是非，明确政治方向，制定正确的路线、政策和策略。因而政治研究以阶级为分析重点。

三、辨析题

“政治学是对权势和权势人物的研究。”请评析。(南航 2010 年研)

答：该观点是错误的，具体分析如下：

政治学是一门研究公共权力和政治关系及其规律的科学。

(1)政治学以政治关系作为研究对象。

(2)政治学以探求政治关系的发展规律作为自己的目标和任务。

(3)政治学是一门发展的科学，它涉及政治制度的设计；研究和分析政治过程的产品即公共政策；分析国际社会中不同的政治组织的关系；研究意识形态和政府的信仰。应以科学的态度和方法从事研究，客观科学地认识政治现象，掌握客观政治规律。

四、简答题

1. 结合中国实际，分析政治学对中国经济社会发展的学科价值。(四川大学 2015 年研)

答：政治学对中国经济社会发展的学科价值主要有以下几点：

（1）有助于增强公民意识，提高政治文化水平

我国公民具有较强的政治认同感和政治信任感，因而政策资源的动员及社会利益的调节和整合较为容易，从而使党和国家的政策能够顺利地实施。

但是，由于历史的原因，我国公民对自己的公民权利和义务的认知程度还比较低，政治主体意识、政治参与能力和政治效能感也相对薄弱。因此，通过政治学的教育和研究，可以深入地进行社会主义民主政治与法治知识的普及和宣传，这将有助于提高公民的政治素质，建设具有中国特色的现代政治文化，为我国的社会主义现代化建设创造一个良好的政治文化环境。

（2）有助于借鉴和吸取外国政治的合理元素，促进我国社会主义民主政治建设

①政治体制改革需要马克思主义政治学理论的指导。成功的改革往往得力于充分的理论准备和对改革方案的科学论证。我国的政治体制改革必须要坚定不移地进行，不改革是没有出路的。

②我们从事政治学研究，不仅要研究我国政治实践中的历史经验教训，科学地分析、研究其他国家的政治体制及其改革的经验，而且还要对各个国家的政治体制及其历史变革进行科学的考察和分析，批判地借鉴和吸收其合理的积极元素。

（3）有助于提高广大干部的管理才能，实现决策的科学化和管理的民主化

我国社会主义市场经济的发展，要求一切决策及管理活动都要建立在科学和民主的基础之上。通过政治学基本理论的学习和研究，用科学的理论与方法武装干部和群众，对政治形势进行科学分析和认识，对政治过程进行科学预测和控制，对政治决策进行科学咨询和论证，将会不断地提高我们的决策水平和社会管理水平。因此，从提高公民的政治素质和国家公务人员的决策管理水平的意义上，应该大力提倡学习政治学，以提高全民的政治素质和理论水平。

2. 简述现代西方政治学研究方法中的心理学分析途径的特点。（辽宁大学 2014 年研）

相关试题：简述马克思主义政治学的基本特点。（兰州大学 2021 年研）

答：现代西方政治学研究方法中的心理学分析途径的特点主要包括：

（1）心理学分析途径的研究对象主要是人的政治心理，包括政治认知、态度、情感、动机和性格等。

（2）心理学分析途径的研究兼顾人的政治心理的潜意识和有意识两方面，尤其重视人的潜意识和人的政治本能。

（3）重视围绕着政治个体或者群体的政治人格，以此构成政治行为主体的基本规定性和政治行为的解释性原因。

（4）重视心理测验，尤其重视心理测验数据的收集和分析。

（5）以政治心理研究为政治行为乃至全部政治学研究的基础。

3. 政治沟通分析模型。（中传 2017 年研）

相关试题：政治沟通分析模型（概念题，中南财大 2009 年研）

答：（1）政治沟通分析模型兴起的背景

①作为一种研究方法，政治沟通分析的兴起与现代通信技术的发展密切相关，两次世界大战则是其直接诱因。

②从现代学科的发展说，政治沟通分析的兴起得益于自然科学和社会科学的相互渗透。

③政治沟通分析也是政治学研究范式从传统的法律—制度主义范式向行为主义研究范式发生重要转变的产物和表现。

(2)内涵

政治沟通分析是运用信息论和控制论一般原理，把政治系统的运行过程看成是信息的交换和控制过程，对政治系统输入、输出、存贮和处理信息的过程展开分析的研究方法。政治沟通分析以政治信息为主要研究对象，目的在于"描述和解释政治系统行为的能力"，政治沟通分析的基本框架包括政治信息、信息发送者、信息沟通通道、信息接收者、信息反馈等五个相互联结的有机整体，这也是一个最为简单的沟通过程的基本要素。

(3)意义

政治沟通分析方法对政治学学科的发展具有重要的价值，主要表现在：

①政治沟通分析理论的学者运用科学的理论和方法构建了一批既具有经验含义又具有系统含义的操作化概念结构。

②政治沟通开启了把政治信息作为政治分析单元的先例。

③政治沟通理论是对政治系统理论的丰富和发展。

4. 简述西方政治学的两个发展方向。(首都师大 2015 年研)

答：西方政治学的发展大致分为四个阶段。两个发展方向在第四个阶段。

(1)奴隶社会的政治学说

①柏拉图和亚里士多德撰写的《理想国》和《政治学》，为西方政治学开了先河。二者的共同特征在于：

a. 维护奴隶主统治和奴隶制国家。

b. 强调政治的目的和最高取向在于特定的伦理价值。

c. 以古希腊的城邦国家作为研究背景或分析对象。

②柏拉图和亚里士多德在研究方法上有所不同，表现为：a. 前者以演绎的思辨，推导出所谓"理想国"，并且把政治与哲学、道德、教育及家庭等问题杂糅在一起论述。b. 后者以政治的至善性作为研究宗旨的同时，运用比较分析的方法研究了不同政体类型。

(2)中世纪的政治学说

欧洲中世纪封建社会神权政治学的代表人物是奥古斯丁和阿奎那，代表作分别是《上帝之城》《论君主政治》，他们的政治学说的基本特征是：

①鼓吹神创等级制，以维护封建政治秩序。

②强调君权神授，以此证明教权高于王权，同时给王权加上神圣的光环。

③主张宗教信仰高于理性，并以宗教教义为判别是非的标准。

他们的学说是蒙昧主义、禁锢主义的政治学说，这一时期的西方政治学被称为神学政治学时期。

(3)自由资本主义产生和发展时期的政治学说

①14 世纪开始的欧洲文艺复兴运动，代表着资产阶级思想革命的先声。

②15—16 世纪的宗教改革运动，使得政治文化从神圣化向世俗化转变。代表人物有意大利的马基雅弗利和法国的博丹。

③17、18 世纪，从理性的人性论出发创造了自然法学说。

④18 世纪末到 19 世纪中期，西方政治学形成了以边沁、穆勒为代表的功利主义、自由主义政治思想和以孔德、斯宾塞为代表的社会实证主义政治学说。

(4)垄断资本主义时期的政治学

①20 世纪 70 年代以前的西方政治学大体上向着两个方向：a. 政治理论方向，这个方向上的政治学基本是 17—19 世纪以来西方政治思想的延续和发展。b. 行为主义政治学，行为主义政治学是西方政治学家努力使政治学科科学化的结果，其本质上是政治学研究对象和方法的革新。

②从 20 世纪 70 年代开始，虽然西方政治学仍按照实证的政治科学和规范的政治哲学两个方向继续发展，但是呈现出多样化的发展状况：a. 在实证政治科学和规范政治哲学范围内，都出现了新的范式和新的思想流派。b. 研究方法论立场多样化，科学与反科学、客观与反客观、进步—折中主义等立场并存。c. 政治分析途径呈现多样和相互融合的特点。d. 政治学的分析途径和方法相互渗透和结合。

5. 简述西方政治学的主要研究方法。（四川大学 2015 年研）

相关试题：

(1)马克思主义政治研究基本方法。（中传 2014 年研；四川大学 2010 年研；燕山大学 2012 年研）

(2)现代西方政治学研究的主要方法有哪些？并对其中的某一种方法的依据及其运用展开论述，并评价之。（武大 2013 年研；中南财大 2010 年研）

(3)政治学主要有哪些研究方法？（深圳大学 2011 年研）

答：西方政治学的主要研究方法包括：

(1)传统的政治学研究方法

①哲学研究方法。哲学研究方法是指从哲学思辨的角度，在原有的政治思想研究成就的基础上展开解释、评价或者阐述，以哲学的逻辑思辨为主要方式，以揭示政治的价值基础和根本原则为研究目的。

②历史研究方法。历史研究方法是指运用历史资料，按照编年史的框架对过去的事件进行研究并试图探寻某种社会政治规律的政治学研究方法。西方政治学历史研究方法注重史料的搜集与描述，具有先验性的特征，且无法摆脱研究者的价值立场，因而被归入传统研究方法。

③机构研究方法和制度研究方法。前者主要是对政治组织的正式机构的研究，而后者是对政治制度的研究。这两种研究方法的基本目的都是为了分析政治形式(机构或制度)同政治原则间的关系，即如何通过建立与完善一种政治形式来实现某种政治原则或政治价值。

(2)现代的政治学研究方法

①社会学分析途径。其具有代表性的有政治精英分析、政治团体分析、政治角色分析及政治文化分析。

②经济学分析途径。经济学分析途径主要有公共选择分析和新制度主义分析。

③心理学分析途径。心理学分析途径注重于人的政治心理分析，包括政治认知、态度、情感、动机、性格等。同时重视围绕着政治个体或者群体的政治人格和心理测验等。

④政治系统分析模型。政治系统分析是运用控制论和系统论的一般原理对政治过程、政治结构、政治系统和政治组织进行宏观分析的政治研究方法。

⑤政治沟通分析模型。政治沟通分析是对政治系统获取、输送、存贮和处理信息的过程展开的分析，主要研究对象是政治信息，按照反馈和自控原则对政治系统展开模拟研究。

⑥制度主义分析方法。新制度主义分析，是在批判行为主义和理性选择主义，反思政治行为研究和理性经济人假设的政治研究的局限性的基础上，将经济学领域的新制度主义扩展到政治学研究领域的分析方法。

⑦政治实证研究方法。政治实证测量和分析方法是对政治现象进行经验的、数量的分析的政治学研究方法，实际上是社会学的实证研究方法在政治研究中的运用。

五、论述题

中国政治学会自1980年成立，至今已经有30年了。30年来，中国政治学会在推动政治学研究的发展方面取得了长足进步。请结合现实，自拟题目，写一篇关于中国政治学30年来发展状况的评价。（南航2011年研）

答：中国政治学30年来经历了一个曲折的发展过程，这个过程基本可以分为三个阶段：

(1)20世纪80年代初："学科恢复和启蒙阶段"

①学科恢复首先体现在专业建制方面，在全国高校中，北大是最早开始招收政治学专业学生的。学科的恢复和重建面临的第一个问题是写教科书，社会学的教科书先受港台的影响，后来又受西方教材的影响。除教科书之外，学位制度、专业刊物、职称序列、科研教学等一系列的工作也构成了学术恢复和重建的重要内容。

②在这一阶段，政治学发挥了非常重要的启蒙功能。在某种意义上，政治学的恢复与中国人对国际共产主义运动的反思紧密连在一起。邓小平在1980年做了"党和国家领导制度的改革"的著名讲话，这个讲话对中国政治体制弊端的认识达到了一个高峰，到现在为止都没有被超过。在这种背景下，政治学发挥了外部的社会功能，给人以启蒙作用。

政治学发展的第一个阶段，政治色彩大于学科色彩，或者说启蒙大于学术，对时代的改革呼唤大于学科本身的研究。

(2)90年代开始，中国政治学进入了第二个阶段

中国政治学的命运始终与国家政治生活的变化联系在一起。八九事件以及社会主义国家阵营中后续发生的事情，极大地改变了中国政治学的生存和发展环境。八九事件以后，尤其是前苏联和东欧社会主义国家发生剧变以后，执政党考虑的重心转为怎样维护政权，在这种情况下，中国政治学经历了两个重要的转折。第一个，从批判转向建设。第二个，从理论启蒙转向务实的经验研究。当然需要指出的是，这种转折并不意味着原来的东西不存在或消失了，它们还在，转折其实是从这里面出来一个新的传统，这样政治学研究就开始多元化。在随后的中国社会科学研究规范化和学术化的潮流中，价值研究与经验研究的区分得以确立起来。

(3)从21世纪开始，中国政治学的发展进入了第三个阶段

与第二个阶段一样，区分这一阶段的标准也不是内在的，而源于外部环境的变化——中国的崛起以及学界对这一现实的反应。中国政治学现在面对的话题是如何看待“中国模式”的争论，以及这一争论的政治意义。由于这一话题兼具价值之见与经验分析，因此新的分歧和分化是注定的。与第二个阶段不同的是，中国政治学的此次转变深受海外学术的影响。

第二编　政治关系

第三章　利益与政治

3.1　复习指南

【知识框架(庖丁解牛)】

- 利益与政治
  - 利益的含义和内在矛盾
    - 利益的形成和本质
      - 形成
      - 利益三要素
        - 人们的需要
        - 生产能力和水平
        - 社会关系
    - 利益的内在矛盾
      - 实现要求的主体性与实现途径的社会性
      - 形式的主观性与内容的客观性
      - 利益目标性与手段性
      - 具体有限性与发展的无限性
  - 利益关系
    - 利益关系的含义
    - 共同利益
      - 含义
      - 基本特征
        - 公共性
        - 非市场实现性
        - 单一性
        - 相对独立性
        - 多重价值复合性
    - 利益矛盾
      - 横向
        - 自然的差异
        - 社会的差异
      - 纵向
        - 直接意义和间接意义的差别
        - 局部意义和全局意义的差别
        - 当前意义和长远意义的差别
        - 非根本意义和根本意义的差别
  - 利益在政治中的地位和作用
    - 政治关系
      - 是人们结成政治关系的出发点
      - 是政治权力和政治权利形成的基础和条件
      - 决定了政治权力和政治权利的边界
      - 决定了政治权力和政治权利的功能
    - 社会政治生活
      - 是社会成员政治行为的动因
      - 是一切社会政治组织及其制度的基础
      - 是社会政治心理和政治思想的源泉
      - 是政治发展的根本动力

通关提要(提纲挈领)

本章主要涉及利益的含义、利益关系，以及利益在政治生活中的地位和作用。对利益的含义以及利益关系的掌握是理解政治关系的基础。因此，在复习备考时，需要加深理解和记忆。

3.2 考研真题与典型题

一、判断题

1. 共同利益的多重价值复合性，形成了政治权力的多重职能性。(对外经贸 2017 年研)

2. 共同利益不仅涉及到利益关系中的不同利益主体的相同方面，而且涉及到利益关系中不同利益主体的不同方面。(对外经贸 2014 年研)

3. 同一层次的利益关系中的两个利益主体之间的差异是纵向利益矛盾得以产生的客观基础。(对外经贸 2016 年研)

二、概念题

1. 民族(四川大学 2017 年研；湘潭大学 2012 年研；首都师大 2012 年研)

2. 阶层(四川大学 2017 年研)

3. 阶级利益(对外经贸 2016 年研)

4. 政治关系(四川大学 2025 年研；华中师大 2024 年研；对外经贸 2017 年研；广西民大 2017 年研；四川大学 2014 年研；中传 2013 年研；对外经贸 2013 年研；武大 2011 年研；东财 2010 年研)

5. 利益的构成要素(东财 2012 年研)

相关试题：利益(广西民大 2012 年研)

6. 共同利益(中传 2014 年研；中国人民公安大学 2010 年研)

三、辨析题

1. 政治关系即立法权、行政权和司法权之间的关系。(中山大学 2012 年研)

相关试题：

(1)政治关系(概念题，对外经贸 2017 年研；广西民大 2017 年研；四川大学 2014 年研；中传 2013 年研；中山大学 2012 年研；武大 2011 年研；东财 2010 年研)

(2)政治关系及其层面。(简答题，华东理工大学 2015 年研)

2. 权力是政治关系的中介，这说明政治关系是不平等的。(中山大学 2010 年研)

四、简答题

1. 什么是利益矛盾？(华侨大学 2017 年研)

相关试题：

(1)利益矛盾的基本类型。(东财 2012 年研)

(2)什么是“横向利益矛盾”？据此分析我国统筹兼顾的发展战略。(南航 2012 年研)

2. 试述利益关系是政治权力和政治权利形成的基础和条件。(对外经贸 2017 年研)

3．政治关系的决定因素。(中传 2012 年研)

4．简要分析利益的内在矛盾。(华东政法 2010 年研)

相关试题：

(1)简述利益的目标性与手段性之间的矛盾。(对外经贸 2016 年研)

(2)结合国际关系，论述利益的内在矛盾。(论述题，外交学院 2014 年研)

5．什么是利益关系？(华侨大学 2014 年研)

6．简述共同利益的基本特征。(华中师大 2025 年研；华中师大 2019 年研；四川大学 2014 年研；对外经贸 2013 年研；中国人民公安大学 2011 年研)

7．特殊利益与共同利益之间的关系。(南航 2011 年研)

8．利益在社会政治生活中的作用(华中师大 2023 年研)；利益在社会生活中的作用(华中师大 2017 年研；中山大学 2017 年研；东财 2014 年研；中国科大 2012 年研；武大 2011 年研)。

相关试题：论述利益在政治中的地位与作用。(论述题，华侨大学 2015 年研)

五、论述题

1．党的十八大以来，习近平总书记多次强调全面深化改革“必须突破利益固化的藩篱”。李克强总理也指出，“触动利益往往比触及灵魂还难”。这些重要论断都凸显了有效化解利益矛盾的极端重要性。请运用利益矛盾原理的相关知识，结合实际，分析利益矛盾产生的原因、利益矛盾的种类及其化解的政治和行政途径。(四川大学 2015 年研)

2．运用利益与政治关系的有关理论，分析当前我国如何建设社会主义和谐社会。(南京师大 2011 年研)

3.3　考研真题与典型题详解

一、判断题

1．共同利益的多重价值复合性，形成了政治权力的多重职能性。(对外经贸 2017 年研)

【答案】正确

【解析】共同利益的多重价值复合性，是指共同利益通常包含着特定利益关系中相关社会成员的多重价值要求。政治权力的多重职能性是共同利益多重价值性的现实任务体现。

2．共同利益不仅涉及到利益关系中的不同利益主体的相同方面，而且涉及到利益关系中不同利益主体的不同方面。(对外经贸 2014 年研)

【答案】正确

【解析】共同利益具有特定社会关系中的公共性，它不仅涉及利益关系中的不同利益主体的相同方面，而且涉及利益关系中利益主体的不同方面。

3．同一层次的利益关系中的两个利益主体之间的差异是纵向利益矛盾得以产生的客观基础。(对外经贸 2016 年研)

【答案】错误

【解析】同一层次的利益关系中的两个利益主体之间的差异是横向利益矛盾得以产生的客观基础。横向利益矛盾是同一层次上不同利益主体的利益之间的矛盾，纵向利益矛盾是不同层次上利益主体的利益之间的矛盾。

二、概念题

1. 民族(四川大学 2017 年研；湘潭大学 2012 年研；首都师大 2012 年研)

答：民族是指人们在历史上形成的一个有共同语言、共同地域、共同经济生活以及表现在共同文化上的共同心理素质的稳定的共同体。一般来说，在民族的形成过程中，共同地域作为生存空间和自然环境，是民族其他特征得以形成的前提条件。共同经济生活是形成民族的物质基础。正是在这一基础之上，才会有共同的语言、共同的心理素质，才能维系共同生活与生存空间。共同语言对共同心理素质的形成有着重要影响，两者反过来又会促进共同地域的巩固和共同经济的发展，并突出地显示民族共同体的稳定性。

2. 阶层(四川大学 2017 年研)

答：阶层是指人们基于相同的社会地位、职业和收入等形成的社会群体。相同阶层的人们的共同利益，构成了社会阶层利益。改革开放以来，我国社会阶层结构发生了深刻变化：包括知识分子在内的我国工人阶级队伍不断扩大、整体素质普遍提高，广大农民日益成为社会主义新型农民，同时我国出现了大量非公有制经济人士等新的社会阶层。

3. 阶级利益(对外经贸 2016 年研)

答：阶级利益是指在一定的社会经济结构中，由于人们与生产资料的关系不同，导致经济地位和收入差异，从而形成的不同社会集团的共同利益。在阶级社会中，阶级利益首先表现为经济利益，阶级利益因此成为制约其他一切利益的主导利益。

4. 政治关系(四川大学 2025 年研；华中师大 2024 年研；对外经贸 2017 年研；广西民大 2017 年研；四川大学 2014 年研；中传 2013 年研；对外经贸 2013 年研；武大 2011 年研；东财 2010 年研)

答：政治关系是指人们在社会生活和社会联系中，基于社会利益要求和利益关系而形成的，以政治的强制力量和政治权利分配为特征的社会关系，它是人类社会政治的一般本质内容，其他政治现象则是政治关系的外化和具体形态表现，而政治关系的发展变化，也必然要表现为人类社会政治的发展和变化。政治关系主要包括阶级关系、党政关系、军政关系、中央与地方的关系、领导和被领导关系，以及国家与国家之间的关系等。从性质上可分为两大类型：①政治对等关系，表现为政治合作关系、政治交易关系、政治平等关系、政治对峙关系和政治制衡关系；②政治不等关系，表现为政治统治关系、政治服从关系、政治反抗关系和政治强制关系。

5. 利益的构成要素(东财 2012 年研)

相关试题：利益(广西民大 2012 年研)

答：利益是指基于一定生产基础上获得了社会内容和特性的需要。按照这一定义，利益由三方面要素构成：①利益的心理基础是人们的需要。需要是利益的主观基础，利益是需要的社会形态。②利益反映了一定阶段上人们的生产能力和生产水平。利益是人们企图借助于生产来满足的需要。③利益反映了特定历史阶段上人与人之间的社会关系。利益反映和体现着人与人之间的关系。

6. 共同利益(中传 2014 年研；中国人民公安大学 2010 年研)

答：共同利益是指在同一社会关系，尤其是经济关系和经济地位基础上形成的，是处于同一社会关系和社会地位中的人们的各自利益的相同部分。共同利益的基本特性主要包括：①公共性；②非市场实现性；③单一性；④相对独立性；⑤多重价值复合性。

三、辨析题

1. 政治关系即立法权、行政权和司法权之间的关系。(中山大学 2012 年研)

相关试题：

(1) 政治关系(概念题，对外经贸 2017 年研；广西民大 2017 年研；四川大学 2014 年研；中传 2013 年研；中山大学 2012 年研；武大 2011 年研；东财 2010 年研)

(2) 政治关系及其层面。(简答题，华东理工大学 2015 年研)

答：这种说法是错误的，具体分析如下：

(1) 政治关系的含义

参见本章考研真题与典型题详解概念题第 4 题答案。

(2) 政治关系是人类社会政治的一般本质内容，它包括利益关系、政治权力关系和政治权利关系，而立法权、行政权、司法权之间的关系作为政治权力体系中的一种具体政治关系，是社会公共权力的一种功能性横向划分关系，其并不能涵盖政治关系的全部本质内涵，即立法权、行政权、司法权之间的关系与政治关系两者之间的内涵和外延是存在差别的，两者不能进行概念替换。因此，题中观点错误。

2. 权力是政治关系的中介，这说明政治关系是不平等的。(中山大学 2010 年研)

答：这种说法是错误的，具体分析如下：

(1) 政治关系的含义

参见本章考研真题与典型题详解概念题第 4 题答案。

(2) 权力是政治关系的中介，但利益关系、政治权力关系、政治权利关系共同构成了政治关系，政治关系是否平等要根据这三种关系综合判断。

综上，凭借权力是政治关系的中介推论政治关系是不平等的观点是错误的。

四、简答题

1. 什么是利益矛盾？(华侨大学 2017 年研)

相关试题：

(1) 利益矛盾的基本类型。(东财 2012 年研)

(2) 什么是“横向利益矛盾”？据此分析我国统筹兼顾的发展战略。(南航 2012 年研)

答：利益矛盾是指不同利益主体的利益之间以及它们与共同利益之间的差异而形成的矛盾的一面。利益矛盾包括两个方向的矛盾：

(1) 横向利益矛盾

横向利益矛盾是同一层次上不同利益主体的利益之间的矛盾。其发生依赖于两个基本条件：

①客观基础

同一利益关系中的两个利益主体之间存在着差别，包括自然的差异（是指利益主体之间与生俱来的差异性）和社会的差异（是指由于社会原因造成的利益主体之间的差异性）。

②主观条件

包括：a. 某一利益主体对另一利益主体的既有利益的要求，这实际上是一种利益剥夺；b. 两个利益主体对于某种双方均未获得的利益都有利益要求，这往往表现为一种利益竞取。

(2)纵向利益矛盾

纵向利益矛盾是指发生于不同层次上的利益主体之间的利益矛盾。不同层次上的利益主体之间的关系是特殊与一般的关系，纵向利益矛盾是特殊利益与共同利益之间的矛盾。共同利益是不同利益主体的利益的共同部分，特殊利益则是这些利益主体的利益的不同部分，二者之间的矛盾是同一利益主体的两部分利益之间的矛盾。同一利益主体的两部分利益之间矛盾的发生，同样具有两个方面的条件：

①客观原因

同一利益主体的两部分利益对于该利益主体的不同意义主要表现在以下方面：a. 直接意义和间接意义的差别。b. 局部意义和全局意义的差别。c. 当前意义和长远意义的差别。d. 非根本意义和根本意义的差别。

②主观原因

对同一利益主体的利益进行两部分分割时的不合理。例如，忽视特殊利益而片面强调共同利益，或者一味追求特殊利益而损害共同利益。

2. 试述利益关系是政治权力和政治权利形成的基础和条件。（对外经贸 2017 年研）

答：利益关系是指围绕着利益的占有所发生的人与人之间的经济关系，其核心是物质利益。

(1)利益关系、政治权力与政治权利的关系

政治权利以政治权力作为前提条件与后盾力量，其社会根源为社会共同利益，而政治权力实际上是对社会成员主张这种共同利益资格的确认与保障。即便如此，若缺乏政治权力的确认与保障，政治权利既无法成为法定的政治资格，也不能在社会政治生活中得以实现。

(2)政治权利形成的基础是共同利益

政治生活建立在共同利益的基础之上，在社会成员所主张的各类利益当中，唯有共同利益才是政治权利形成的利益根基。政治权利是社会成员主张共同利益的法定资格。从基本内容来看，社会成员的共同利益涵盖了对利益关系中各利益主体之间共同利益的实现，以及对这些利益主体不同利益的共同规范。所以，社会成员作为利益主体，他们之间共同利益的实现以及对不同利益的规范共同构成了其共同利益。从范围和层次来讲，在社会生活里，这些共同利益有着不同范围和层次的现实体现，例如阶级利益、集团利益、阶层利益等。

(3)利益关系是政治权力的条件

在社会利益关系里，社会成员的共同利益与不同利益均是社会成员的利益。所以，在政治权力形成之后，社会成员会依据自身的理解和需求来主张这些利益，并且要求政治权力对这些主张资格予以确认和保障。政治权力形成的重要条件在于人们之间的利益关系。利益内在矛盾的运动，促使不同的利益主体之间结成社会利益关系。在这种利益关系下，当人们选择通过力量凝聚的方式来开辟实现利益的途径时，就会促使利益关系中基于不同利益而产生的各类社会力量之间形成特定的力量对比关系。

3．政治关系的决定因素。（中传 2012 年研）

答：政治关系的决定因素包括：

（1）社会经济关系。政治关系的形成和发展以社会经济发展为基础，社会经济关系从根本上决定了人们的利益关系，也决定了政治关系的发展变化。一定的政治关系取决于一定的经济关系，并为一定的经济关系服务。

（2）社会阶层结构与力量对比。特定社会阶层结构和力量对比决定了国家政权的性质，由此也影响着政治权力关系与权利关系的形成发展。

（3）一定的政治关系集中地反映了一定的经济关系，但影响政治关系的因素除了经济关系之外，还有民族关系、文化关系等。

4．简要分析利益的内在矛盾。（华东政法 2010 年研）

相关试题：

（1）简述利益的目标性与手段性之间的矛盾。（对外经贸 2016 年研）

（2）结合国际关系，论述利益的内在矛盾。（论述题，外交学院 2014 年研）

答：利益是指基于一定生产基础上获得了社会内容和特性的需要。它受到多方面因素影响和制约，如主体与客体、自然与社会、生产力与生产关系等，这决定了利益具有多种矛盾规定性和复杂的特性。利益的内在矛盾有：

（1）利益实现要求的主体性与实现途径的社会性之间的矛盾

①利益实现要求的主体性源于需要的主体满足。任何需要主体的任何需要，从其产生那一刻起，就带有主体满足的动力基因与目标指向。

②任何利益都是在社会中形成的，并且唯有通过社会中特定的社会关系与社会途径才能够实现，这就构成了利益实现途径的社会性。

（2）利益形式的主观性和利益内容的客观性之间的矛盾

①利益是人们一定社会实践水平与社会关系状况下物质需要和精神需要的直接体现，其内容反映特定社会生产发展水平与社会关系背景下的物质条件和社会状况，所以是客观的。

②利益对于外部状况的反映是以人们的主观意识和心理的形式存在的，在实际过程中，它表现为人们在特定社会条件和社会关系中所特有的兴趣、愿望、追求，又表现为人们各种各样需求的生理的和心理的满足和享有。

（3）利益的目标性与手段性之间的矛盾

①利益是人们所追求的生活目标，人们的所有活动均围绕利益展开，都是为了实现和满足特定的利益和需求而进行的。

②利益在人们形成社会关系、参与社会生活、提升自身能力与素质、治理与管理社会及公共生活、推动人类历史进步与发展等方面具有手段意义。

(4)利益的具体有限性与利益发展的无限性之间的矛盾

①在社会发展的特定阶段与水平下，针对每个社会成员的特定需求以及需求层次而言，利益总是具体有限的。

②就社会和社会成员需要的总体发展而言，利益具有无限发展的可能。

5. 什么是利益关系?(华侨大学 2014 年研)

答:(1)利益关系的含义

利益关系是利益主体的利益所包含基本矛盾与双重特性在社会生活中的外化与展开，是不同利益主体的利益基本矛盾与双重特性相互作用和社会体现。利益内在的矛盾与双重特性不但促使利益关系形成，而且对利益关系的基本内容起到决定作用，这使得利益关系呈现出多重复杂性。

①就利益关系的基本内容来说

利益的主体性决定了，任何一对利益主体结成的最简单的利益关系中，首先包含着具有独立意义的两个利益内容，也就是这两个利益主体各自的利益。

②就利益关系的多重复杂性而言

a. 利益实现要求的主体性决定了，任何结成利益关系的利益之间必然存在差异，在一定条件下，这种差异会转化为利益关系中的矛盾。

b. 利益形式的主观性使得利益关系必然具有人格承担者。

c. 利益的目标性明确了人们社会和政治活动的终极目标，从而使得利益关系具有人们结成社会联系和政治联系的基础性与本质性。

d. 利益的具体有限性使得利益关系在特定的时间和空间范围内具有具体的规定性，呈现出相对静态的具体形态与内容。

(2)利益关系的内容

利益关系包括利益主体之间两个方面的利益联系。

①利益关系包括个人与个人之间、同一层次的社会群体之间乃至社会与社会之间的利益联系。简单来讲，这一方面的利益关系就是同一层次利益主体之间的利益联系。

②利益关系包含个人利益与群体利益之间、不同层次的社会群体利益之间以及个人利益、群体利益和社会利益之间的联系。简而言之，这一方面的利益关系就是不同层次利益主体之间的利益联系。

6. 简述共同利益的基本特征。(华中师大 2025 年研；华中师大 2019 年研；四川大学 2014 年研；对外经贸 2013 年研；中国人民公安大学 2011 年研)

答:共同利益的基本特征主要包括：

(1)公共性。这种公共性在不同社会关系与利益关系里有着不同的含义。共同利益的公共性可以是不同利益主体之间利益在内容、规则、形式以及让步妥协等不同意义上的共同性。它不但关联着利益关系里不同利益主体的相同之处，而且涉及到利益关系中的不同方面。

(2)非市场实现性。指共同利益通常情况下不可能通过市场方式和机制来实现。共同利益通常是通过公共产品的供给来实现的，即通过合法性强制的公共权力来实现的。然而，在实现共同利益的过程中，存在一类共同利益可通过准公共产品的供给来实现，而这种准公共产品的供给能够借助特定的市场机制来实现。

(3)单一性。在特定的利益关系里，共同利益往往是唯一的，这种共同利益的单一性致使在社会政治生活中，在特定范围和特定利益基础上形成的公共政治权力也是唯一的。

(4)相对独立性。共同利益一经形成，便成为利益关系里的第三种利益，从而拥有了独特的利益地位。并且，共同利益常常在同一利益关系中的不同利益之上取得支配地位。

(5)多重价值复合性。共同利益通常包含着特定利益关系中相关社会成员的多重价值要求，其中至少包含着生存、安全、秩序、效率、公平、公正、平等、民主和自由等基本价值。政治权力的多重职能性是共同利益多重价值性的现实任务体现。

7. 特殊利益与共同利益之间的关系。(南航2011年研)

答：共同利益是指在同一社会关系，尤其是经济关系和经济地位基础上形成的，是处于同一社会关系和社会地位中的人们的各自利益的相同部分。而特殊利益则是指利益主体之间有差别的利益要求。特殊利益与共同利益之间的关系是：

(1)特殊利益与共同利益相伴而生，紧密相连，共同反映着利益关系的两面。特殊利益是共同利益得以形成的基础，共同利益是特殊利益的融合与升华。对于特定的利益关系以及身处其中的利益主体来讲，特殊利益往往呈现出非根本性的特点，而共同利益对该利益关系和利益主体而言，有着更为重要、更为根本的意义。

(2)特殊利益与共同利益两者之间存在着恒常的矛盾与张力。共同利益的实现有时要以牺牲特殊利益为代价。然而，二者并非天然就构成利益矛盾。只有在对一种需要和利益进行扭曲以实现另一种需要和利益，也就是不合理地分割同一利益主体的两部分利益时，它们之间才会产生矛盾。特殊利益与共同利益之间的矛盾实际上是同一利益主体的两部分利益被不合理分割的结果。

8. 利益在社会政治生活中的作用(华中师大2023年研)；**利益在社会生活中的作用**(华中师大2017年研；中山大学2017年研；东财2014年研；中国科大2012年研；武大2011年研)。

相关试题：论述利益在政治中的地位与作用。(论述题，华侨大学2015年研)

答：(1)利益的含义

参见本章考研真题与典型题详解概念题第5题答案。

(2)利益在政治中的作用和地位

①利益在政治关系中的作用

利益是政治关系的基础，它对于政治关系具有根本性和决定性的意义：

a. 利益既是人们构建政治关系的出发点，也是人们结成政治关系的原始动机，而政治关系则是人们满足自身利益需求的一种特定途径。

b. 利益关系是政治权力和政治权利形成的基础和条件。就政治权力而言，共同利益是人们结成特定政治力量的内部基础，利益矛盾是政治权力形成的外部条件；就政治权利而言，特定社会群体的共同利益构成了该群体成员对政治权利诉求的基础。利益的横向矛盾决定了特定的群体成员必须要求以特定的权利保证自己的利益得到实现；而利益的纵向矛盾则促使特定社会群体需要通过政治权利的形式来界定其单个成员的利益与群体共同利益之间的关系。

c. 利益关系是政治权力和政治权利特性形成的基础。在社会利益关系中，共同利益的公共性、非市场实现性、单一性、相对独立性、多重价值复合性为政治权力的主体利益性、强制约束性、专属排他性、扩张延展性和多重职能性等特性的形成提供了前提。同时共同利益的这些特性也为政治权利的主体相对个体性、法定规范性、主体自主性等特性奠定了基础。

d. 利益关系决定了政治权力和政治权利的功能。利益关系的构成内容首先确定了政治权力的基本功能，那就是运用政治权力及其权威性的强制手段来实现共同利益，协调并化解不同利益间的矛盾。其次，社会利益关系中的这两方面内容，决定了政治权利的基本功能是社会成员主张社会共同利益。

②利益在社会政治生活中的作用

a. 利益是社会成员政治行为的动因；

b. 利益是一切社会政治组织及其制度的基础；

c. 利益是社会政治心理和政治思想的源泉；

d. 利益运动是政治发展的根本动力。

五、论述题

1. 党的十八大以来，习近平总书记多次强调全面深化改革“必须突破利益固化的藩篱”。李克强总理也指出，“触动利益往往比触及灵魂还难”。这些重要论断都凸显了有效化解利益矛盾的极端重要性。请运用利益矛盾原理的相关知识，结合实际，分析利益矛盾产生的原因、利益矛盾的种类及其化解的政治和行政途径。（四川大学2015年研）

答：利益矛盾是指不同的利益主体的利益之间以及它们与共同利益之间的差异而形成的矛盾的一面。

(1) 利益矛盾产生的原因

①同一利益关系中的两个利益主体之间存在着差别

a. 自然差异。利益主体之间与生俱来的差异性。其中包括个体的自然差异以及由此造成的满足自身需要的能力差别；也包括群体的自然差异以及由此造成的群体特点之间的差异。

b. 社会差异。由于社会原因造成的利益主体之间的差异性。其中包括劳动分工造成的不同劳动者之间的差别；生产资料占有关系不同而造成的不同占有者之间的差别；人的教育差异造成的把握和认识问题的角度和水平的差异等。

②同一利益关系中的两个利益主体同时对于同一利益客体都有利益要求

a. 利益剥夺，即某一利益主体对另一利益主体的既有利益的要求。

b. 利益竞取，即两个利益主体对于某种双方均未获得的利益都有利益要求。

③同一利益主体的两部分利益对于该利益主体的不同意义

a. 直接意义和间接意义的差别。特殊利益的实现一般表现为对利益主体需要的直接满足，因而具有直接意义。共同利益对于利益主体的直接需求来说，具有间接和保障的意义。

b. 局部意义和全局意义的差别。特殊利益一般具有局部的意义，而共同利益则具有全局的意义。因此，特殊利益往往表现为局部利益，共同利益则表现为整体利益。

c. 当前意义和长远意义的差别。在时间上，特殊利益的实现通常要先于共同利益，而共同利益是在相对长的时期内保证特殊利益的实现和自身的实现。

d. 非根本意义和根本意义的差别。对于特定的利益关系以及处于该利益关系中的利益主体而言，特殊利益常常表现为非根本性利益；相形之下，共同利益对于该利益关系和利益主体来说具有更加重要、更加根本的意义。

④对同一利益主体的利益进行两部分分割时的不合理

例如忽视特殊利益而片面强调共同利益，或者一味追求特殊利益而损害共同利益。

(2)利益矛盾的种类

参见本章考研真题与典型题详解简答题第1题答案。

(3)化解利益矛盾的政治和行政途径

①进行政治统治。政治统治的政治功能在于对社会政治力量和社会成员间利益矛盾与冲突加以控制与约束。政治统治行为是在权力制约关系的内在矛盾推动下产生的权力行为之一，其行为的指向与政治职能是在政治权力主体和其他社会政治力量及社会成员之间构建控制与约束关系。所以，政治统治行为实际是以控制与约束为特征的权力行为。从权力制约关系的内在矛盾性来讲，政治统治是通过控制与约束来解决这一矛盾的方式，它是权力制约关系内在矛盾引发的政治行为之一。

②进行政治管理。政治管理的本质是政治权力主体实现公共利益、协调不同利益矛盾从而实现自身利益与要求的方式。政治管理的重要功能是解决权力制约关系的内在矛盾。政治管理通过协调纵向与横向的社会利益矛盾，规范各类社会政治力量和社会成员的行为来解决政治权力制约关系中的矛盾性。政治管理的功能实际上形成了对于政治管理行为的社会衡量标准。这就是说，政治管理行为是否有效以及有效程度，是以协调和规范社会利益矛盾、实现特定社会共同利益为衡量标尺的，纵向和横向的利益矛盾得以协调和规范的程度，特定社会共同利益得以实现的程度，成为衡量政治权力进行政治管理有效程度的标志。

③进行政治革命。政治革命源于社会利益关系的矛盾对抗性。在社会利益关系里，纵向利益矛盾和横向利益矛盾存在对抗与非对抗两种状态的可能性。当不同社会利益主体间的利益矛盾处于对抗状态时，就为政治革命提供了社会基础。政治革命既是利益矛盾的产物，也是调节利益矛盾的一种途径。

④进行政治改革。政治改革产生的原因是社会利益关系中的利益矛盾性。利益关系中的纵向矛盾和横向矛盾都会反映到政治权力和政治权利层面，进而要求对政治权力关系和政治权利关系进行调整，并且延伸到对政治生活其他方面的调整。此外，政治改革一般只发生在社会利益关系的利益矛盾处于可协调、可调整的范围之内。一旦超出这个范围，社会利益矛盾就会演变为利益对立，进而表现为社会政治力量的对抗，在这种情况下，政治改革就无法进行，政治革命就会被提上日程。政治改革的出发点和落脚点是调整利益关系中的利益矛盾，从这个意义上说，政治改革实际上是政治权力协调社会利益矛盾的特定方

式和途径，而利益矛盾的调整也成为政治改革的社会目标。

2. 运用利益与政治关系的有关理论，分析当前我国如何建设社会主义和谐社会。（南京师大 2011 年研）

答：利益是基于一定生产基础上获得了社会内容和特性的需要。

（1）利益与政治关系的有关理论

参见本章考研真题与典型题详解简答题第 8 题答案。

（2）建设社会主义和谐社会的要求

我国建设社会主义和谐社会要充分重视人民群众的根本利益和要求，具体如下：

①要坚持社会主义社会建设同社会主义政治建设、经济建设、文化建设和生态建设协调发展。通过发展社会主义社会的生产力来不断增强和谐社会建设的物质基础，通过发展社会主义民主政治来不断加强社会主义和谐社会建设的政治保障，通过发展社会主义先进文化来不断巩固和谐社会建设的精神支撑，通过发展社会主义生态文明建设为社会主义和谐社会建设创造一个良好的生态环境。

②坚持以人为本，始终把最广大人民的根本利益作为党和国家工作的根本出发点和落脚点，充分维护好、实现好、发展好人民的根本利益；必须尊重人民群众的首创精神，通过深化改革、创新体制，调动一切积极因素，激发全社会的创造活力。

③理顺各种利益关系，注重社会公平，正确反映和兼顾不同方面群众的利益，妥善协调各方面的利益关系，确保人们的合法利益能够得到充分保障和实现。

④必须正确处理新时期人民内部矛盾和其他社会矛盾。人民内部矛盾主要表现为社会差别问题、贫富差距和社会贫困问题、社会成员分化和流动问题、社会就业问题、领导与群众的关系问题、民族宗教问题等等。正确区分不同性质的矛盾，用不同的方法解决不同性质的矛盾。把人民的利益作为党和国家机关一切工作的出发点，正确处理效率和公平的关系，在坚持效率的前提下，着重维护和实现社会公平。

⑤必须正确处理改革发展和稳定的关系，坚持把改革的力度、发展的速度和社会可以承受的程度统一起来，使改革发展稳定相互协调、相互促进，确保人民群众安居乐业，确保社会政治稳定和国家长治久安。

第四章　政治权力

4.1　复习指南

【知识框架(庖丁解牛)】

- 政治权力
  - 政治权力的含义和特性
    - 政治权力的本质
    - 政治权力的构成要素
      - 客观
        - 生产资料
        - 社会财富
        - 暴力
      - 主观
        - 能力素质
        - 身份资格
        - 理论和策略
        - 政治组织
    - 政治权力的特性
      - 主体利益性
      - 权威约束性
      - 专属排他性
      - 扩张延展性
      - 权责对等性
      - 多重职能性
  - 政治权力类型和权力关系
    - 政治权力类型
      - 按照政治权力主体的性质划分
      - 按照政治权力主体的组织类型划分
      - 按照政治权力主体的层级划分
      - 按照政治权力的功能划分
    - 政治权力关系
      - 不同社会性质的公共权力之间
      - 执政党权力与社会公共权力之间
      - 中央权力与地方权力之间
      - 立法权力、行政权力、监察权力和司法权力之间
  - 政治权力的作用
    - 政治权力作用的特点和方式
      - 基本特点
        - 特定的目标指向
        - 特定的效益
        - 双刃剑的社会效用
      - 方式
        - 指令方式
        - 压力方式
        - 规约方式
        - 说服方式
        - 奖酬方式
        - 处罚方式
        - 暴力方式
    - 政治权力的实际作用
      - 从政治关系来看
      - 从政治生活来看
      - 从社会生活来看

通关提要（提纲挈领）

政治权力是各种政治力量主体分配利益获得权利的基础，因此是考试的重点章节。政治权力的构成要素、特征，政治权力关系，政治权力作用的特点和方式是常见的考点和重点，需要掌握并且加强记忆。此外，本章考点较多，要逐条记忆，不要遗漏，最好结合实际来理解和把握政治权力的作用方式。

4.2　考研真题与典型题

一、判断题

1．政治权力的强制约束性，首先导因于特定利益关系中共同利益的单一性。（对外经贸 2017 年研）

2．社会财富是政治权力的客观构成要素之一，身份资格是政治权力的主观构成要素之一。（对外经贸 2016 年研）

3．政治权力的专属排他性特征是由共同利益的非市场实现性决定的。（对外经贸 2014 年研）

二、概念题

1．立法权（华中师大 2019 年研）

2．政治权力（华中师大 2023、2014 年研；广西民大 2018 年研；浙江师大 2015 年研；武大 2013 年研；中传 2012 年研；四川大学 2012 年研；中国科大 2011 年研；中国政法 2010 年研；华东政法 2010 年研；中南财大 2010 年研）

3．社会公共权力（首都师大 2015 年研）

三、辨析题

政治权力作用过程是政治权力能量转化为政治后果的过程，所以使用政治权力的成本与政治权力作用的效益成正比。（中山大学 2011 年研）

四、简答题

1．简述政治权力的特性。（华中师大 2017 年研；武大 2012 年研；西南大学 2010 年研）

相关试题：

（1）政治权力的基本特征是什么？（华中师大 2015 年研）

（2）政治权力有哪些基本特征？（西南大学 2010 年研）

2．政治权力的扩张延展性主要体现在哪些方面？（华中师大 2025 年研；中国人民公安大学 2010 年研）

3．简述政治权力的强制约束性。（对外经贸 2016 年研）

4．政治权力的基础及其主要内容。（四川大学 2016 年研；南京师大 2012 年研；燕山大学 2011 年研）

5．简述政治权力的构成要素。（华中师大 2019 年研；广西民大 2017 年研；四川大学 2015 年研）

相关试题：

(1)政治权力的要素是什么？其相互关系是什么？（论述题，北大 2019 年研）

(2)政治权力的主观构成要素。（论述题，中传 2017、2012 年研；华侨大学 2015 年研）

(3)政治权力形成的重要条件。（中传 2016 年研）

(4)简述政治权力的客观构成要素。（华侨大学 2016 年研；中国政法 2015 年研）

6．简述政治权力的类型。（广东外语外贸大学 2024 年研；中央民大 2019 年研；南京师大 2018 年研；四川大学 2010 年研）

7．政治权力作用的特点是什么？（中国人民公安大学 2009 年研）

相关试题：

(1)论述政治权力作用的方式。（论述题，华侨大学 2016 年研）

(2)试述政治权力作用的特点和方式。（论述题，郑州大学 2015 年研）

(3)政治权力的作用方式。（对外经贸 2013 年研；东财 2010 年研）

(4)政治权力在施诸社会的过程中呈现出的基本特点是什么？（南航 2012 年研）

(5)政治权力作用方式中包括哪些关系？举例说明之。（论述题，中山大学 2012 年研）

8．“先王所期者利也，所用者力也。”请评析。（南航 2011 年研）

4.3　考研真题与典型题详解

一、判断题

1．政治权力的强制约束性，首先导因于特定利益关系中共同利益的单一性。（对外经贸 2017 年研）

【答案】错误

【解析】政治权力的强制约束性，首先导因于特定利益关系中共同利益的非市场实现性，而非单一性。

2．社会财富是政治权力的客观构成要素之一，身份资格是政治权力的主观构成要素之一。（对外经贸 2016 年研）

【答案】正确

【解析】政治权力的客观构成要素包括生产资料、社会财富、暴力等。政治权力的主观构成要素包括能力素质、身份资格、理论与策略、政治组织等。

3．政治权力的专属排他性特征是由共同利益的非市场实现性决定的。（对外经贸 2014 年研）

【答案】错误

【解析】政治权力的专属排他性，是由共同利益的单一性决定的。政治权力的强制约束性特征是由共同利益的非市场实现性决定的。

二、概念题

1. 立法权（华中师大 2019 年研）

答：立法权是指国家制定、修改和废止法律的权力。即把统治阶级的意志上升为法律的国家权力。资本主义国家一般实行三权分立制，立法权由议会行使，但有时会受到政府的直接或间接干预。社会主义国家由最高国家权力机关行使立法权。

2. 政治权力（华中师大 2023、2014 年研；广西民大 2018 年研；浙江师大 2015 年研；武大 2013 年研；中传 2012 年研；四川大学 2012 年研；中国科大 2011 年研；中国政法 2010 年研；华东政法 2010 年研；中南财大 2010 年研）

答：政治权力是指政治主体通过政治的、法律的、意识形态的手段影响和制约政治客体的能力和力量。它体现在政治主体实现某种利益或原则的过程中。国家产生以后，权力现象就大量存在，权力在政治领域的应用即为政治权力。许多学者都倾向于把政治权力看成是一种威慑性的强制力。马克思主义认为政治权力的直接来源是国家机器，其根源则是人们在社会经济关系中的地位。经济上占统治地位的阶级必然成为政治上的统治阶级。

3. 社会公共权力（首都师大 2015 年研）

答：社会公共权力是指全社会范围内的政治权力。从全社会共同体角度而言，社会公共权力是以全体社会成员的共同利益，也就是社会共同利益为基础的。在该层次上，唯有社会公共权力是政治权力，而在其他范围和层次上所形成的共同力量仅仅是社会或者政治力量，并不构成政治权力。社会公共权力有两个特点：①普遍性。其作用于全社会以及每一个社会成员，在这一范围内普遍有效。②至上性。它是社会范围内的最高权力，不允许在同样范围和层次上存在其他同等权力。

三、辨析题

政治权力作用过程是政治权力能量转化为政治后果的过程，所以使用政治权力的成本与政治权力作用的效益成正比。（中山大学 2011 年研）

答：这种说法是错误的，具体分析如下：

（1）政治权力的作用是指为了实现自己的利益和意志，政治权力主体必然要把政治权力施诸社会和其他政治力量甚至自然界。

（2）政治权力作用具有特定的效益。政治权力的作用过程是一个政治权力能量转化为相应作用后果的过程。一般说来，政治权力作用的效益与成本成正比关系。但是，在实际政治过程中，政治权力作用成本与收益之比受到众多复杂因素的影响，二者之间没有绝对的正比关系。

四、简答题

1. 简述政治权力的特性。（华中师大 2017 年研；武大 2012 年研；西南大学 2010 年研）

相关试题：

（1）政治权力的基本特征是什么？（华中师大 2015 年研）

（2）政治权力有哪些基本特征？（西南大学 2010 年研）

答：政治权力的特征主要包括：

（1）主体利益性。社会关系主要表现为人们的利益和利益关系，所以，处于特定社会关系中的政治权力主体具有利益性。

（2）强制约束性。政治权力即强制约束力，强制约束性是一切政治权力的基本特性。

（3）专属排他性。政治权力的专属排他性，是由共同利益的单一性决定的。

（4）扩张延展性。政治权力的扩张延展性首先导源于特定利益关系中的共同利益的独立性。

（5）权责对等性。权力与责任紧密相连。在社会政治生活中，权力意味着相应的责任。权责对等性是在权力关系中实现的。

（6）多重职能性。政治权力的多重职能性是共同利益多重价值性的现实任务体现。

2. 政治权力的扩张延展性主要体现在哪些方面？（华中师大 2025 年研；中国人民公安大学 2010 年研）

答：政治权力的扩张延展性主要体现在以下几个方面：

（1）政治权力在其作用范围方面的扩展。政治权力一经形成，就会尽可能地扩展其作用范围。

（2）政治权力在其作用层次方面的扩展。政治权力的扩展性表现为政治权力在权力层级方面的纵向扩展，通常是从较低层级向较高层级运动。

（3）政治权力在其利益含量方面的扩展。在既定范围与层级上，政治权力趋于具有更多利益含量，以强化自身力量，提高权力效用。

政治权力一旦形成，便会转化为具有支配性的能动力量，在其内在的扩展性驱动之下，政治权力会自发地趋向扩展。因此，为保证政治权力的行使满足公共利益的需求，必须对政治权力加以制约。

3. 简述政治权力的强制约束性。（对外经贸 2016 年研）

答：（1）政治权力强制约束性的成因

政治权力的强制约束性首先源于特定利益关系中共同利益的非市场实现性。共同利益具有公共性，无法通过作为私人行动者活动机制的市场交换方式来实现。另外，在特定的生产力和社会发展阶段，共同利益难以通过人们的完全自发行动实现。因此，政治权力及其运行，实际是人们基于共同利益的公共性而选择的一种实现方式和机制。

政治权力的强制约束性也产生于其实现利益的强制约束方式。强制约束是政治主体实现其利益的主要手段。政治权力的强制约束性，也是这种利益实现方式赋予和规定的。

（2）政治权力强制约束性的体现

在政治权力的社会作用方面，政治权力的强制约束性体现为政治权力的统治性和管理性：

①政治权力的统治性。政治权力的统治性即权力主体通过各种暴力和非暴力的手段对政治客体进行支配和管辖，保证政治主体的相对制约地位，实现和维护政治主体的共同利益。政治权力的统治性集中体现了政治权力的利益本质。

②政治权力的管理性。政治权力的管理性即权力主体对社会或政治群体的管理、领导

和组织等。政治权力的管理性是政治统治得以保持和实行的基础，政治权力的管理性更多地带有社会性质和色彩，对于政治权力的统治性来说，政治权力的强制约束性具有手段和途径的意义。

在权力的作用方式方面，强制约束性对对立力量表现为强制性，在本群体内呈现为约束性。在力量对比关系方面，它使之呈现出力量对比的不对称性。

4. 政治权力的基础及其主要内容。（四川大学 2016 年研；南京师大 2012 年研；燕山大学 2011 年研）

答：利益关系是政治权力形成的基础和条件。

(1)利益关系有两个基本方面，一是共同利益，二是利益矛盾，而正是以这两个方面为基础和条件，人们才形成了政治权力和政治权利。

(2)对于政治权力而言，共同利益是人们结成特定政治力量的内部基础。不同社会群体的成员为了达成共同利益，会凝聚成一定的社会力量和政治力量。而政治权力是一种特殊的政治力量，它超越其他政治力量，是实现共同利益的权威力量。

(3)利益矛盾是政治权力形成的外部条件。特定群体的成员为了维护与实现自身利益，必须妥善处理与其他不同群体间的横向利益矛盾，政治权力就是处理这种矛盾的权威依靠。同样，特定社会群体为了维护与实现自身利益，必须处理并协调本群体内成员利益与群体共同利益(即纵向利益矛盾)，政治权力则是进行这种处理和协调的权威性方式。

5. 简述政治权力的构成要素。（华中师大 2019 年研；广西民大 2017 年研；四川大学 2015 年研）

相关试题：

(1)政治权力的要素是什么？其相互关系是什么？（论述题，北大 2019 年研）

(2)政治权力的主观构成要素。（论述题，中传 2017、2012 年研；华侨大学 2015 年研）

(3)政治权力形成的重要条件。（中传 2016 年研）

(4)简述政治权力的客观构成要素。（华侨大学 2016 年研；中国政法 2015 年研）

答：政治权力的构成要素主要包括：

(1)客观构成要素

政治权力的客观构成要素是政治权力形成的过程中，权力主体的外在促成条件和因素。政治权力的客观构成要素是多种多样的，主要指政治资源，但并不仅限于政治资源，其中最主要的有：

①生产资料。劳动是人类社会得以生存和发展的基础，而生产资料是劳动者进行生产时所需要使用的资源或工具。因此，生产资料对于政治权力具有重要意义，占有生产资料越多，就可以获得更多的支配社会生存和发展的权力。

②社会财富。社会财富的累积意味着力量的扩大，社会财富的占有意味着力量的拥有，社会财富的控制意味着力量的掌握。社会财富的占有与生产资料的占有密切相关。

③暴力。暴力主要包含三个基本要素：暴力执行者、暴力组织和暴力工具。暴力执行者的能力和素养、暴力组织的严密程度和运行效果、暴力工具的技术水平和适用程度等因素决定了暴力的强度。

此外，政治权力的客观构成要素也包括历史文化、自然资源、地理条件以及权力客体的服从心理等。

(2)主观构成要素

政治权力的主观构成要素是指政治权力形成过程中，权力主体自身的状况和条件。主要包括：能力素质、身份资格、理论与策略、政治组织等。

①能力素质。政治权力主体的能力素质是其智力和体力的总和。能力素质是最基本的政治权力主观构成要素，也是使政治权力得以形成和行使的基础。

②身份资格。身份资格既包括个人的资历、职位、威望、继承资格等，也包括群体的身份资格、社会形象、社会地位、政治威望等。

③理论与策略。理论是政治权力主体关于社会和政治基本状况的分析把握，关于自己所主张和奉行的社会政治目标、实现途径及其相关条件的宏观分析和逻辑阐述；策略是政治权力主体在具体的客观条件下强化自身力量、弱化对方力量和贯彻自己战略意图的方式。

④政治组织。组织是具有某些共同特征的人按照一定方式相聚而成的集合。组织的力量通常大于成员力量的简单相加，取决于组织基础、组织原则、组织结构、组织文化以及内部关系等因素。

除此之外，政治权力的主观构成要素还有已有权力、社会资本等。

6. 简述政治权力的类型。(广东外语外贸大学 2024 年研；中央民大 2019 年研；南京师大 2018 年研；四川大学 2010 年研)

答：政治权力的类型主要包括：

(1)按照政治权力主体的性质划分

按照政治权力主体的性质，可将其分为五种主体：原始社会的政治权力、奴隶主阶级的政治权力、封建主阶级的政治权力、资产阶级的政治权力和无产阶级的政治权力。

(2)按照政治权力主体的组织类型划分

按照政治权力主体的组织类型，可将其分为社会公共权力和执政党权力两大类。

①社会公共权力是全社会范围内的政治权力，其基础为全社会成员的共同利益即社会共同利益。

②执政党权力是掌握国家政权的特定政党组织的政治权力，其形成的基础是一定阶级或阶层的共同利益。

(3)按照政治权力主体的层级划分

按照权力主体的层级，可将其分为中央权力和地方权力、上级权力和下级权力这两对概念。

①中央权力和地方权力

a. 中央权力是特定政治权力主体内部最高层次的权力。

b. 地方权力是特定政治权力主体体系内部特定地方区域的权力，以当地的共同利益为基础。

②上级权力和下级权力

上级权力和下级权力是一组对应关系，通常情况下上级权力较下级权力更大，权力行使的范围更广。

(4)按照政治权力的功能划分

不同政治权力主体的权力有不同的功能。政治学意义上的政治权力功能，一般是指社会公共权力的功能，主要分为立法权、行政权、监察权和司法权四类。

①立法权是指社会公共权力中制定、修改或废止法规、法案的权力，其本质是集中社会全体成员或统治阶级全体成员意志和利益要求，形成共同利益和共同意志的权力，它在社会公共权力中具有首要的地位，其运行的主导价值是民主。

②行政权是指社会公共权力中实施法案、管理社会行政事务的权力，其本质是执行社会全体成员或统治阶级全体成员共同利益和意志要求的权力，其功能在于对立法的执行权，其运行的主导价值是效率。

③监察权是对国家机关及其工作人员进行监督，调查职务违纪违法和犯罪的权力。其本质是特定的监督权，是专门监督国家公职人员的权力。监察权旨在规范公职人员的行为，防止公职人员失职、渎职和滥用公权力，提高行政效率。

④司法权是国家审判诉讼案件和监督法律实施的权力。分为审判权和检察权。其本质是维护社会全体成员或统治阶级全体成员的利益和意志要求的权力，其运行的主导价值是公正。

7. 政治权力作用的特点是什么？（中国人民公安大学2009年研）

相关试题：

(1)论述政治权力作用的方式。（论述题，华侨大学2016年研）

(2)试述政治权力作用的特点和方式。（论述题，郑州大学2015年研）

(3)政治权力的作用方式。（对外经贸2013年研；东财2010年研）

(4)政治权力在施诸社会的过程中呈现出的基本特点是什么？（南航2012年研）

(5)政治权力作用方式中包括哪些关系？举例说明之。（论述题，中山大学2012年研）

答：(1)政治权力作用的基本特点

①政治权力作用具有特定的目标指向。在政治实践中，政治权力总是对特定的权力客体发生作用，以维护其特定的利益和目标，所以政治权力作用具有特定指向。

②政治权力作用具有特定的效益。在政治权力的作用过程中，权力能量转化为相应的政治权力后果，由此带来政治权力作用的效益问题。一般说来，政治权力作用的效益与成本成正比关系。

③政治权力作用于社会具有双刃剑的效用。在价值意义上，政治权力的作用既可能符合社会公共利益和公共价值；也可能仅符合政治主体的特殊利益，从而危害社会公共利益和价值。在社会政治意义上，政治权力的作用对于作为权力客体的社会成员和权力主体双方会同时产生相应的效果。

④政治权力作用的影响巨大而深远。政治权力作用往往施加于其作用范围内的全体成员，涉及这些成员社会生活的方方面面。同时，政治权力的作用通常会对社会历史造成深远而重大的影响。

⑤政治权力作用的后果呈现多方面力量的平行四边形的合力。政治权力在政治实践中通常会与其他政治或社会力量形成合力发挥作用。

(2)政治权力的作用方式

在政治权力实施和运行过程中，政治权力有不同的作用方式：

①指令方式。指令方式是政治权力主体利用传播媒介，通过特定语言，指挥权力客体按照其意志行事。指令方式一般存在于根本利益一致，特别是同一主体内上下层次之间的权力关系中。

②压力方式。压力方式是政治权力主体运用政治权力对政治权力客体施加压力，迫使客体按照权力主体的意志行事，从而达到政治权力主体的既定要求。

③规约方式。规约方式是政治权力主体利用社会政治规范和规则，对政治权力客体施加制约。这种作用方式主要存在于具有共同利益的政治关系中，且在有序而稳定的社会政治环境中才能充分发挥作用。

④说服方式。说服方式是政治权力主体通过与政治权力客体进行沟通，双方就特定的共同利益达成一致，从而贯彻权力主体的意图。

⑤奖酬方式。奖酬方式是政治权力主体利用各种物质或精神资源对政治权力客体进行奖励酬谢，鼓励其贯彻权力主体的意志。政治权力用以进行的奖酬可以是物质的、精神的或是社会身份性的。

⑥处罚方式。处罚方式是政治权力主体对政治权力客体的错误行为进行惩罚，剥夺甚至减少权力客体或相关社会成员的利益，它是规约方式的一种补充。

⑦暴力方式。政治权力主体直接以暴力手段实施政治权力。暴力方式一般存在于根本对立的利益关系和政治权力关系之中，包括暴力镇压、武装起义、军事政变、政治暗杀等。

8. “先王所期者利也，所用者力也。”请评析。（南航 2011 年研）

答：这句话的意思是，先王所期望得到的是政治利益，而他为达到目的所用的是自己的政治权力。

(1)利益是社会成员政治行为的动因。人们从事政治活动，其根本动因在于人们实现自己利益的要求。人们进行政治斗争，本质上是为了自己的利益而斗争。政治统治阶级和统治集团进行政治统治，是为了维护自己的利益。

(2)政治权力是人们选择以力量对比与力量制约方式作为实现和维护自己利益要求的过程中，聚集形成的一种力量。政治权力作用具有特定的效益。政治权力的作用过程是权力能量转化为相应作用后果的过程，由此带来了政治权力作用的效益问题。

(3)政治权力是实现其主体成员利益要求的特定方式和凭借。在政治关系中，权力主体依靠一定的政治强制力，为实现某种利益而作用于权力客体。通过政治权力，权力主体一方面维护其利益赖以形成的经济社会关系，进而维护自身利益；另一方面，权力主体获得了特定资源以直接满足其利益需求。

第五章　政治权利

5.1　复习指南

【知识框架(庖丁解牛)】

- 政治权利
  - 政治权利的含义和特性
    - 政治权利的含义
      - 权利
      - 政治权利
        - 本质上是社会成员的共同利益要求
        - 前提条件和后盾力量是政治权力
        - 体现着社会成员和社会群体与政治权力之间的关系
        - 是法定的资格性规定
    - 政治权利的特性
      - 主体的相对个体性
      - 法定规范性
      - 权利主体的自主性
      - 权利义务的统一性
      - 自由价值性
  - 政治权利的内容和作用
    - 政治权利的历史发展
      - 原始社会
      - 奴隶社会
      - 封建社会
      - 资本主义社会
      - 社会主义社会
    - 政治权利的基本内容
      - 资本主义国家
        - 自由权
        - 参政权
        - 诉愿权
      - 社会主义国家
        - 自由权
        - 选举权和被选举权
        - 监督权与罢免权
        - 诉愿权
    - 政治权利对于社会政治生活的作用
      - 有利于维护、实现和发展政治权力主体的利益
      - 有利于政治生活的正常进行
      - 有利于社会成员政治积极性的发挥
      - 有利于社会政治的建设和发展

通关提要(提纲挈领)

本章题目难度一般，常见考点为政治权利的特性、内容和作用，题目类型为概念题和简答题。因此，本章知识点复习要注重细节，逐个消化和理解，不要遗漏。

5.2　考研真题与典型题

一、判断题

1．自由权既是资本主义国家政治权利的基本内容之一，也是社会主义国家政治权利的基本内容之一。（对外经贸 2017 年研）

2．政治权利主体的自主性是政治权力的专属排他性在政治权利主体法定资格上的转化。（对外经贸 2016 年研）

3．政治权利的自由价值性，是政治权力多重职能性在政治权利资格上的转化体现。（对外经贸 2014 年研）

二、概念题

1．参政权（对外经贸 2017 年研）

2．政治权利（华中师大 2022、2016 年研；对外经贸 2016 年研；四川大学 2015 年研；辽宁大学 2015 年研；广西民大 2014 年研）

3．公民诉愿权（南京大学 2015 年研；武大 2013 年研）

相关试题：诉愿权（南京大学 2015 年研）

三、辨析题

政治权利是一种社会规范。（中山大学 2015 年研）

四、简答题

1．简述政治权利的基本内容。（武大 2013 年研）

相关试题：

（1）简析现代政治权利的主要构成要素。（四川大学 2017 年研）

（2）列举资本主义国家和社会主义国家政治权利的基本内容。（华侨大学 2016 年研）

（3）简述社会主义国家公民政治权利的内容及其对社会政治生活的作用。（南京师大 2011 年研）

2．简析政治权利的特性与作用。（兰州大学 2019 年研；华中师大 2016 年研；四川大学 2014 年研）

相关试题：

（1）简述政治权利的政治作用。（郑州大学 2019 年研）

（2）试述政治权利对于社会政治生活的作用。（中山大学 2018 年研）

（3）政治权利的涵义及主要特征是什么？（西南大学 2011 年研）

3．政治权利与政治权力的区别与联系。（四川大学 2011 年研）

五、论述题

1．试论政治权利与义务的统一性。（对外经贸 2017 年研）

相关试题：为什么说政治权利是权利与义务的统一？（简答题，广东外语外贸大学 2023 年研）

2．论述政治权利在不同历史时期的特点并总结其对社会政治生活的作用。（中国人民

公安大学 2011 年研）

3. 运用政治权利的相关原理，结合现实生活实际，论述说明“国家尊重和保障人权”的重要性和必要性。（东财 2014 年研）

5.3　考研真题与典型题详解

一、判断题

1. 自由权既是资本主义国家政治权利的基本内容之一，也是社会主义国家政治权利的基本内容之一。（对外经贸 2017 年研）

【答案】正确

【解析】自由权是资本主义国家政治权利的基本内容之一。在社会主义社会，自由权同样是公民的重要社会权利和政治权利。

2. 政治权利主体的自主性是政治权力的专属排他性在政治权利主体法定资格上的转化。（对外经贸 2016 年研）

【答案】正确

【解析】政治权利主体的自主性是政治权力的专属排他性在政治权利主体法定资格上的转化。在既定的范围和层次上，政治权力具有专属排他性。

3. 政治权利的自由价值性，是政治权力多重职能性在政治权利资格上的转化体现。（对外经贸 2014 年研）

【答案】正确

二、概念题

1. 参政权（对外经贸 2017 年研）

答：参政权是指公民参与社会政治生活的权利。资本主义国家的公民参政权主要包括选举权、创制权、复决权和罢免权。选举权包括选举权和被选举权。选举权是指公民按照法定程序推选他人担任政治职位的权利，被选举权是指公民自身被他人推选担任政治职位的权利。

2. 政治权利（华中师大 2022、2016 年研；对外经贸 2016 年研；四川大学 2015 年研；辽宁大学 2015 年研；广西民大 2014 年研）

答：政治权利是指公民依法参加国家政治生活的权利。它是公民基本权利的重要组成部分。我国公民享有广泛的政治权利，主要指选举权和被选举权，言论、出版、集会、结社、游行、示威的自由，担任国家机关职务的权利，担任国有公司、企业、事业单位和人民团体领导职务的权利等。

3. 公民诉愿权（南京大学 2015 年研；武大 2013 年研）

相关试题：诉愿权（南京大学 2015 年研）

答：公民诉愿权是指公民权益受到国家机关的违法或不当处分侵害时，或公民为了获得某项权益，可依法向有关机关或法院提出审查处理的权利。社会主义国家公民的诉愿权主要包括公民对国家机关及其工作人员的批评、建议、申诉、控告和检举权等。这些权利都是社会主义社会公民维护和实现公共利益的重要途径和保障，体现了我国人民当家作主的政治地位，体现了社会主义社会政治权力属于人民的特点。

三、辨析题

政治权利是一种社会规范。（中山大学 2015 年研）

答：这种说法是片面的，具体分析如下：

该观点只看到了政治权利作为法定规范的特性，忽视了政治权利的其他重要特性。

(1)社会规范只是政治权利特性之一。政治权利具有法定规范性，其外化表现为社会规范。

(2)政治权利还具有主体的相对个体性、权利主体的自主性、权利义务的统一性和自由价值性等特性。

四、简答题

1. 简述政治权利的基本内容。（武大 2013 年研）

相关试题：

(1)简析现代政治权利的主要构成要素。（四川大学 2017 年研）

(2)列举资本主义国家和社会主义国家政治权利的基本内容。（华侨大学 2016 年研）

(3)简述社会主义国家公民政治权利的内容及其对社会政治生活的作用。（南京师大 2011 年研）

答：(1)资本主义国家政治权利的基本内容

各资本主义国家的政治权利通常由宪法规定，主要包括自由权、参政权和诉愿权，尽管各国的具体规定不同，但其基本内容大体一致，主要有：

①自由权。资本主义国家的自由权主要包括政治活动自由和非政治活动自由。就其内容来看，主要包括：人身自由；言论自由；通信自由；集会自由；结社自由。此外，资本主义国家的公民自由权还包括迁徙自由、罢工自由等。

②参政权。参政权是指公民参与社会政治生活的权利。资本主义国家的公民参政权主要包括选举权、创制权、复决权和罢免权。

③诉愿权。资本主义国家的公民诉愿权主要是指公民对于国家机关及其工作人员的控告和诉讼权利，包括宪法诉讼权、行政诉讼权和选举诉讼权等。当公民的合法权益受到国家侵犯，可以提出诉讼。

(2)社会主义国家政治权利的基本内容

社会主义国家是以工人阶级为领导（通过共产党）、以工农联盟为基础的无产阶级政权。因此，社会主义国家公民的政治权利的根本价值与目的在于实现无产阶级和劳动人民的利益，体现了社会主义国家人民当家作主的本质。社会主义国家公民的政治权利主要包括：

①自由权。在社会主义社会，自由权主要包括人身自由，人格尊严，言论、出版、集会、结社、游行、示威自由和通信自由等。

②选举权与被选举权。社会主义国家公民的选举权是参政权的集中体现，主要包括选举权和被选举权。

选举权主要指公民按照法律规定，拥有选举人民代表和国家公职人员的权利；被选举权是公民依照法律规定，拥有被选举为人民代表和国家公职人员的权利。

③监督权和罢免权。监督权是指公民享有监督一切国家机关及其工作人员的权利；公民的罢免权是指公民按照法定程序，可以罢免不合格的人民代表的权利。

④诉愿权。社会主义国家公民的诉愿权主要包括公民对国家机关及其工作人员的批评、建议、申诉、控告和检举权等。

2. 简析政治权利的特性与作用。（兰州大学 2019 年研；华中师大 2016 年研；四川大学 2014 年研）

相关试题：

(1) 简述政治权利的政治作用。（郑州大学 2019 年研）

(2) 试述政治权利对于社会政治生活的作用。（中山大学 2018 年研）

(3) 政治权利的涵义及主要特征是什么？（西南大学 2011 年研）

答：(1) 政治权利的特性

政治权利的阶级特性，是其根本特性。除此之外，政治权利还有一些其他特性：

①主体的相对个体性。一方面，在权利的所属意义上，政治权利是属于相对个体的权利；另一方面，在权利实现的意义上，政治权利最终要落实为相对个体实现的权利。

②法定规范性。政治权利规定了社会成员或群体进行政治活动的范围、内容和方式，具有规范性的特点。

③权利主体的自主性。政治权利是经过政治权力确认的社会成员参与国家政治生活的法定资格，因而具有权利主体自主性的特点。

④权利义务的统一性。政治权利和政治义务是不可分割和对应存在的。政治权利和政治义务互为条件。政治权利和政治义务的最终指向都是共同利益的实现。

⑤自由价值性。政治权利的基本价值是权利主体在法定范围内从事政治生活的自由。政治权利的自由价值性，是共同利益的特定价值在政治权利主体法定资格上的体现；也是政治权力多重职能性在政治权利资格上的转化体现。

(2) 政治权利对社会政治生活的作用

①有利于维护、实现和发展政治权力主体的利益；

②有利于政治生活的正常进行；

③有利于社会成员政治积极性的发挥；

④有利于社会政治的建设和发展。

3. 政治权利与政治权力的区别与联系。（四川大学 2011 年研）

答：(1) 两者之间的区别

①含义上有区别。政治权利是一种法定资格；而政治权力在本质上是特定的力量制约关系，是一种特定的公共权力。

②特性上各有不同。政治权利的特点包括主体的相对个体性、法定规范性、权利主体

的自主性和权利义务的统一性、自由价值性等；政治权力的特点包括主体利益性、强制约束性、专属排他性、扩张延展性、权责对等性和多重职能性等。

③作用上各具特色。政治权利是政治关系的重要组成部分。它有利于维护、实现和发展政治权力主体的利益；有利于政治生活的正常进行；有利于社会成员政治积极性的发挥；有利于社会政治的建设和发展。

政治权力是社会政治关系的核心内容，对政治关系、政治生活与社会生活具有重大的意义和作用。政治权力是实现其主体成员利益要求的特定方式和凭借，是社会政治生活的核心，以合法强制方式实现并且分配共同利益、规定着社会成员的利益边界和实现规则。政治权力还深刻地影响社会成员的行为和生活，对生产力发展具有巨大的反作用，影响着社会生活的各个方面。

(2)两者之间的联系

①政治权力与政治权利相互依存。政治权力是实现政治权利的前提和保障，政治权力是基于实现和保障政治权利而产生的；政治权利又是政治权力的实现形式，政治权利通过利益来实现。

②政治权利是政治权力的基础和源泉。人民群众是历史的创造者，人民的政治权力最初来自于人民革命的社会权力。所以人民的政治权力来源于公民的政治权利。

③政治权力与政治权利的实现在一定场合下互为条件。主要表现有：政治权利的实现依赖于政治权力的保障；政治权力的实现常常借助于政治权利的行使。此外，在一定条件下为政治权力的东西，在另一种条件下也可能为政治权利，并且两者相互包含和相互转化。

五、论述题

1. 试论政治权利与义务的统一性。(对外经贸2017年研)

相关试题：为什么说政治权利是权利与义务的统一？(简答题，广东外语外贸大学2023年研)

答：(1)政治权利具有权利义务的统一性

①政治权利的权利义务统一性，肇始于共同利益的相对独立性。

a. 相对独立支配性。共同利益相对于利益关系中的其他利益具有相对独立性，是社会成员或群体主张实现的客观对象。社会成员或群体通过特定途径和方式来实现和维护共同利益。共同利益的独立性在政治权利中转化为权利主体在法定范围内的自由。

b. 相对性。独立的共同利益又具有相对性，它是在利益关系中相对于其他利益才体现出来的独立性。政治权利主体行使其政治权利的同时，也需要承担相应的政治责任。共同利益的独立性在政治权利中转化为权利主体在法定范围内的自由，即政治权利中的权利方面；而共同利益的相对性则赋予政治权利主体以相应政治责任，即政治权利的义务方面。因此，共同利益的相对独立性是权利义务统一性的基础。

②政治权力的扩展性。权利义务的统一性源于政治权力的扩展性在政治权利形成过程中的作用。政治权利的对应扩展性与政治权力的扩展性相对应，并导致了政治权力与政治权利、政治权利与政治权利之间的相互限制。政治权利主体的权责对称性也由此形成。

(2)权利与义务统一的体现

①政治权利和政治义务是不可分割和对应存在的。就政治权利主体本身来说，特定政

治权利主体的政治资格一经确认，就意味着该主体的政治权利和政治义务同时确立。对于政治权利主体来说，特定政治权利主体的政治资格一经确认，既表明该权利主体具有政治权利，又表明政治权利具有承认和尊重该权利主体政治权利的义务。对于其他政治权利主体来说，特定政治权利主体的政治资格一经确认，既表明该主体具有政治权利，也意味着其他政治权利主体具有承认和尊重该权利主体权利的义务。

②政治权利和政治义务是互为条件的。政治义务是实现政治权利的基础，政治权利是履行政治义务的前提。公民在享有一系列政治权利的同时，还负有相应的义务。没有政治义务的政治权利，只是剥削阶级的政治特权。而离开了政治权利的政治义务，只能是政治上的被压迫和被奴役。政治权利和政治义务在量上是对等的，社会成员享有多大的政治权利，便需要承担多大的政治义务。政治权利和政治义务的最终指向都是共同利益的实现。

2. 论述政治权利在不同历史时期的特点并总结其对社会政治生活的作用。（中国人民公安大学 2011 年研）

答：（1）政治权利在不同历史时期的特点

①原始社会政治权利的特点

a. 政治权利是社会成员人人都具有的资格；

b. 氏族社会成员之间的资格是平等的；

c. 氏族社会成员的资格不是法律确定的，而是道德习俗确定的；

d. 氏族社会成员权利和义务是完全融合的。

②奴隶社会政治权利的特点

a. 政治权利专属奴隶主阶级所有；

b. 政治权利具有宗法等级制的特色；

c. 政治权利第一次和私有财产联系在一起；

d. 政治权利与政治义务相分离。

③封建社会的政治权利的特点

a. 私有财产直接决定着政治权利的归属；

b. 君主享有最大的政治特权；

c. 政治权利与官僚等级制和僧侣紧密相关；

d. 封建社会的政治世袭制使得血统成为政治权利的重要依据；

e. 农民虽然也享有某些政治权利，如诉讼权等。但其社会政治地位始终是低下的，其政治命运始终受着地主阶级和封建官僚的支配。

④资本主义社会政治权利的特点

a. 政治权利形式上体现为政治上的民主、自由和平等；

b. 政治权利以其形式上的平等掩盖着实际社会生活中的不平等；

c. 政治权利以其法律上的平等掩盖着实际政治生活中的不平等；

d. 政治权利以其表面上的正当性掩盖着资本剥削的不正当性。

⑤社会主义社会政治权利的特点

a. 广泛性。社会主义社会的政治权利是由最广大人民群众广泛享有的，不是某一阶级或集团的政治特权。

b. 公平性。社会主义社会的政治权利为无产阶级和全体人民平等地享有，不受诸多的限制。

c. 真实性。社会主义社会人民的政治权利具有实现和维护自身利益的物质保障和基础。

(2)政治权利对于社会政治生活的作用

参见本章考研真题与典型题详解简答题第2题答案。

3. 运用政治权利的相关原理，结合现实生活实际，论述说明“国家尊重和保障人权”的重要性和必要性。(东财2014年研)

答：人权是指在一定的社会历史条件下每个人按其本质和尊严享有或应该享有的基本权利。就其完整的意义而言，就是人人自由、平等地生存和发展的权利，它一般分为生命权、自由权、财产权。尊重和保障人权是民主政治的基本价值观及其制度安排，是民主政治的基本要求，是社会政治文明的基本标志，其重要性和必要性体现在以下几个方面：

(1)人权的核心内容是自由权和生存发展权，这与我国宪法所规定的公民权利具有一致性。

“国家尊重和保障人权”，是社会主义制度的本质要求，是党的一贯主张和新一届中央领导集体的治国理政理念，反映了全国人民的根本意志。我国把“国家尊重和保障人权”载入宪法，体现了政治权利是法定的资格性规定的特性，使公民的政治权利具有可靠的保障。

(2)“国家尊重和保障人权”体现了以人为本的精神，使人民的各项民主权利得到进一步保障。

政治权利在本质上是社会成员和社会群体主张共同利益的法定政治资格，社会成员可以凭借自己所享有的政治权利更加充分地在社会政治生活中进行活动，主张共同利益，进而最大限度地实现自己的利益。“国家尊重和保障人权”将进一步切实保障每个公民的生存权和发展权，使公民的各项权利有法律的保障，有制度和物质的保障。

(3)“国家尊重和保障人权”为国家公民权利划定一个界限，并促使国家价值观的转变。

政治权利和政治义务具有统一性，二者相辅相成，尊重和保障人权，意味着社会关系的调整要更加注重权力和权利的平衡、权力与责任的平衡、权利和义务的平衡。尊重与保障人权，要求国家机关及其工作人员摆正自己的位置，履行公仆职责，确保自然人、法人和其他组织的合法权益不受非法的侵害。

(4)“国家尊重和保障人权”是进一步促进中国法治和政治文明发展的需要。

人权的核心是使每个人的个性、人格、精神、道德和能力获得最充分的发展。从历史发展的角度看，社会物质文明、政治文明和精神文明的进步总是相应地使公民实际享有的法律权利的扩大，通过宪法予以承认和规定，这样就会进一步促进国家法治建设，建设和发展政治文明。

(5)“国家尊重和保障人权”将会进一步促进中国人权事业的发展，为中国在世界上树立尊重和保障人权的良好形象奠定法律基础。

尊重和保障人权是联合国的重要宗旨和原则之一。当前，以联合国为主要舞台的国际人权领域的活动异常活跃，人权已成为国际政治的一个重要主题，成为国际交流和合作的一个重要的领域。多年来，我们国家根据宪法制定了一批保护公民基本权利的法律，签署了一批保护公民权利的国际公约。尊重和保障人权，将进一步推动我国人权事业的进步，推动国际间的相互学习、取长补短和共同进步，树立中国改革开放、和平发展和尊重人权的国际形象，促进中国和世界人权事业的健康发展。

第三编　政治行为

第六章　政治斗争

6.1　复习指南

【知识框架（庖丁解牛）】

- 政治斗争
  - 政治斗争的含义和类型
    - 政治斗争的定义
      - 心理对立说
      - 价值对立说
      - 资源争夺说
      - 环境互动说
      - 马克思主义斗争说
    - 政治斗争的特点
    - 政治斗争的类型
      - 历史类型分类
        - 奴隶制社会的政治斗争
        - 封建制社会的政治斗争
        - 资本主义社会的政治斗争
        - 社会主义社会的政治斗争
      - 斗争主体划分
        - 群体间的政治斗争
        - 群体内的政治斗争
  - 政治斗争的方略和烈度
    - 政治斗争的方式
      - 暴力斗争
      - 非暴力斗争
    - 政治斗争的烈度
      - 高烈度政治斗争
      - 中烈度政治斗争
      - 低烈度政治斗争
  - 政治斗争的作用
    - 对于政治主体的作用
      - 政治斗争影响政治主体结构
      - 政治斗争决定政治主体利益的实现
      - 政治斗争增强政治主体自觉意识
      - 政治斗争强化社会政治结构和机制
    - 对于社会和历史的作用
      - 有助于社会生产力的发展
      - 影响社会利益结构
      - 改变社会的身份制度与结构
      - 影响社会变迁进程
      - 确立和更新政治秩序和制度，促进革命和改革

通关提要（提纲挈领）

本章内容较为简单。需要掌握政治斗争的含义、特征和作用等基础知识，能回答基本的概念题和简答题。

6.2　考研真题与典型题

一、判断题

政治斗争具有相同的烈度。

二、概念题

1. 政治行为（四川大学2025年研）
2. 政治斗争（北大2025年研；华中师大2024年研）

三、简答题

1. 简述政治斗争的策略。（广东外语外贸大学2023年研）
2. 简述政治斗争的作用。

6.3　考研真题与典型题详解

一、判断题

政治斗争具有相同的烈度。

【答案】错误

【解析】基于对抗程度的差异、政治动员的广度和深度、政治斗争的方式等因素的差异，政治斗争具有不同的烈度，具体可分为低、中和高三个烈度。因此这一说法是错误的。

二、概念题

1. 政治行为（四川大学2025年研）

答：政治行为是指参与或影响政治过程的各种活动。如投票、竞选、游说、游行、抗议、罢工、战争等。通常与政治统治、政策制定或权力行使有关。

2. 政治斗争（北大2025年研；华中师大2024年研）

答：政治斗争是指各政治主体之间基于自身的利益要求，为实现特定的权利而围绕公共政治权力所产生的冲突性甚至对抗性互动行为。根据这一定义，政治斗争行为主要有如下特征：利益争夺、力量博弈、权力角逐、矛盾对抗、意识自觉和事关全局。

三、简答题

1. 简述政治斗争的策略。（广东外语外贸大学2023年研）

答：政治策略是政治主体为了完成战略任务，根据政治形势的变化而确定的斗争形式和组织形式等，它是为实现战略任务而采取的具体办法。制定正确的战略策略需要：

（1）认真分析政治斗争的客观实际，研究自己所处的时代特点和历史发展趋势，把握时代特征，弄清国内国际各种政治势力及各种政治力量对比关系，从而保证战略策略的正确性。

（2）做到具体问题具体分析，实事求是，从而保证战略策略的可行性。

（3）要根据政治斗争形势的变化，采取相对应的斗争形式，适时地调配力量，保证战略策略的适应性。

（4）要对国内外历史和现实重大的政治斗争经验与教训进行科学总结保证战略策略的完善性。

2．简述政治斗争的作用。

答：（1）政治斗争对于政治主体的作用

①政治斗争行为直接影响到政治主体自身结构的变化；

②政治斗争的胜负决定着相关主体的利益能否实现和实现的程度；

③政治斗争有助于增强政治力量的主体自觉意识；

④政治斗争强化社会政治力量结构和体系机制。

（2）政治斗争对于社会和历史的作用

①在社会生产力方面，政治斗争若是由代表先进生产力的阶级及其政治力量领导，则会在一定程度上促进社会生产力的发展，一旦政治斗争取得胜利，意味着为先进社会生产力发展清扫了阻碍。

②在社会结构方面，政治斗争通常围绕政权问题与利益问题而展开，政治斗争的发展和结果，会不同程度地影响社会结构，或调整社会结构，或根本改变社会结构。

③政治斗争会改变社会的身份制度与结构。

④政治斗争影响社会变迁进程。

⑤政治斗争影响社会政治发展。

第七章　政治统治

7.1　复习指南

【知识框架(庖丁解牛)】

- 政治统治
  - 政治统治的含义和特点
    - 含义
    - 特点
      - 出发点：维护政治权力主体地位
      - 基本内容：构建政治权威与服从关系
      - 道义依据：社会公共伦理的正当性
      - 政治功能：构建和维护政治秩序
      - 价值取向：政治和社会的安全稳定
  - 政治统治的基础和类型
    - 政治统治的基础
      - 政治权力基础
      - 社会基础
      - 公共职能基础
      - 心理基础
    - 政治统治的类型
      - 马克斯·韦伯
        - 传统型的政治统治
        - 魅力型的政治统治
        - 法理型的政治统治
      - 马克思主义
        - 剥削阶级的政治统治
        - 无产阶级和劳动人民的政治统治
  - 政治统治的方式和作用
    - 政治统治的方式
      - 强治方式
      - 法治方式
      - 绩治方式
      - 理治方式
      - 德治方式
      - 心治方式
    - 政治统治的作用
      - 维护和保持政治权力主体的地位
      - 维护和保证既有政治关系的存续
      - 维护和保证政治权力的效能
      - 维护和保障特定社会成员的政治权利
      - 维护和保证社会秩序的稳定

通关提要（提纲挈领）

本章内容较为基础，政治统治的定义和特点一般会考查概念题。政治统治的基础和方式是本章重点，一般以简答题和论述题的形式考察。要着重理解和把握政治统治的基础和各种方式，明确其基本内涵。

7.2　考研真题与典型题

一、判断题

1. 政治统治以建构政治权威与服从关系为出发点。（对外经贸2017年研）

2. 政治权力主体以承担社会职能和实现公共利益的绩效进行政治统治的方式是政治统治的理治方式。（对外经贸2016年研）

二、概念题

1. 魅力型政治权威

2. 政治权威（华侨大学2018年研；广西民大2015年研）

3. 德治方式（华中师大2016年研）

4. 法理型权威（南京大学2015年研）

相关试题：法理型统治（浙江工商大学2015年研；四川大学2014年研）

5. 政治合法性（四川大学2014年研；外交学院2014、2013年研；南京大学2013年研；中传2013年研；广西民大2012年研）

6. 政治统治的强治方式（中国科大2011年研）

7. 政治认同（北大2025年研）

三、辨析题

任何政治统治都是少数人对多数人的统治。（南京师大2011年研）

四、简答题

1. 政治权威的三种类型及其内在关系。（四川大学2016年研）

相关试题：

(1)简述政治统治的心理基础。（广东外语外贸大学2023年研）

(3)政治统治的基础是什么？说明韦伯所说三种统治类型（传统型、魅力型、法理型）的基础是什么？（中山大学2016年研；广西民大2016年研；外交学院2012年研）

(3)根据政治合法性依据，政治统治可分为哪些类型？（武大2013年研）

2. 简述自治、德治与法治三者关系。（中国社科院大学2019年研）

3. 政治统治的特点。（华侨大学2017年研；对外经贸2016年研；四川大学2012年研；东财2010年研）

4. 政治统治合法化及其实现途径分析。（武大2012年研）

5. 简述政治认同对于政治统治的积极功能。（南航2014年研）

6. 简述政治统治的方式。（四川大学2025年研；华中师大2025年研；中山大学2018

年研；广西民大 2017 年研；中传 2015 年研；华侨大学 2016 年研）

五、论述题

论述政治统治与社会管理？（华侨大学 2018 年研）

7.3 考研真题与典型题详解

一、判断题

1. 政治统治以建构政治权威与服从关系为出发点。（对外经贸 2017 年研）

【答案】错误

【解析】建构政治权威与服从关系属于巩固政治权力主体地位、维护既有制约关系并保证政治权力效力，是政治统治的重要动因而不是出发点。

2. 政治权力主体以承担社会职能和实现公共利益的绩效进行政治统治的方式是政治统治的理治方式。（对外经贸 2016 年研）

【答案】错误

【解析】政治权力主体以承担社会职能和实现公共利益的绩效进行政治统治的方式是政治统治的绩治方式。政治统治的理治方式是指以意识形态和思想理论进行政治统治的方式。

二、概念题

1. 魅力型政治权威

答：魅力型政治权威是指政治权力执掌者和政治统治者凭借自己的政治人格的特殊魅力和超凡品质建立政治权威，获得社会成员的政治认同的政治统治。魅力型权威的合法性支持来源于人们对领袖人物个人魅力的崇拜，这种政治合法性的输入可以通过领袖人物过渡而被转移到新建立的政治体制上来，成为新的政治体制的合法性依据。这种政治体制的运行往往依赖于大众情感的输入和领袖人物精神感召力的输出，具有明显的非理性特征。

2. 政治权威（华侨大学 2018 年研；广西民大 2015 年研）

答：政治权威是指政治权力的合法化，即对政治权力正当性的认同。它通常以政治权力为后盾，依据正义或人格的感召力，产生具有高度稳定性、可靠性的政治影响力和支配与服从的权力关系。它是政治权力最有效能的表现方式。其主要特征是：①通常依附于一定的政治组织或权力结构中的某些角色，主要是领导职位，使政治权威体现严肃性。②以一定程度的政治认同为基础，这是政治权威获得遵从和承认的必要条件。③表现为品德、素质、能力优异的政治领导者和其领导行为所产生的政治凝聚力。这种力量使他们能够获得人们的理解、热忱和支持，形成人格的感召力。④政治权威一般以符合道德的合法方式引起人们的自愿服从，更注意满足人们的心理需要和情感平衡。

3. 德治方式（华中师大 2016 年研）

答：德治方式是政治统治的一种方式，是指通过社会道德和伦理建构、维护政治统治的方式。德治的形式主要有榜样示范、道德礼仪、教化活动、制定乡规民约和宗族家法、舆论褒贬等。

4. 法理型权威(南京大学2015年研)

相关试题：法理型统治(浙江工商大学2015年研；四川大学2014年研)

答：法理型权威是德国社会学家马克斯·韦伯根据政治合法性的依据对政治统治进行类型划分的类型之一。法理型权威是指把社会成员的政治认同，即政治合法性建立在法律和政治规则的权威基础上的政治统治。

法理型的统治类型所具有的主要特征是：

(1)具有活力和自身规律性的管理系统，其中有着明确的责任权限；

(2)实行职务等级制原则，并对各级机关建立牢固的监督制度；

(3)办事程序法规化、条例化，任何法律条文一经订出，所有成员都应遵守；

(4)实行不顾情面、照章办事的原则；

(5)统治形式只是由于法律的认可才是有效的，统治者只是根据法律规定而暂时拥有权力，服从者所服从的是法律，而不是某个具体的人。

这种法理型统治可以采取各种极不相同的形式，科层制是其中最纯粹的形式。

5. 政治合法性(四川大学2014年研；外交学院2014、2013年研；南京大学2013年研；中传2013年研；广西民大2012年研)

答：政治合法性是指政府基于被民众认可的原则基础上实施统治的正统性或正当性。合法性体现一种价值判断。"凡是建立在价值基础之上并以此得到公共舆论承认的即为合法。"合法性主要关心的问题是统治、政府或政权怎样及能否在社会成员的心理认同的基础上进行有效运行。

6. 政治统治的强治方式(中国科大2011年研)

答：政治统治的强治方式是指政治权力主体以强力直接实现统治的方式。统治者凭借自身的政治力量对威胁或破坏政治秩序的敌人采取强力压迫、行为强制、权利剥夺和分化瓦解等方式，以维护和保障自身的政治统治主体地位和社会政治秩序稳定。

7. 政治认同(北大2025年研)

答：政治认同是指人们在社会政治生活中形成的一种对国家、政党、政治思想在感情和意识上的归属感。在社会中，人们常会在一定的社会政治关系中确定自己的身份，如把自己看作某一国家或某一地区、某一阶级或某一政党的成员，并自觉或不自觉地以某一政治角色的要求来规范自己的行为。这种现象即为政治认同。

三、辨析题

任何政治统治都是少数人对多数人的统治。(南京师大2011年研)

答：这种说法是错误的，具体分析如下：

(1)社会主义社会以外的阶级社会都是少数人统治多数人。凡是少数人在经济上居优势地位，即少数人占有全社会的生产资料、以私有制为经济基础的社会都是少数人统治多数人。

(2)在社会主义社会，由于生产资料归以国家为代表形式的全民所有，人民就成了统治者，因而社会主义社会是多数人统治少数人的社会。

四、简答题

1. 政治权威的三种类型及其内在关系。（四川大学2016年研）

相关试题：

（1）简述政治统治的心理基础。（广东外语外贸大学2023年研）

（3）政治统治的基础是什么？说明韦伯所说三种统治类型（传统型、魅力型、法理型）的基础是什么？（中山大学2016年研；广西民大2016年研；外交学院2012年研）

（3）根据政治合法性依据，政治统治可分为哪些类型？（武大2013年研）

答：（1）政治权威的三种类型

①传统型统治。传统型统治的统治是“建立在一般的相信历来适用的传统的神圣性和由传统授命实施权威的统治者的合法性之上。”

②魅力型统治。魅力型统治的合法性来源于基于政治统治者或领导者独特的政治人格魅力和超凡品质带来的社会成员的政治认同和忠诚。

③法理型统治。在现代社会的法理型统治中，法律具有至高无上的地位，这是一种以法律为依据进行治理的社会。

（2）政治权威的内在关系

韦伯的三种权威类型之间是一种递进关系，从传统型权威到魅力型权威再到法理型权威体现的是现代国家和政权构建的理想化进程。

①传统型统治建立在人们对于习惯和古老传统的神圣不可侵犯的基础之上。被统治者之所以服从统治是因为这种关系已经存在于神圣的传统之中，统治者凭借传统的力量实施合法统治，同时也受到传统的约束。

②随着社会的发展尤其是人们智识水平的提高，传统习惯和神话逐渐不能满足政权合法化的需要，此时便容易出现社会危机。此时，社会动荡不安，人们对原有价值产生怀疑，合法性的信仰丧失，这就为魅力型领袖人物提供了施展其个人才能和影响力的机会。

③最后，魅力型权威终究只是一种过渡性的统治模式，为了长治久安，政治系统必须借助魅力型权威所获得的合法性支持，将现有统治方式制度化，使其成为社会成员的合法性信仰。统治方式制度化的理想结果便是法理型权威的确立和实现。

2. 简述自治、德治与法治三者关系。（中国社科院大学2019年研）

答：（1）社会治理与国家治理一样是独立的治理领域。社会治理与国家治理是相对应的概念，包括马克思在内的大多数思想家都承认国家与社会的二元关系。普遍法治化的政治秩序只有在社会排除政治任意性干预的前提下，才成为可能和必要。因此，一个以市场为中心、平等自由和协商的社会领域始终是现代国家的根基所在。在结构上，法治化的政治秩序就是这种社会和国家协调的产物。在协调中，社会赢得自主发展的空间，而国家则作为公共领域在制度上的一种延伸。

（2）我国曾经在很长一段时期内实行国家与社会的一元化，国家通过公共权力对社会实行直接管理，社会治理的空间被不断压缩，这种单一的治理模式造成社会活力不足、创造力缺乏、生产效率低下、公共服务短缺等问题。改革开放以来，中国共产党既高度重视国家治理，也十分重视社会治理，先后提出了“社会治安综合治理”“社会管理”“社会治理”

“社会自治”等概念，提出建设社会主义和谐社会、建设法治社会，这些都是社会治理理论与实践的重大创新，给社会释放了更多自主治理的空间。

(3)自治、法治、德治都是社会治理的基本方式方法。自治增活力、法制强保障、德治扬正气，自治以其民事民议、民事民办、民事民管而凝聚共识，实施共治；法治以其规则刚性、程序透明、准则有效而定分止争、惩恶扬善；德治以其核心价值、公序良俗、社会贤达而弘扬正气、引领风尚。自治、法治、德治优势互补、相辅相成，三者结合、融合必将形成社会治理的强大合力，实现国家和社会的良性互动，形成共建共治共享的社会治理格局。

3. 政治统治的特点。(华侨大学 2017 年研；对外经贸 2016 年研；四川大学 2012 年研；东财 2010 年研)

答：政治统治具有以下特点：

(1)其出发点为维护政治权力主体地位。

(2)基本内容为构建政治权威与服从关系。

(3)道义依据为社会公共伦理的正当性。

(4)政治功能为把矛盾和冲突控制、约束在政治秩序范围内。

(5)价值取向为政治和社会的安全稳定。

4. 政治统治合法化及其实现途径分析。(武大 2012 年研)

答：(1)政治统治合法性的含义

参见本章考研真题与典型题详解概念题第 5 题答案。

(2)实现政治统治合法性的途径

①统治阶级要满足被统治阶级的切身利益，并能有效地保障其利益。这就需要统治者发挥各项国家职能，特别是公共职能，促进经济发展，破解社会难题，对我国而言，特别是要消除和根治腐败问题、城乡二元分立问题、收入差距扩大问题、社会公平和公正问题等等，只有切身从人民的利益出发，才能有效地实现和保障人民的利益，获得人民的精神上和心理上的认同。

②统治者还必须增强其权力和权威基础，建构权威范式，在理论上增强合法性的力度，树立良好的政府形象，建立法治政府、责任政府和公正政府，力求在制度上和程序上构建模范政府范式，这就需要政府从自身政治体制改革出发，转变政府职能和理清自身思路，建立廉洁政府和人民值得信赖的政府。

③从政府文化和伦理道德出发，建立共同的价值观体系，强化社会价值信仰。从历史和现实两个方面出发，通过构建特定社会的公共规则和公共伦理，使政府文化、政党文化与普通大众的文化相沟通和一致，力图使大众群体能从心理上和思想上认同、接受并最终信仰占统治地位的政党文化和政府文化。

④民主政治是增强政治合法性的有效基础。通过政府改革和政治发展，增强民主政治的有效性，把政治发展制度性安排和公民参与政治有效结合，使公民从政治参与中感知政府权威性和公共性的价值，从政治发展的一般经验来看，公民有序参与和政府政治制度的有序安排和制度绩效是增强政治民主化程度和合法性的最有效途径之一。

⑤坚持社会发展和经济发展不动摇，解决社会发展重大问题。经济发展是增强政治合法性的物质基础，唯有经济发展，社会才能在一个有效的轨道上行驶，应不断解决与人民生活水平有关的事情，改善人民生活，增加人民收入，从物质上和精神上把握人民日益增长的各种需要与不发达社会生产力之间的矛盾，这种有质量的发展是增强政治合法性的最重要的物质基础。

5. 简述政治认同对于政治统治的积极功能。（南航 2014 年研）

答：政治认同对于政治统治具有以下积极功能：

（1）有助于政治组织及其制度获得合法性，提高组织制度化的程度，从而强化政治统治，达到稳定社会的目的。

（2）稳定政治秩序。高度的政治认同意味着社会成员对政治权威的忠诚和服从，有利于持久有效地建立和维护特定的政治秩序。

（3）有助于政治统治的要求和政策付诸实施。政治认同意味着社会成员对政治统治主体规则、政策的认可和同意，为政治统治规则和意志的有效实施提供良好的社会环境。

6. 简述政治统治的方式。（四川大学 2025 年研；华中师大 2025 年研；中山大学 2018 年研；广西民大 2017 年研；中传 2015 年研；华侨大学 2016 年研）

答：政治统治方式是政治统治者或领导者对社会内部成员和敌对成员进行统治和管理的方式。政治统治主要有以下方式：

（1）强治方式

强治方式是指政治权力主体以强力直接实现统治的方式。强治方式是政治统治本质的直接体现，也是政治权力的直接运用。

（2）法治方式

法治方式是指政治统治者或领导者凭借法律、制度和规则等以法治思维进行政治统治行为的方式。法治方式是政治统治建立和实施的规则方式。

（3）绩治方式

绩治方式是指基于承担社会职能而取得的政治与公共利益绩效，统治者进行政治统治的方式。

（4）理治方式

理治方式是指以意识形态与思想理论进行政治统治的方式。它以社会成员的理性活动为基础，通过意识形态和思想理论的宣传建构和维护政治统治的合法性，在思想和意识形态方面阐释和论证政治统治合理性。而政治权力主体展开的理论宣传、教育和论证是其经常形式。

（5）德治方式

德治方式是指通过社会道德和伦理建构、维护政治统治的方式。德治的形式主要有榜样示范、道德礼仪、教化活动、制定乡规民约和宗族家法、舆论褒贬等。

（6）心治方式

心治方式是指政治统治者通过教育、宣传和利益满足等方式培养与强化社会成员政治认同心理进行政治统治的方式。

五、论述题

论述政治统治与社会管理?（华侨大学2018年研）

答: 国家的政治统治和社会管理职能之间存在着辩证统一的关系，两者在一定条件下可以相互渗透，相互转化，共存于国家职能的有机统一体之中。

（1）政治统治

政治统治是统治阶级通过其政治代表对其国民实行的支配和管辖，是统治阶级集体意识和行为的体现。政治统治的重要动因是建构政治权威与服从关系。

政治统治的形式主要是领导、管理和武力镇压。统治阶级通常把国家作为其实行政治统治的工具，制定和建立符合本阶级利益的法律制度，并依靠各种暴力和非暴力的手段巩固自己的政治统治。暴力机关是实现政治统治的重要组成部分。

（2）社会管理

在权力制约关系的矛盾性和同一性的双重驱使下，政治权力主体为了协调和解决利益关系中的利益矛盾，实现社会共同利益要求，必须承担社会公共职能，实施对于社会的管理，这一行为就是社会管理行为。

在内容上，它体现为把权力制约关系转化为政治和社会后果。在现实政治生活中，它体现为政治权力对于社会公共生活的管理，包括协调和解决社会利益矛盾和冲突，实现社会公共利益，规制和协调各种社会政治力量和社会成员行为，承担社会公共职能等行为。

（3）社会管理与政治统治的异同点

①它们的相同点体现在：

a. 行为主体相同。在同一个政治共同体内，政治统治和社会管理是同时进行的。它们的主体都是由这一共同的政治权威主体来完成。

b. 行为原因相同。政治统治和社会管理都是权力制约关系中的矛盾性与同一性的要求。为了实现自己的权力地位和制约关系，同时把这种权力地位转化为权威和服从关系，权利主体需要政治统治。同样，社会管理虽是协调个体的利益，手段有所弱化，但是其根本原因是一致的。

c. 根本的目的相同。政治统治和社会管理根本上都是为了维护权利主体的制约和权威地位，保障社会的有序发展。

②它们的不同点体现在：

a. 出发点不同。政治统治以维护政治权力主体地位和制约关系为出发点；社会管理是政治权力主体为了协调和解决利益关系中的利益矛盾而进行的行为。

b. 方式不同。政治统治有强治、法治、绩治、理治、德治、心治等方式。社会管理从管理的层面上来说则有政治规划、政治决策、政治组织、政治指挥、政治监督等。

c. 功能不同。政治统治主要是维护和保持政治权力主体的利益和权力地位、保证和维护社会和政治的安全、保持和维护既有政治关系的存续、保障特定社会成员的政治权利、保证社会秩序和稳定，为社会管理创造条件等等。

社会管理在政治行为中的作用主要有：它是政治统治得以强化和巩固的基础；社会管理是政治权力的社会实现机制；社会管理是政治权利的实现途径；社会管理是社会有序运行的积极保证；社会管理是社会发展的重要方式。

第八章　政治管理

8.1　复习指南

【知识框架（庖丁解牛）】

- 政治管理
  - 政治管理的含义和特点
    - 政治管理的含义
    - 政治管理的特点
      - 公共性
      - 组织性
      - 责任性
      - 服务性
      - 以实现公共生活的效率和公平为基本价值取向
  - 政治管理的职能和类型
    - 政治管理的职能
      - 实现社会共同利益
        - 确定社会共同利益
        - 实现社会共同利益
        - 维护社会共同利益
        - 分配社会共同利益
        - 发展社会共同利益
      - 协调和解决利益矛盾
        - 把握利益矛盾
        - 分析利益矛盾
        - 解决利益矛盾
    - 政治管理的类型
      - 按实现的利益目标划分
      - 按功能划分
        - 立法管理
        - 行政管理
        - 监察管理
        - 司法管理
      - 按对象的不同划分
        - 对社会成员的管理
        - 对政治组织的管理
        - 对社会组织的管理
        - 对经济组织的管理
  - 政治管理的方式和作用
    - 政治管理的方式
      - 行为方式
        - 自然经济
        - 市场经济
      - 过程方式
        - 政治规划
        - 政治决策
        - 政治组织
        - 政治指挥
        - 政治监督
    - 政治管理的作用
      - 政治统治得以强化和巩固的基础
      - 政治权力的社会实现机制
      - 政治权利的实现途径
      - 社会有序运行的积极保证
      - 社会发展的重要方式

通关提要(提纲挈领)

本章内容可以和政治统治一章对比记忆。主要考查政治管理、政治规划、政治监督等的含义。另外，政治管理的特点、职能、方式及作用通常以简答题的形式考查，需要熟练掌握。

8.2　考研真题与典型题

一、判断题

1. 从管理行为过程方式来看，政治管理的方式主要有政治规划、政治决策、政治组织、政治指挥和政治监督。(对外经贸 2017 年研)

2. 在自然经济形成的社会关系和社会构成基础上的政治管理具有强烈的人治特点。(对外经贸 2016 年研)

3. 政治管理以实现公共生活的效率和公平为基本价值取向。(对外经贸 2013 年研)

4. 政治管理的主要职能是协调和规制利益矛盾和利益关系。(对外经贸 2014 年研)

二、概念题

1. 政治规划(华中师大 2013 年研；浙江工商大学 2012 年研)

2. 政治管理(四川大学 2025 年研)、政治管理和政治统治(对外经贸 2017 年研；四川大学 2016 年研；广西民大 2012 年研；中传 2012 年研；燕山大学 2012 年研；浙江工业大学 2012 年研；武大 2010 年研)

3. 政治决策(辽宁大学 2019 年研；四川大学 2016 年研；外交学院 2015 年研)

4. 政治监督(对外经贸 2013 年研；中国科大 2011 年研；中国人民公安大学 2011 年研；中国政法 2010 年研)

三、辨析题

1. 政治管理就是行政管理。(西南大学 2012 年研)

2. 政治管理就是治理国家的全部活动。(西南大学 2011 年研)

四、简答题

1. 简述政治管理。(广西民大 2013 年研；中传 2012 年研)

2. 政治决策及其特征。(中传 2015 年研)

3. 分析政治管理与政治统治的异同点。(四川大学 2016 年研；外交学院 2016 年研；武大 2011 年研；华东政法 2010 年研)

相关试题：论述政治管理与政治统治的关系。(论述题，华侨大学 2017 年研；中南财大 2010 年研)

4. 请概述政治管理的基本特征。(武大 2013 年研)

相关试题：

(1)简述政治管理的责任性。(广东外语外贸大学 2023 年研；中传 2015 年研)

(2)试论政治管理的责任性。(对外经贸 2013 年研)

5．政治管理的职能。（华中师大 2014 年研；中传 2012 年研）

相关试题：简述政治管理如何实现社会公共利益的最大化。（论述题，郑州大学 2019 年研）

6．政治管理有哪些类型？（江西师大 2014 年研）

相关试题：按政治管理的功能分类，政治管理可以分为哪几种类型？（华中师大 2013 年研）

五、论述题

政治管理与社会管理的关系。（中传 2012 年研）

8.3　考研真题与典型题详解

一、判断题

1．从管理行为过程方式来看，政治管理的方式主要有政治规划、政治决策、政治组织、政治指挥和政治监督。（对外经贸 2017 年研）

【答案】正确

【解析】在管理活动中，管理行为的方式通常都体现为管理过程各环节的行为。从管理行为过程方式来看，政治管理的方式主要有政治规划、政治决策、政治组织、政治指挥和政治监督。

2．在自然经济形成的社会关系和社会构成基础上的政治管理具有强烈的人治特点。（对外经贸 2016 年研）

【答案】正确

【解析】在自然经济形成的社会关系和社会构成基础上的政治管理具有强烈的人治特点，具有很大的随意性和任意性。

3．政治管理以实现公共生活的效率和公平为基本价值取向。（对外经贸 2013 年研）

【答案】正确

【解析】政治管理以实现公共生活的效率和公平为基本价值取向，是政治管理的基本特征之一。政治管理行为是指政治权力主体实现社会共同利益和协调社会利益关系的活动，是政治权力意志和要求的社会体现，因此，在社会共同利益的多重价值和政治权力的多重功能中，政治管理行为力求实现的是社会公共生活的效率和公平的价值，因此，它以这些价值作为行为的基本取向。

4．政治管理的主要职能是协调和规制利益矛盾和利益关系。（对外经贸 2014 年研）

【答案】错误

【解析】政治管理的职能可以概括为实现社会共同利益，协调和规制不同的利益矛盾和利益关系。因此，协调和规制利益矛盾和利益关系只是政治管理的主要职能之一，其主要职能还包括实现社会共同利益。

二、概念题

1. 政治规划（华中师大 2013 年研；浙江工商大学 2012 年研）

答：政治规划是指政治权力在对于社会的管理活动中，就其管理目标、任务、条件和方式而进行谋划和部署的行为。开展有效的政治管理活动，离不开前期的政治规划行为，政治规划是政治管理的首要行为，是统筹政治管理全局，实现、维护和发展社会利益而进行的预先计划，是对政治管理目标的条件、途径和方式的事前性的分析、选择和部署。

2. 政治管理（四川大学 2025 年研）、**政治管理和政治统治**（对外经贸 2017 年研；四川大学 2016 年研；广西民大 2012 年研；中传 2012 年研；燕山大学 2012 年研；浙江工业大学 2012 年研；武大 2010 年研）

答：政治管理是指国家对社会政治生活的协调和控制。广义指国家政权体系对社会全部公共事务的调控，包括对国家行政机关的调控；狭义指政府对人民群众政治生活的管理。政治管理是统治阶级维护社会秩序和稳定、保障国家机器正常运行的重要手段，是国家对内职能的一个重要方面。政治政治是指统治阶级通过其政治代表对其国民实行的支配和管辖。它是统治阶级集体意识和行为的体现。其形式主要是领导、管理和武力镇压。统治阶级通常把国家作为其实行政治统治的工具，制定和建立符合本阶级利益的法律制度，并依靠各种暴力和非暴力的手段巩固自己的政治统治。暴力机关是实现政治统治的重要组成部分。社会主义社会中的政治统治就是人民民主专政即无产阶级专政。

3. 政治决策（辽宁大学 2019 年研；四川大学 2016 年研；外交学院 2015 年研）

答：政治决策是指政治权力对于政治管理活动问题的决定行为。对于政治管理来说，政治决策是政治管理行为实施过程的起点。政治决策具有公共权威性和公共选择性的特点。在社会政治生活和政治管理实践中，政治决策具有不同的形式，概括起来看，其主要是：立法决定、行政决策、司法判定。

4. 政治监督（对外经贸 2013 年研；中国科大 2011 年研；中国人民公安大学 2011 年研；中国政法 2010 年研）

答：政治监督是指政治体系为了保证掌握社会公共权力的机关在所担负职权的正当范围内活动，防止政治权力的滥用，而对其进行的监视、检查、控制和纠偏的行为。政治监督是政治主体之间监视、控制和制衡的一种权力关系。它的实质是以权力制约权力，避免权力的腐化和堕落。

三、辨析题

1. 政治管理就是行政管理。（西南大学 2012 年研）

答：这种说法是错误的，具体分析如下：

政治管理是解决权力制约关系内在矛盾的选择途径之一，是这一矛盾的重要行为体现。在内容上，它体现为把权力制约关系转化为政治和社会后果。在现实政治生活中，它体现为政治权力对于社会公共生活的管理，包括协调和解决社会利益矛盾和冲突，实现社会公共利益，规制和协调各种社会政治力量和社会成员行为，承担社会公共职能等行为。

行政管理是指一切社会组织、企事业单位团体对有关事务的治理、管理和执行的社会活动，同时也可以指国家行政机关对社会公共事务的管理，其主体既可以是正式的权力机构，又可以是非正式权力机构。

(1)政治管理的本质是政治权力主体以管理方式实现政治权力主体的利益和要求；而行政管理的本质既可以是维护社会稳定，化解社会矛盾，又可以是最大限度地盈利。

(2)政治管理的重要功能是解决权力制约关系的内在矛盾。而行政管理除了上述功能以外，还具有盈利和促进企事业的良性发展的功能，可能不一定与维护社会政治安全和稳定有关。

(3)政治管理的行为内容是承担社会公共职能和公共事务。而行政管理的行为内容除了承担社会公共职能和公共事务以外，还包括承担对于企事业单位的各种日常管理，它不一定会承担公共职能，而只承担与其团体、组织相关的事务。

题目把政治管理等同于行政管理，没有深入阐明政治管理的本质规定性，因此是错误的。

2. 政治管理就是治理国家的全部活动。（西南大学 2011 年研）

答：这种说法是错误的，具体分析如下：

政治管理的本质是政治权力主体以实现公共利益和协调不同利益矛盾的方式，实现政治权力主体的利益和要求，其核心在于控制和化解矛盾，实现社会共同利益，承担社会公共职能和公共事务，而治理国家包括政治统治和政治管理两项基本职能，政治管理只是国家治理的一部分，政治管理行为是政治权力主体的基本行为，是发生于政治权力主体与其他社会政治力量和社会成员之间的政治行为。

四、简答题

1. 简述政治管理。（广西民大 2013 年研；中传 2012 年研）

答：参见本章考研真题与典型题详解辨析题第 1 题答案。

2. 政治决策及其特征。（中传 2015 年研）

答：政治决策是政治权力对于政治管理活动问题的决定行为。政治决策具有以下特征：

(1)公共权威性

政治决策的基本内容是公共利益与规则，因此也就决定了政治决策做的所有决定或决策都具有公共性，而政治权力的决策属性，则使其具有政治权威性。因此，政治决策的决策凭借和内容，决定了其具有公共权威性。同时，政治决策的公共权威性决定了政治决策的强制力，即对社会成员和集团都具有合法的强制约束性。

(2)公共选择性

政治决策作为公共决策，又具有公共选择性的特点。决策意味着对政治活动的方向、目标、方法等的一个取舍和选择，即决策过程实际是一个选择的过程。因此，政治决策实际是决策者选择的过程。

另一方面，政治决策的公共属性决定了其具有公共选择性，政治决策是社会成员的集体选择或者决策者就公共集体的利益做出的选择，比如立法决策、行政决策等。因此，政治决策在公共选择的过程中既要顾及不同社会成员的个人偏好、公共利益的多重价值，也要考虑决策的时机、条件和方式。

3. 分析政治管理与政治统治的异同点。（四川大学 2016 年研；外交学院 2016 年研；武大 2011 年研；华东政法 2010 年研）

相关试题：论述政治管理与政治统治的关系。（论述题，华侨大学 2017 年研；中南财大 2010 年研）

答：(1)政治统治和政治管理的相同点

①行为原因相同。政治统治和政治管理都是权力制约关系中的矛盾性与同一性的要求。为了实现自己的权力地位和制约关系，同时把这种权力地位转化为权威和服从关系，权利主体需要政治统治。同样，政治管理虽是协调主体的利益，手段有所弱化，但是其根本的原因是一致的，都是为了维护政治和社会统治。

②根本目的相同。政治统治和政治管理根本上都是为了维护权利主体的制约和权威地位，保障社会的有序发展，促进社会的进步。

③两者都是国家行为，都统一于国家职能中。政治统治和政治管理都是国家的政治行为，他们都是为了维护国家的根本利益而发生的，都统一于国家职能之中。

(2)政治管理与政治统治之间的不同点

①出发点不同。政治统治以维护政治权力主体地位为出发点；政治管理是政治权力主体为了协调和解决利益关系中的利益矛盾而进行的行为。

②方式不同。政治统治有强治、法治、绩治、理治、德治、心治等方式。政治管理从管理的层面上来说则有政治规划、政治决策、政治组织、政治指挥、政治监督等。

③主体不同。政治统治行为主体是统治阶级的国家政权，特别是警察和暴力机关，而政治管理的主体主要是国家权力延伸的组织，包括国家政权和准政治管理主体。

④行为客体不同。政治统治行为的客体可以是多数人，也可以是少数人，在剥削阶级社会，是少数人对多数人的统治，而在社会主义社会却是多数人对少数人的统治。而政治管理由于具有很大的技术性，因此承担政治管理的是少数人，被管理者一般是多数人。

4. 请概述政治管理的基本特征。（武大 2013 年研）

相关试题：

(1)简述政治管理的责任性。（广东外语外贸大学 2023 年研；中传 2015 年研）

(2)试论政治管理的责任性。（对外经贸 2013 年研）

答：政治管理具有如下基本特征：

(1)政治管理具有公共性

政治管理是政治权力主体通过承担社会公共职能、实现社会公共利益从而实现自身利益的途径和方式，基于此，政治管理具有公共性。

(2)政治管理具有组织性

任何管理都要通过特定的组织进行。政治管理的组织性体现为：

①管理所凭借和运行的各种资源和要素的有机结合性。

②政治权力和社会成员的政治系统构成性。

③政治管理运行的协同性。

(3)政治管理具有责任性

政治管理依据社会要求所确定的公共目标以及所承担的公共职能，凭借实施的政治权力和政治权威，会转而形成政治管理的政治与社会公共责任，进而构成政治管理的责任性。

(4)政治管理具有服务性

政治管理承担社会公共职能，因此具有社会公共服务的特点。

政治管理服务于政治权力主体，满足和实现政治权力主体的利益要求。政治权力主体要管理公共事务，并提供公共产品。

(5)政治管理以实现公共生活的效率和公平为基本价值取向

①实现效率的要求

有效实现共同利益和规范不同利益的实现方式，有效规制社会利益关系，促进社会的发展。

②实现公平的价值

以各种方式协调各方面社会利益矛盾，按照特定社会的公平要求，实现对于社会的管理。

5．政治管理的职能。(华中师大2014年研；中传2012年研)

相关试题：简述政治管理如何实现社会公共利益的最大化。(论述题，郑州大学2019年研)

答：政治管理的职能是指政治权力在政治统治的前提下，对于社会运行和发展所承担的任务。政治管理的职能主要包括：

(1)实现社会共同利益

该职能主要包括五个方面：确定社会共同利益、实现社会共同利益、维护社会共同利益、分配社会共同利益和发展社会共同利益。

①确定社会共同利益

从社会政治过程来看，政治管理对于社会共同利益的确定有主动确定和被动确定两种基本途径。

②实现社会共同利益

其基础是公共资源的组织和配置，关键是提供公共产品和公共服务。

③维护社会共同利益

体现为：对于公共财产的维护；对于社会公共组织的维护；对于社会共同利益实现规则的维护；对于社会共同利益实现要求的维护。

④分配社会共同利益

分配社会共同利益，即把已经实现的社会共同利益分配给社会成员，使得社会成员享受到社会共同利益的过程，由此可见，政治管理对于社会共同利益的分配过程，实际是把已经形成的社会共同利益成果分配给相关社会成员的过程。

a．政治管理对于社会共同利益的分配是按照公共性原则进行的，因此，在不同的社会政治形态下，不同阶级和政治统治意义上的公共性，决定着不同的政治管理分配过程和结果。但又有一般意义上的职能特征。

b. 政治管理对于社会共同利益的分配，是按照多重分配原则进行的，因此，这种分配是由多重分配构成的，其中主要包括：政治性分配、报酬性分配、资格性分配、调节性分配和再生性分配。

c. 政治管理对于社会共同利益的分配，通常都需要按照社会公平和社会公正的原则进行。

d. 政治管理对于社会共同利益的分配，通常需要设置必要的分配规则与制度，以形成保持政治统治、维持社会稳定发展、激励有关社会成员的机制。

⑤发展社会共同利益

政治管理发展社会共同利益的职能，首先建立在对于社会发展规律的把握的基础上，也建立在对于社会共同利益要求的把握基础上；取决于政治管理者对于实现发展的条件和时机的认识和把握；通常体现为根据社会发展规律与特点，制定发展战略，分析与明确发展条件，选择发展途径，解决发展中的问题，落实发展措施，实施发展战略和规划的职能。

(2)协调和规制利益矛盾和利益关系

协调和解决不同利益之间的矛盾，是政治管理的重要职能之一。

①把握利益矛盾

政治管理进行利益矛盾协调和规制的基础，在于准确地了解和把握社会利益矛盾。要确定矛盾的方位、社会生活的主要矛盾、利益矛盾的属性，把握利益矛盾的发展变化趋势和方向、矛盾各要素的发展变化的可能性和方向。

②分析利益矛盾

分析社会利益矛盾，要分析利益矛盾的产生原因、矛盾程度和状态、矛盾的主要方面和矛盾的转化条件。

③解决利益矛盾

解决社会利益矛盾，需要把握和利用有利的条件，确立解决矛盾的规则，并认识到社会利益矛盾的多样性和复杂性，把握其可行性。

6. 政治管理有哪些类型？（江西师大 2014 年研）

相关试题：按政治管理的功能分类，政治管理可以分为哪几种类型？（华中师大 2013 年研）

答：政治管理按照不同的划分标准可分为不同的类型，主要有：

(1)按照政治管理实现的本质利益目标划分

按照政治管理实现的本质利益目标划分，可以将政治管理划分为五种：原始社会的公共管理、奴隶社会的政治管理、封建社会的政治管理、资本主义社会的政治管理和社会主义社会的政治管理。

(2)按照政治管理的功能划分

按照政治管理的功能，可以将政治管理划分为立法管理、行政管理、监察管理和司法管理。

(3)按照政治管理的不同对象进行划分

按照政治管理的不同对象，可以将政治管理划分为对社会成员的管理、对政治组织的管理、对社会组织的管理和对经济组织的管理。

①对社会成员的管理，是指政治权力对社会成员行为的要求、规范和引导。

②对政治组织的管理主要包括对政府组织的管理、对政党的管理和对政治社会团体的管理。

③对社会组织的管理主要包括对各种非政府组织的管理，对社会公益组织的管理，对社会中介组织的管理和对社会自治组织的管理。

④对经济组织的管理，在不同的社会形态下有不同的内容。在资本主义社会，主要是对行业组织和企业组织的法律和制度规范。在社会主义社会，主要是对国有企业的管理、对其他企业的规范、对经济合作组织和行业组织的规范。

五、论述题

政治管理与社会管理的关系。（中传 2012 年研）

答：政治管理和社会管理的关系具体体现为：

（1）政治管理和社会管理的联系

政治管理和社会管理是相互依存的关系，具体表现在以下三点：

①政治管理是社会管理的政治基础。政治管理的本质和着眼点在于化解社会矛盾和解决利益冲突，实现社会共同利益，而社会管理的本质和着眼点在于维护政治统治。但是，社会管理最重要的依托是良好稳定的社会秩序，没有稳定的社会秩序，社会管理是难以完成的；政治管理为社会管理提供政治安全和保障，是社会管理的政治基础。

②政治管理和社会管理在某些方面具有重合性。政治管理要实现社会共同利益就必须承担社会公共职能，发展公共治理能力，这就必然需要政治管理的主体在社会中承担对政治、经济、文化和生态等方面的职能管理，而社会管理也包括权力机构对社会政治、经济和文化有关方面的统筹治理，可以说政治管理和社会管理在某些职能承担上是一致和相同的。

③社会管理为政治管理提供保障。社会管理是对社会各项事业的统筹管理和治理，其社会管理的核心必然是发展社会经济和保持社会稳定，而政治管理的有效性必须是需要一定的物质基础，很明显，社会管理所取得的良好结果能为政治管理提供物质基础。

（2）政治管理和社会管理的区别

①主体不同。政治管理的主体是国家政权体系或者专职政府；而社会管理的行为主体是政府和社会组织。

②目的不同。政治管理通过协调不同利益矛盾，以实现政治权力主体的利益和要求；而社会管理的根本目的是维护社会秩序、促进社会和谐。

③内容不同。政治管理的行为内容是承担社会公共职能和公共事务，其在日常生活和政治生活中表现为对人、财、物和信息等各种要素的管理，但是政治管理的基本内容是对社会成员及其相互关系的管理，是围绕着对社会成员的利益要求和利益关系的管理而配置和实施的，就此而言，政治管理的基本内容是对政治生活中的人的管理，是对社会成员及其相互关系的规制、组织和指挥等；而社会管理的内容从广义角度而言是涉及社会生活各个方面的公共事务，其范畴要大于政治管理。

第九章　政治参与

9.1　复习指南

【知识框架(庖丁解牛)】

- 政治参与
  - 政治参与的含义和类型
    - 政治参与的定义和特点
      - 定义
      - 基本特点
        - 从政治参与的主体来看
        - 从政治参与的内容来看
        - 从政治参与的法定关系来看
        - 从政治参与的外延来看
        - 从政治参与的目标与对象来看
    - 政治参与的类型
      - 其他学者
        - 自动参与
        - 动员参与
        - 消极参与
      - 马克思主义
        - 资本主义国家的政治参与
        - 社会主义国家的政治参与
  - 政治参与的方式和条件
    - 政治参与的途径和方式
      - 政治投票
      - 政治选举
      - 政治结社
      - 政治表达
      - 政治接触
      - 政治冷漠
    - 政治参与的基本条件和影响因素
      - 经济发展
      - 社会地位
      - 政治心理
      - 政治机制
      - 社会机会
  - 政治参与的作用
    - 政治作用
      - 影响公民的利益分配和实现
      - 影响政治统治的合法性
      - 影响政治管理的民主化
      - 影响政治文化的发展
      - 影响社会政治稳定
    - 社会作用
      - 影响社会公平
      - 影响经济发展
      - 影响社会流动和自治
      - 影响历史发展

通关提要(提纲挈领)

政治参与是我国政治改革的重要方面，因此也是考研的重点内容之一，本章出题频率非常高。政治参与的定义必须掌握，政治参与的途径和方式是本章重点，要着重理解和把握每一种政治参与的方式，同时，也要注重理解政治参与的作用，不遗漏每一个重要条目。

9.2 考研真题与典型题

一、判断题

1. 政治接触是政治参与的主要方式之一。在中国，制度化的政治接触渠道是信访。(对外经贸 2017 年研)

2. 政治请愿是政治表达的途径与方式之一。(对外经贸 2016 年研)

3. 政治参与并不总是与政治稳定成正比关系。它可以增强政治稳定，也可以破坏政治稳定。(对外经贸 2013 年研)

二、概念题

1. 全民公决(南京大学 2019 年研)

2. 政治参与(湖南师大 2024 年研；外交学院 2019、2015 年研；兰州大学 2019 年研；中国社科院大学 2019 年研；广西民大 2016 年研；湘潭大学 2015 年研；华中师大 2015 年研；辽宁大学 2015 年研；首都师大 2015 年研；浙江师大 2012～2013 年研；武大 2013 年研；中国人民公安大学 2011 年研)

3. 政治投票(海南大学 2019 年研；中传 2017 年研；东财 2014 年研；华中师大 2013 年研；对外经贸 2013 年研)

4. 政治选举(辽宁大学 2019 年研；四川大学 2016 年研；东财 2012 年研)

5. 政治结社(东财 2010 年研)

6. 政治表达(华中师大 2019 年研；海南大学 2019 年研；南京大学 2013 年研；中国科大 2012 年研)

7. 政治冷漠(人大 2015 年研；四川大学 2015 年研；南京大学 2014 年研；武大 2010 年研)

三、辨析题

政治参与包括投票、选举、结社、表达、接触、监督等，不包括革命。(中山大学 2015 年研)

四、简答题

1. 社会主义条件下政治参与与资本主义条件下政治参与的区别。(辽宁大学 2019 年研)

2. 政治参与的类型和作用。(吉林大学 2025 年研；四川大学 2011 年研)

相关试题：

(1)什么是政治参与？(华侨大学 2018 年研)

(2)简述政治参与的类型。(广西民大 2015 年研；东财 2014 年研)

(3)简述政治参与的意义。(海南大学 2019 年研)

3. 简述政治参与的方式和途径。(华东理工大学 2015 年研；中国政法 2015 年研；郑州大学 2015 年研；浙江师大 2012 年研)

相关试题：

(1)试述政治参与的影响因素。(论述题，对外经贸 2025 年研)

(2)试述政治参与的方式与影响因素。(国防科大 2024 年研；南京师大 2012 年研)

4. 政治参与与民主是什么关系？(南京理工大学 2011 年研)

相关试题：简述政治稳定与政治参与的关系。(北大 2024 年研；兰州大学 2021 年研)

5. 政治冷漠及其产生的原因是什么？如何唤起公民政治参与的积极性？(南航 2012 年研)

五、论述题

1. 分析政治参与的作用，结合我国国情，谈谈我国的政治参与与西方有何明显不同的特征。(中国政法 2010 年研)

2. 联系实际谈谈扩大公民政治参与的重大作用和主要方式。(西南大学 2012 年研)

相关试题：试论政治参与的作用及其促进当代中国政治参与发展的路径。(华东政法 2010 年研)

9.3　考研真题与典型题详解

一、判断题

1. 政治接触是政治参与的主要方式之一。在中国，制度化的政治接触渠道是信访。(对外经贸 2017 年研)

【答案】正确

【解析】在中国，信访已成为制度化的政治接触形式，公民有权通过来信或来访的方式同政府接触，表达自己的利益诉求。政府专门设有处理人民群众来信、接待人民来访的工作机构。政治接触既是政治参与的主要方式之一，也是公民关注政治问题、进行政治参与的经常性方式之一。

2. 政治请愿是政治表达的途径与方式之一。(对外经贸 2016 年研)

【答案】正确

【解析】政治表达是指公民行使政治表达和诉愿权利的行为。政治表达的途径和方式主要包括政治集会、政治请愿、政治言论等。

3. 政治参与并不总是与政治稳定成正比关系。它可以增强政治稳定，也可以破坏政治稳定。(对外经贸 2013 年研)

【答案】正确

【解析】政治参与影响社会政治稳定。政治参与并不总是与政治稳定成正比关系。它可以增强政治稳定，也可以破坏政治稳定。

二、概念题

1. 全民公决(南京大学 2019 年研)

答：全民公决是直接民主的一种手段，是指公民通过投票影响国家政策、就政府某项决策投赞成或反对票，或者就国际组织提出的措施进行表决。全民公决始于16世纪的瑞士。全民公决是政治参与的主要方式，以此表明公民对于政府的政治态度。

2. 政治参与(湖南师大2024年研；外交学院2019、2015年研；兰州大学2019年研；中国社科院大学2019年研；广西民大2016年研；湘潭大学2015年研；华中师大2015年研；辽宁大学2015年研；首都师大2015年研；浙江师大2012～2013年研；武大2013年研；中国人民公安大学2011年研)

答：政治参与是指公民自愿地通过各种合法方式影响公共权力的行使和公共政策的制定与执行过程的行为。包括投票、竞选、组织政党、加入社团或利益集团、动员公共舆论等。在我国，人民代表大会制度、中国共产党领导下的多党合作和政治协商制度以及民主选举、民主管理、民主监督等制度都是人民群众参与政治的基本形式。鼓励有序的政治参与是发展社会主义民主、建设社会主义政治文明的一个重要方面。

3. 政治投票(海南大学2019年研；中传2017年研；东财2014年研；华中师大2013年研；对外经贸2013年研)

答：政治投票是指公民个人在竞争性政策之间，或政治和公共职位候选人之间，或其他有争议的政治问题面前表达其政治偏好或政治态度的一种政治行为方式，它是一个国家的公民在选举、罢免、复决等各领域表达自己政治倾向的行为方式，其在不同的方面有着不同的目标和作用。投票的方法很多，通过声音、手势或姿势方法投票的都是公开投票。书面表达和电子信号虽然亦可用于公开投票，但它们通常是秘密投票所使用的技术方法。

4. 政治选举(辽宁大学2019年研；四川大学2016年研；东财2012年研)

答：政治选举是指国家或其他政治组织依照一定的程序和规则，由全体或部分成员根据自己的意愿，推选一人或若干人充任国家或该组织的某种权威性职务的政治行为。选举的普遍政治意义是使当选者获得某种权威地位的合法化，它具有对政治竞争的裁判作用和对政治领袖的评价作用。政治选举有直接选举和间接选举之分，前者由选民按选区直接投票产生公职人员，后者由选民选出代表，再由代表来投票选举。

5. 政治结社(东财2010年研)

答：政治结社是指具有共同利益的公民结成持久性的集团组织的政治行为，这种组织可能专门致力于特殊的利益，也可能致力于社会公共利益，但其基本目标是影响政府决策。它包括组织或者参加政党活动和参加社团活动。

6. 政治表达(华中师大2019年研；海南大学2019年研；南京大学2013年研；中国科大2012年研)

答：政治表达是指公民行使政治表达和诉愿权利的行为。政治表达是公民的一种政治参与方式，公民通过宪法规定的手段和方式来表示自己的政治观点与政治态度，以影响政府政策。公民的政治表达之所以能够影响政府的决策行为，是因为政治表达的作用在于产生一种集体效应，能让政府汇总各方诉求和意见，从而让政府在做出决策的过程中不得不考虑公民的相关需求。

7. 政治冷漠(人大2015年研；四川大学2015年研；南京大学2014年研；武大2010年研)

答：政治冷漠是指公民对政治活动冷淡和对政治问题漠视的政治态度及公民对政治参与疏远和逃避的政治行为。政治冷漠在一定条件下有可能发展为政治不服从，甚至导致政治反抗。政治冷漠产生的原因主要是：①公民由于多种多样的原因而对政治反感或失去信心，从而对政治无动于衷；②在政治制度完善的国家，在正常情况下政治机构已替其成员解决大部分问题，故有些公民觉得参不参与政治都无所谓了，从而也就不作为。

三、辨析题

政治参与包括投票、选举、结社、表达、接触、监督等，不包括革命。(中山大学2015年研)

答：这种说法是正确的。具体分析如下：

政治参与是指普通公民通过各种合法方式参加政治生活，并影响政治体系的构成、运行方式、运行规则和政策过程的行为；而政治革命则是在社会利益矛盾对抗的基础上，社会政治力量为变更政权和社会利益关系而反抗既有政治权力和政治统治的激烈活动。政治参与的主要方式包括政治投票、政治选举、政治结社、政治表达、政治接触和政治冷漠，其中不包括革命，因此这种说法是正确的。

四、简答题

1. 社会主义条件下政治参与与资本主义条件下政治参与的区别。(辽宁大学2019年研)

答：按照马克思主义关于不同民主政治形态的划分来区分政治参与的类型，具有本质性的意义。按照这一标准，可以将政治参与划分为资本主义国家的政治参与和社会主义国家的政治参与两种历史类型：

(1)资本主义国家公民的政治参与

①资本主义国家的政治参与同资本主义民主制是密不可分的。一方面，资本主义民主制度的本质和性质，决定了资本主义国家政治参与的性质与形式；另一方面，资产阶级民主也有一个相当长的成长过程，其中公民的政治参与对资产阶级民主建设的作用至关重要。因此，两者是密不可分的。

②资本主义国家形成的民主制度以及民主原则等为公民进行政治参与提供了基础和保障，形成了一系列保障公民政治参与的设施和机制。如议会的产生，为公民政治参与提供了活动舞台。以普选制为标志的选举制度又成为公民政治参与的合法化机制。资本主义国家通过政党政治、结社自由等为公民参与政治活动提供途径。

③在政治统治方面，资本主义国家公民参与的作用：

a. 给公民营造政治权利平等、自由的氛围，以掩盖其实际的不平等，从而掩盖资本主义统治的本质。

b. 有助于政府收集和了解公民的政治要求和政治意见，同时汇集民智，为资产阶级及时调整政策提供依据。

c. 通过公民的政治参与，调和资产阶级内部成员和集团之间的矛盾和冲突，从而保障资本主义政治秩序的稳定，维护资产阶级的整体统治。

d. 公民的政治参与为公民发泄不满提供了机会和途径，有助于缓和资本主义社会内部的矛盾。

政治参与对于资产阶级政治统治而言，是一种极有价值的工具。在某种意义上，普通公民的政治参与实际上是资产阶级政治舞台的政治工具。

(2)社会主义国家公民的政治参与

①社会主义国家公民的政治参与是社会主义民主的重要组成部分。社会主义民主与资本主义民主有着本质的区别。社会主义民主是在反对资产阶级剥削统治的过程中建立起来的，以公有制为基础，强调人民当家做主和人民民主专政。社会主义民主与社会主义市场经济相适应，是以社会主义经济制度为基础的上层建筑。

②社会主义民主强调人民当家作主，人民的利益是社会主义政党和国家制定路线、方针和政策的出发点，因此，社会主义国家的公民政治参与强调人民的主体地位，要求人民参与管理国家事务，参与国家管理经济和文化的活动。社会主义民主政治为公民的政治参与提供了不断完善的制度保障、法律保障和环境保障。

(3)两者之间的区别

社会主义条件下的公民政治参与与资本主义条件下的公民政治参与的根本区别是，社会主义国家要真正普遍吸收所有劳动者来管理国家。然而，这是一项"艰巨的任务"。按照马克思主义的观点，"权利决不能超出社会的经济结构以及由经济结构制约的社会的文化发展"。政治参与作为公民的政治权利是与每个人的利益相关的。每个公民的利益都要受到社会利益结构的制约。当然，由于各种历史和现实因素的制约，社会主义民主的公民政治参与未能得到完全的发展，仍存在可发展的空间。而这也会随着社会主义民主政治的发展而得到充分的发展。

2. 政治参与的类型和作用。（吉林大学2025年研；四川大学2011年研）

相关试题：

(1)什么是政治参与？（华侨大学2018年研）

(2)简述政治参与的类型。（广西民大2015年研；东财2014年研）

(3)简述政治参与的意义。（海南大学2019年研）

答：(1)政治参与的类型

①根据公民对于政治参与的行为形态，划分为自动参与、动员参与和消极参与三类。

a. 自动参与。公民基于自身的利益和需要而自觉地对政治过程施加影响的行为。

b. 动员参与。公民因受他人鼓动或响应政府号召而发生的影响政治过程的活动。

c. 消极参与。公民出于自觉或不自觉的原因而对政治问题漠不关心或对政治活动采取消极行为。

②根据马克思主义关于不同民主政治形态，划分为资本主义国家的政治参与和社会主义国家的政治参与两种类型。

a. 资本主义国家的政治参与。资本主义国家的政治参与同资本主义民主制密不可分。资本主义商品经济中的一些表面平等、自由的原则就运用于政治权力和政治权利方面，形成了一系列公民政治参与的表层设施和机制。

b. 社会主义国家的政治参与。社会主义国家公民政治参与是社会主义民主的重要组成部分。社会主义民主政治为公民的政治参与提供了不断完善的制度保障、法律保障和环境保障。

(2)政治参与的作用

①政治作用

a. 政治参与影响利益的分配。公民通过政治参与影响政治权力及其作用，必然影响利益分配。

b. 政治参与影响政治统治的合法性。政治参与是以公民对于国家的政治认同为其心理条件的。对国家的认同过程实际上就是政治权力合法化的过程，是对政治统治合法性的认可过程。

c. 政治参与影响政治管理的民主化。公民能够通过政治参与，影响和制约政府政治管理行为，使政府在政治决策时充分考虑公民的意见和利益诉求，从而推动政治管理的民主化。

d. 政治参与影响政治文化的发展。政治文化包含着公民的政治态度、政治情感和政治意识。公民在政治参与的过程中，可能提高自身对国家的责任感和政治体制的宽容度。公民还可通过政治参与成长为更具民主观念和民主能力的公民。此外，公民在政治参与过程中还可以感受到自己的人格和价值。

e. 政治参与影响社会政治稳定。政治参与并不总是与政治稳定成正比关系。它可以增强政治稳定，也可以破坏政治稳定。

②社会作用

a. 政治参与影响社会公平。公民政治参与的过程是公民表达自身政治意见和利益诉求，影响政府决策的过程，它可以使政府政治决策更加民主和公平，使得社会利益分配的政策更符合公民的愿望和需求。

b. 政治参与影响经济发展。由于各国的现代化道路不同，发展水平有差异，政治参与对经济发展的影响也就呈现复杂的趋势。一般而言，有效的公民参与可以达到影响经济政治中的资源配置的社会效果。

c. 政治参与影响社会流动和自治。公民的政治参与可以通过争取教育、工作、居住条件的提升而促进社会流动，同时也可以通过参与基层政治和社会事务的管理直接影响社会自治，促进社会自治制度的发展。

d. 政治参与影响历史发展。作为政治民主的重要内容，政治参与可以推动人类社会不断发展。从整个历史发展过程来看，政治参与能够不断提高公民管理社会政治事务的能力，从而推动社会向前发展。

3. 简述政治参与的方式和途径。(华东理工大学 2015 年研；中国政法 2015 年研；郑州大学 2015 年研；浙江师大 2012 年研)

相关试题：

(1)试述政治参与的影响因素。(论述题，对外经贸 2025 年研)

(2)试述政治参与的方式与影响因素。(国防科大 2024 年研；南京师大 2012 年研)

答：(1)政治参与的方式和途径

①政治投票。政治投票是公民个人对候选人或政策或其他有争议的政治问题表示其政

治偏好或政治态度的一种政治行为方式。投票可以通过声音、手势、书面表达(如选票)、电子信号等来体现。

②政治选举。政治选举是国家或其他政治组织依照一定的程序和规则，由全体或部分成员根据自己的意愿，推选一人或若干人充任国家或该组织的某种权威性职务的政治行为。

③政治结社。政治结社是公民基于共同的政治目的和利益结成持久性的集团组织的活动与过程。这种组织或者专门致力于非常特殊的利益，或者致力于广泛的公共问题，但其基本目的和明确的目标是影响政府决策。

④政治表达。政治表达是指公民行使政治表达和诉愿权利的行为。政治表达是公民的一种政治参与方式，公民通过宪法规定的手段和方式来表示自己的政治观点和政治态度，以影响政府政策。

⑤政治接触。政治接触是公民个人为了解决某些政治问题，谋求和维护自己或小部分人的特殊利益而主动与有关政府官员接触，陈述自己的看法，并试图影响政府官员决定的政治行为。

⑥政治冷漠。政治冷漠是指公民对政治活动冷淡和对政治问题漠视的政治态度及公民对政治参与疏远和逃避的政治行为。

(2)政治参与的影响因素

①经济发展水平。一个国家的政治参与水平与其经济发展程度是息息相关的。一般而言，经济发展和政治参与呈正相关关系。

②社会地位。社会地位反映公民的某种社会身份。在构成社会环境的诸要素中，教育、职业、收入、年龄、种族、宗教信仰、性别和居住地等要素，都与政治参与有联系。一般说来，受过高等教育的人、高职位和高收入阶层的成员、占统治地位的民族和宗教团体、男性公民等，较多地参与政治活动。

③政治心理。公民的任何政治行为都不是凭空出现的，而是在某种心理动机的驱动下展开的。政治参与行为也离不开它的心理因素的驱动力。

④政治机制。政治参与作为一种政治行为，必然要受到政治自身因素的影响。从本质上讲，政治制度的根本性质对政治参与有重大影响作用。在政治运行机制方面，选举制度、政党制度和监督制度等都直接影响着公民的政治参与。

⑤社会机会。每个人的社会机会如年龄、性别、种族等因素都不一样，甚至因为社会经济文化环境造成了个人的机会不均，这种社会机会会深刻地影响着公民的政治参与。

4. 政治参与与民主是什么关系?(南京理工大学2011年研)

相关试题：简述政治稳定与政治参与的关系。(北大2024年研；兰州大学2021年研)

答：政治参与与民主的关系具体体现为：

(1)政治参与有利于政治民主的进行，但不适当的过度政治参与也会对政治民主造成伤害。

(2)政治参与能促进民主的发展和维持，政治参与对政治民主而言具有工具价值；同时，公民在政治参与的过程中受到教育，学到社会责任，得到角色满足感，因此政治参与对公民来说，它本身又是目的。

(3)政治参与是民主政治的内在要求和重要内容，是实现民主政治的主要方式和重要标志。民主政治是政治参与赖以存在的基本条件，离开民主政治，就不存在政治参与。民主政治是一种自由的、平等的和参与的政治。

(4)实行民主制度是普通公民参与政治的前提条件。我国是人民民主专政的国家，国家的一切权力属于人民，这是公民政治参与的基本制度条件。让公民参与政治生活，是社会主义国家性质决定的，也是社会主义民主制度的内在要求。因此我国提出了加强社会主义民主法制建设，逐步扩大公民有序的政治参与，不断激发广大人民的政治热情和工作积极性。

(5)政治参与是公民实现政治权利和政治利益的主要方式和必要途径。在民主制度下，公民的政治权利和政治利益通常是通过政治参与实现的。

5．政治冷漠及其产生的原因是什么？如何唤起公民政治参与的积极性？(南航2012年研)

答：(1)政治冷漠的含义和产生的原因

参见本章考研真题与典型题详解概念题第7题答案。

(2)促进公民政治参与积极性的方式

①完善政治参与相关法律法规，切实把公民的政治参与权落到实处，保障公民政治参与途径的畅通无阻。政府部门应该加强对政治参与的宣传，号召鼓励广大公民参与到政治决策与公共管理中来。

②积极推进公民对重大问题的参与和讨论，加大公民对政府政治行为的监督力度。使社会各阶级、阶层、团体和个人积极地参与对社会重大问题的讨论，对政府的行政行为进行监督，把自己的要求建议传递给政治系统，影响政府决策。

③加强法制宣传和教育，提高公民政治参与素质和能力。公民是政治参与的主体，公民政治参与的程度与他们的政治参与意识和基本素养密切相关。因此，应该注重加强公民政治参与意识的培育，注重公民政治参与能力和素质的养成。

④加强民主制度建设。民主制度建设是扩大公民有序政治参与的基本途径，是公民政治参与的前提和保障。完善的民主制有利于促进公民广泛地开展政治参与，有利于集社会之力进行社会管理。

五、论述题

1．分析政治参与的作用，结合我国国情，谈谈我国的政治参与与西方有何明显不同的特征。(中国政法2010年研)

答：(1)政治参与的作用

参见本章考研真题与典型题详解简答题第2题答案。

(2)当前，中国社会正处于社会转型的中期，随着利益结构和社会结构的转型，中国利益分化呈现出群体化、集团化趋势，新的利益群体、阶级阶层正在形成之中，各个利益群体、阶级阶层之间的利益矛盾和冲突日益尖锐。利益关系复杂化、利益矛盾激烈化，引发并促进了中国各个利益群体和阶级阶层政治参与意识的觉醒。我国的政治参与与西方存在着明显不同的特征，主要表现在：

①政治参与是各个阶级阶层共同的政治愿望

在中国，政治参与已从20世纪80年代以前的动员型政治参与时期进入20世纪90年代初开始的公民自主型政治参与时期。进入21世纪，政治参与已经成为中国各个阶级阶层共同的愿望、呼声和政治行为诉求。

②我国产业工人、农民、私营企业主政治参与的特点

a. 产业工人政治参与的特点主要有：个体参与与集体参与相结合，以集体性参与为主；原始的反抗方式和现代的政治参与方式同时出现；制度化形式与非制度化形式相结合；合法的形式与极端的形式并用，但以合法的形式为主。

b. 农民政治参与的特点主要有：从经济利益的参与扩展到政治参与；制度内参与是农民进行政治参与的主要形式；维权性参与和创造性参与相结合，以维权性参与为主；集群依法抗争呈上升之势。

c. 中国私营企业主的政治参与的特点主要有：在对政治过程环节的影响上，私营企业主对决策环节的参与和执行环节的参与同时进行，但重点在执行环节的参与上；在政治参与目的上既有普遍性目的、群体性目的，也有个体性目的，但主要表现为个体性目的；在政治参与的途径上，虽然以安排性参与为主体，但自主性参与意识日益增强；在政治参与的载体上，主要依赖私人关系网络，但建立民间社会团体的意识也在增强。

③当前中国各个阶级阶层政治参与的共性特点

a. 在政治参与的类型上，从动员型参与向自主型参与发展。在当代中国，动员型参与虽然还时有出现，但从本质上说，已在向自主型参与过渡。这在产业工人、农民工、农民、私营企业主的政治参与愿望和参与实践中已经明显地表现出来。他们的参与是自主的，而不是被动的。

b. 在政治参与的组织和规模上，集体性参与呈增长之势。在政治参与的组织和规模上，既有个体参与又有集体参与。私营企业主要采用个体介入的形式，但对社团组织的要求已渐趋强烈；而产业工人、农民则主要采用集体性参与的形式，集体性参与也呈增长之势。

c. 在政治参与的目的上，功利性经济参与居主导地位，但民主性参与也呈发展之势。中国各个阶级阶层或群体的参与，无论是私营企业主的参与还是工人、农民的参与，其主要目的都是经济利益性、经济权益性的；同时，公民的公民意识、权利意识、民主意识正在觉醒和增强，民主性政治参与呈发展之势。

d. 在政治参与的形式上，网络成为当代中国政治参与的主要形式之一。网络政治参与将促进政治决策的民主化。网络政治参与还使普通民众包括最底层民众获得了话语权，使隐藏在民间的具有流行价值的民间话语和价值观念有可能上升成为公共话语和主流价值观念。

e. 在政治参与的程度上，总体水平不高，呈现出不成熟性特征。在中国，虽然政治参与的主体已在一定程度上摆脱了被动性，进入了自主性参与，但政治参与的目的主要还属于功利性的自救性参与；在对政治过程及环节的影响上，许多参与还停留在执行阶段，对政策形成环节的参与还比较少；在参与方式上还相对单一，缺少现代社会的社会团体的参与；在参与效果上，部分群体的参与成本太大。总之，中国目前的政治参与从总体看，水平不高，具有不成熟性特征。

f. 在政治参与发展阶段上，具有过渡性。中国的政治体系正在改革，正在为公民的政

治参与提供渠道，但改革的步伐慢，力度也不够，从总体上说，还未形成完善的政治参与机制，于是导致了许多非制度化的政治参与。

2．联系实际谈谈扩大公民政治参与的重大作用和主要方式。（西南大学2012年研）

相关试题：试论政治参与的作用及其促进当代中国政治参与发展的路径。（华东政法2010年研）

答：（1）扩大公民政治参与的作用

参见本章考研真题与典型题详解简答题第2题答案。

（2）扩大公民政治参与的主要方式

①健全政治参与的制度和机制。

改革和完善现有的政治参与机制，即改革和完善人民代表大会制度、中国共产党领导下的多党合作和政治协商制度、民族区域自治制度、基层民主自治制度等，建立和健全大众传播媒介的组织机制，形成多层次、多渠道的网络体系，在整个社会中形成广泛的、大量的信息流，为公民政治参与提供更为广泛的途径。

②提高政治参与质量。

我国公民政治参与中的“高参与率、低参与质量”的形成是多种因素综合作用的结果。可以从以下几方面加以改进：

a．营造适应社会主义市场经济发展所需要的积极主动参与型政治文化，为公民政治参与创造良好的政治心理背景（主要是培养公民的平等观念、自主意识、法治原则和责任意识）；

b．加强政治参与的制度建设，对公民政治参与的内容、方式、途径等做出明确规范，使其可以按一定程序操作，并用法律形式固定下来。使政治参与法律化、制度化、经常化；

c．提高政务透明度，使公民及时知情并能及时作出相应反应，改变公民参政仅停留在了解国家大政方针的浅层次而忽视与自身利益休戚相关的问题，拓宽政治参与广度，促进政治参与的深度。

③要丰富发展扩大公民有序政治参与的具体形式。扩大公民有序政治参与，要着眼于保障人民的知情权、参与权、表达权、监督权来丰富民主形式，拓宽民主渠道。在保障公民知情权上，要充分发挥大众传媒特别是网络的作用，进一步加强政府信息资源的开发和开放，解决公民与政府之间信息严重不对称问题。在公民政治参与上，要做到多层次、宽领域。要兼顾好强势社会群体与弱势社会群体的政治参与，避免顾此失彼。

④要提高与扩大公民政治参与相适应的素质。要加强政治文化建设，把它作为社会主义先进文化建设的重要内容，与社会主义核心价值体系紧密结合起来，培育社会成员正确的政治认知、情感、态度和价值观，增强政治参与的自觉性和主动性，并通过实践不断提高政治参与的能力。

总之，我国的社会主义市场经济才刚刚起步，由于经济文化水平的相对落后及传统政治文化等因素影响，公民政治参与的热情还不高。市场经济发展也暂时转移了人们的注意力，但我们绝不能因此而忽视公民权利建设，防患于未然，构建社会政治稳定的“安全阀”才是明智之举。而反过来，公民的政治冷漠也正反映出我国民主建设中还存在种种问题，在这种矛盾还未激化之时加以消解，必然有利于减少危及社会政治稳定的因素。

第四编 政治体系

第十章 国 家

10.1 复习指南

【知识框架(庖丁解牛)】

- 国家
  - 国家的含义和类型
    - 若干非马克思主义国家定义
    - 国家的本质
    - 国家的历史类型
      - 奴隶制国家
      - 封建制国家
      - 资本主义国家
      - 社会主义国家
  - 国家的形式
    - 国家政权组织形式
    - 国家结构形式
      - 单一制国家
      - 复合制国家
  - 国家机构
    - 国家机构的含义和设置原则
    - 主要国家机构
      - 国家元首
      - 立法机关
      - 行政机关
      - 监察机关
      - 审判和检察机关

通关提要(提纲挈领)

本章是政治学理论的基础内容，国家作为政治活动的基本行为主体在政治生活中具有至关重要的作用。本章要把握国家的本质属性，了解国家的历史类型，明确政体与国体的区别和联系，明晰单一制国家和复合制国家的特点，了解国家机构的设置原则。本章内容难度一般，细节内容较多，要逐一掌握。

10.2 考研真题与典型题

一、判断题

1. 在马克思主义看来，国家无论是从本质上看，还是从形式上，都是全社会的公共权

力。(对外经贸 2017 年研)

2. 在议会共和政体中，最高国家权力由总统和议会按不同职能分别执掌和行使。(对外经贸 2016 年研)

3. 当代中国、日本与德国都实行的是单一制的国家结构形式。(对外经贸 2013 年研)

二、概念题

1. 分权制衡(青岛大学 2017 年研；湘潭大学 2012 年研)

2. 社会契约论(安徽大学 2022 年研；青岛大学 2016 年研；浙江工商大学 2014 年研)

3. 两院制(首都师大 2010 年研)

4. 国家职能(首都师大 2010 年研)

5. 议会君主制(东财 2014 年研；青岛大学 2013 年研；首都师大 2011 年研)

6. 福利国家(北大 2019 年研；南京大学 2019 年研；青岛大学 2014 年研；首都师大 2012 年研)

7. 集权原则(辽宁大学 2019 年研)

8. 国家(辽宁大学 2015 年研；湘潭大学 2014 年研；江西师大 2014 年研；青岛大学 2013 年研；浙江师大 2013 年研；广西民大 2012 年研；中国人民公安大学 2010 年研)

9. 封建制国家(东财 2014 年研)

10. 国家形式(湘潭大学 2021 年研；华侨大学 2011 年研)

11. 立宪君主制(南京大学 2014 年研；燕山大学 2014 年研；南京工业大学 2012 年研；广西民大 2011 年研)

相关试题：君主立宪政体(南京工业大学 2014 年研)

12. 单一制国家和联邦制国家(燕山大学 2011 年研)、单一制国家(广西民大 2018 年研；南京大学 2015 年研；华中师大 2014 年研；浙江工商大学 2014 年研；武大 2013 年研)、联邦制(南京师大 2011 年研)

13. 复合制国家(对外经贸 2016、2013 年研；辽宁大学 2014 年研；武汉理工大学 2010 年研)、复合制(青岛大学 2011 年研)

14. 民主集中制(华中师大 2019 年研；人大 2012 年研)

15. 国家元首(南京理工大学 2023 年研；对外经贸 2017 年研；四川大学 2015 年研；东财 2014 年研；对外经贸 2013 年研；武大 2013 年研)

16. 行政机关(河北大学 2014 年研；对外经贸 2014 年研)

三、辨析题

1. 国体相同，政体可能不同；国体不同，政体可能相似。(四川师大 2014 年研)

2. 单一制和联邦制的根本区别是前者以集权为特征，后者以分权为特征。(四川师大 2014 年研)

四、简答题

1. 简述社会主义国家的特征。(湘潭大学 2012 年研)

2. 简述近代西方资本主义国家分权制衡学说与实践的发展。(青岛大学 2013 年研)

3. 简述国家政权组织形式与国家结构形式的类型。(吉林大学 2021 年研)

4. 决定国家机构设置的因素有哪些？（苏州大学 2015 年研）

5. 简单说明你对国家职能的理解。（南开大学 2014 年研）

相关试题：

(1)分析国家职能的类型。（华侨大学 2016 年研）

(2)分析国家政治职能与社会职能的相互关系。（青岛大学 2016 年研）

(3)怎样认识国家管理职能具有的双重性。（青岛大学 2014 年研）

6. 关于国家起源的学说。（新疆大学 2025 年研；燕山大学 2011 年研）

7. 恩格斯是怎样论述国家的产生原因、形式、功能和本质的？（武大 2011 年研）

相关试题：试述恩格斯提出的关于国家起源的三种主要形式及其特征。（青岛大学 2012 年研）

8. 为什么说福利国家并没有从根本上改变资产阶级国家的性质？（华侨大学 2011 年研）

9. 试述西方和中国封建制国家的不同特征。（河北大学 2014 年研）

相关试题：简述中国封建制和西方封建制的区别。（四川师大 2014 年研）

10. 中国为什么采用单一制的国家结构形式？（河南师大 2014 年研）

五、论述题

1. 马克思主义国家学说是如何看待国家历史类型的更替规律的？（河北大学 2012 年研）

相关试题：国家历史类型更替的基本方式和途径。（首都师大 2010 年研）

2. 分权制衡原则述评。（苏州大学 2012 年研）

相关试题：

(1)简述资本主义国家机构设置的分权制衡原则及其启示。（四川大学 2014 年研）

(2)运用国家设置原则的基本原理，结合实际谈谈如何辩证地看待资本主义的“分权制衡原则”。（东财 2010 年研）

3. 马克思一方面说国家是“共同委员会”，一方面说国家有相对自主性，如何理解，其起源和影响何在？（北大 2019 年研）

10.3 考研真题与典型题详解

一、判断题

1. 在马克思主义看来，国家无论是从本质上看，还是从形式上，都是全社会的公共权力。（对外经贸 2017 年研）

【答案】错误

【解析】马克思主义经典作家指明了国家的本质。恩格斯指出：“国家无非是一个阶级镇压另一个阶级的机器。”列宁也指出：“国家是维护一个阶级对另一个阶级的统治的机器。”由此可见，国家是指阶级社会中的不同于原始社会公共权力的一种“特殊的公共权力”组织。在马克思主义看来，国家是指实行阶级统治的社会公共权力组织，它的本质在于阶级统治，国家是一种特殊的暴力机器。因此，国家并不是全社会的公共权力。

2. 在议会共和政体中，最高国家权力由总统和议会按不同职能分别执掌和行使。（对

外经贸 2016 年研）

【答案】错误

【解析】在议会共和制国家，议会是国家的最高权力机关，享有立法权和监督政府权，总统是“虚位”国家元首。

3. 当代中国、日本与德国都实行的是单一制的国家结构形式。（对外经贸 2013 年研）

【答案】错误

【解析】单一制国家是指由若干行政区域或自治区域组成的统一主权国家。当代中国、日本、法国等国家都实行单一制。复合制国家是指由若干成员单位（邦、州、国）联合组成的联盟国家或国家联盟。当今世界实行联邦制的国家主要有美国、德国等国家。

二、概念题

1. 分权制衡（青岛大学 2017 年研；湘潭大学 2012 年研）

答：分权制衡，是指资本主义国家机构按不同的功能把政治权力划分为不同的类型，不同功能的权力之间形成相互制约关系的一种原则。权力的分立使权力的制衡成为可能，从而保证国家机器按照资产阶级民主的原则和适应其政治统治的需要运转。

2. 社会契约论（安徽大学 2022 年研；青岛大学 2016 年研；浙江工商大学 2014 年研）

答：社会契约论是指一种宣称国家和法起源于社会契约的历史唯心主义的政治学说。关于国家的社会契约观点，发源于古希腊的思想家伊壁鸠鲁。它盛行于 17 ~ 18 世纪。主要代表人物有荷兰的格劳秀斯、斯宾诺莎，英国的霍布斯、洛克和法国的卢梭等。

3. 两院制（首都师大 2010 年研）

答：资本主义国家的立法机关分为两院，一般称为两院制。大多数资本主义国家都采用这种制度。两院的名称各国不同，如美国称为众议院、参议院，英国称为上议院、下议院等。下议院议员通常按选区直接选举产生，名额按人口或选民人数的一定比例分配。上议院议员的选举办法和名额分配，各国不尽相同。有的实行直接选举，有的实行间接选举，如由下议院或地方议会选举。有的国家还有部分任命产生、世袭或担任的议员。任何法律都须经两院通过，而下议院一般在提出财政预算议案方面有优先权。同时，两院之间也存在着一种权力之间的相互制约关系，在这种关系中，下议院的权力一般要高于上议院。两院制是资产阶级共和政体按照行政、立法、司法三权分立的学说而建立起来的立法机关，它实际上代表着资产阶级的根本利益。

4. 国家职能（首都师大 2010 年研）

答：国家职能是国家本质的内在要求和具体体现，是国家活动的总方向、基本使命、基本目的，是指全部国家机器的基本职责和整体功能。任何国家的活动都表现为两种基本职能，内部的职能和外部的职能。内部职能的主要任务是实行社会控制，以求得经济发展、社会稳定；外部职能的主要任务是防御外来侵略，保卫国家安全。另外，国家还具有社会职能和政治职能。国家的政治职能即国家的阶级统治职能，是国家运用暴力、法制等特殊的强制力，控制被统治阶级，镇压被统治阶级及一切破坏现存政治法律秩序、社会秩序分子的反抗的政治管理职能。国家的社会职能即统治阶级运用国家权力执行对社会公共事务的社会管理职能。

5. 议会君主制(东财 2014 年研；青岛大学 2013 年研；首都师大 2011 年研)

答：议会君主制是指以议会为国家最高立法机关和国家最高权力机关，政府由议会产生，君主不直接支配国家政权的政体形式。在议会君主制中，虽然保留了世袭的君主，但君主的职能仅限于象征国家的统一和主权，没有实际权力，因此被称为"虚位"君主。

6. 福利国家(北大 2019 年研；南京大学 2019 年研；青岛大学 2014 年研；首都师大 2012 年研)

答：福利国家是指国家以社会总体利益的代表的身份，通过国民收入的再分配，矫正社会自身所固有的不平等与不公正的趋向，并以此作为保证经济持续增长的一种手段的国家。福利国家论对资本主义社会产生了重要影响，在一定程度上改变了传统资本主义的面貌。20 世纪 60、70 年代达到鼎盛时期，随着 70 年代末西方保守主义抬头，其影响开始有所减弱。

7. 集权原则(辽宁大学 2019 年研)

答：集权原则是奴隶制国家和封建制国家机构设置的通常原则。国家的全部权力都集中在作为最高统治者的君主手里。国家机关的权力都授自于君主，受君主的监督和控制，君权高于一切，只有君主才是国家的最高主宰。尤其发展为封建专制国家后，专制君主更是集所有权力于一身，集权原则也发展到顶点。

8. 国家(辽宁大学 2015 年研；湘潭大学 2014 年研；江西师大 2014 年研；青岛大学 2013 年研；浙江师大 2013 年研；广西民大 2012 年研；中国人民公安大学 2010 年研)

答：国家是指经济上占有统治地位的阶级为了维护和实现统治阶级共同利益，按照区域划分原则而组织起来的，以暴力为后盾的政治统治和管理组织。国家具有以下特点：①国家的本质在于阶级统治；②国家是按地区来划分其国民的；③国家是一种特殊的暴力机器。

9. 封建制国家(东财 2014 年研)

答：封建制国家是指封建地主阶级维护自己的利益、压迫农民阶级的统治机器，其本质上是封建地主阶级对于农民阶级的专政。封建国家是在封建地主所有制基础上，以封建地主阶级对于农民的经济和人身奴役为原则建立起来的，其在组织制度上具有如下特点：①封建国家的最高权力为君主所有，封建国家的组织结构一般呈现金字塔形；②封建国家为了维护封建地主阶级统治，实现对全社会的政治控制，常常设置极为庞大的官僚机构，同时，封建社会的政治权力本质取向在国家组织制度上集中表现为官本位取向，促使人们更多地竞争和谋取官位；③封建国家把全社会组织并且融进政治生活，从而使政治组织与社会生活同一化，由此加强了对全社会的封建专制控制。

10. 国家形式(湘潭大学 2021 年研；华侨大学 2011 年研)

答：国家形式是指统治阶级为实现本阶级的统治而组织国家的形式，是组织、管理和控制国家机器的制度和体制的总和。国家形式的具体内容一般包括以下三个方面：①国家的政权组织形式，即国家的政体。它是指一定的社会阶级采取何种形式去组织那些反对敌人保护自己的政权机关。它构成了一个国家的根本政治制度，主要体现为国家的最高统治权力的形成方式和最高国家权力机关的组成形式。②国家结构形式是中央权力与地方权力的关系在国家组织结构形式和原则上的体现。③国家机关权力的具体运作方式和具体制度，即政治体制。一些具体制度和具体形式，如选举制度、执政党与政权的关系、决策程序、政府机构的实质和规模、中央对地方的领导体制和具体控制手段、国家机关公职人员的选用和管理方式等，它们只是组织、管理和控制国家机器的制度的具体环节，属于国家形式的具体方面。

11. 立宪君主制（南京大学2014年研；燕山大学2014年研；南京工业大学2012年研；广西民大2011年研）

相关试题：君主立宪政体（南京工业大学2014年研）

答：君主立宪制又称“有限君主制”，是资本主义国家君主权力受宪法限制的政权组织形式。它是资产阶级同封建势力妥协的产物。有二元制和议会制两种。二元制的君主立宪制，是君主和议会分掌政权，君主任命内阁，内阁对君主负责，君主直接掌握行政权，而议会则行使立法权，但君主有否决权。如1871～1918年的德意志帝国和明治维新后一段时间的日本。在现代，二元制的君主立宪制只有个别国家实行。议会制的君主立宪制，则仍为现代一些资本主义国家所采用，如英国、荷兰、比利时、丹麦、挪威、瑞典、泰国、日本等。它是在君主立宪的基础上随着近代政党的形成和议会作用的加强而逐步确立起来的。在这种制度下，议会掌握立法权，内阁由议会产生并对议会负责，君主的实际权力减弱，其职责大多是礼仪性的。

12. 单一制国家和联邦制国家（燕山大学2011年研）、**单一制国家**（广西民大2018年研；南京大学2015年研；华中师大2014年研；浙江工商大学2014年研；武大2013年研）、**联邦制**（南京师大2011年研）

答：（1）单一制国家和联邦制国家的含义

①单一制国家是由若干行政区域或自治区域组成的统一主权国家。地方权力与中央权力之间是服从与被服从的关系。除了中国之外，当代的日本、法国等也实行单一制。

②联邦制国家又称联盟国家，一般由两个以上的政治实体（州、共和国、邦），结合组成。当今世界实行联邦制的国家主要有美国、德国等。

（2）单一制国家和联邦制国家的联系和区别

①联系

单一制与联邦制都是一种国家结构形式，并且在当代国家结构中，单一制与联邦制是主要形式。

②区别

a. 在单一制国家，地方政府是由中央政府设立的；在联邦制国家，联邦政府是由各成员单位协议建立的，各成员单位往往先于联邦政府而存在。

b. 在单一制国家，地方政府的权力是中央政府授予的，中央政府可以单方面规定地方政府的权限，地方政府必须服从中央政府所代表的最高国家权力；在联邦制国家，联邦政府与联邦成员政府的权力划分由联邦宪法做出明确的规定，双方都不能单方面任意变更，对宪法的修改必须经过双方的同意和批准。

c．在单一制国家，中央政府可以变更地方政府的疆界；在联邦制国家，联邦政府不能任意改变各成员单位的疆界。

13．复合制国家（对外经贸2016、2013年研；辽宁大学2014年研；武汉理工大学2010年研）、**复合制**（青岛大学2011年研）

答：复合制国家是指由若干成员单位（邦、州、国）联合组成的联盟国家或国家联盟。按照其联合程度不同，复合制国家又有联邦制和邦联制之分。联邦制是当代比较常见的一种国家结构形式，即由若干具有相对独立性的地区作为成员单位联盟组成的国家。邦联是若干个各自保留独立主权的国家建立起来的国家联盟，邦联的联合是比较松散的、非永久性的，就这一意义而言，邦联并不具有真正的国家性质。

14．民主集中制（华中师大2019年研；人大2012年研）

答：民主集中制是指社会主义国家机构的组织原则，民主集中制本质上是人民内部不同利益之间的一种政治协调原则，它承认人民内部存在着利益的多样性，同时又确认人民利益根本上的一致性。在国家机构组织上，民主集中制原则体现在：①国家机构的组成遵循民主原则；②国家权力的贯彻执行遵循集中统一的原则要求；③在中央与地方的关系方面，遵循在中央统一领导下，充分发挥地方的主动性和积极性的原则。

15．国家元首（南京理工大学2023年研；对外经贸2017年研；四川大学2015年研；东财2014年研；对外经贸2013年研；武大2013年研）

答：国家元首是指一个国家在实际上或形式上对内对外的最高代表，在国家机构体系中实质上或象征性地居于首脑地位。国家元首象征着国家的统一，体现最高国家权力，象征国家主权，并行使元首的各种职权。因此，在形式上和礼仪上，国家元首在国家机关体系中处于最高地位，根据国际惯例在国家之间的交往中享有最高规格的礼遇。

16．行政机关（河北大学2014年研；对外经贸2014年研）

答：行政机关是指负责拟定和执行法律、制定和执行国家政策、管理国家的内外事务的机关。资本主义国家的行政机关在法律上与立法机关、司法机关并立，互相分权制约，实际上不同程度地影响或支配立法和司法。我国的行政机关，是国家权力机关的执行机关。中华人民共和国国务院是最高国家行政机关，地方各级人民政府是地方各级国家行政机关。

三、辨析题

1．国体相同，政体可能不同；国体不同，政体可能相似。（四川师大2014年研）

答：该观点是正确的，具体分析如下：

（1）政体具有多样性。国体决定政体，但这并不意味着一种国体只有一种政体，因为影响一个国家选择政体的因素是多方面的、复杂的，除了国家的阶级本质之外，具体的历史条件、经济生活方式、文化传统、民族构成以及政治力量的对比等因素也影响着具体国家和历史发展阶段中具体政体的选择。因此，政体不是直接地、机械地表现国家的阶级本质。

(2)国体与政体并不是一种简单对应的关系。国体相同的国家政体不一定相同，国体不同的国家政体可能相似，相同性质的国家完全可能选择不同的政体，不同性质的国家也可以选择相同的政体。

(3)政体选择具有自主性。不同性质的国家在政体问题上有一定的继承和借鉴，不同的国家之间，包括国体不同的国家之间，也有可能在政体方面相互吸收、相互借鉴。总之，政体相对于国体具有一定灵活性和变异性。

所以，国体相同，政体可能不同；国体不同，政体可能相似。

2. 单一制和联邦制的根本区别是前者以集权为特征，后者以分权为特征。(四川师大2014年研)

答：该观点是错误的。具体分析如下：

单一制国家也有分权，联邦制国家也有集权。

(1)单一制是中央政府将国土划分成若干行政区域、具有统一主权的国家结构形式。其基本特征是：①具有统一的宪法及其他基本法律；②具有统一的立法、行政和司法体系；③具有统一的中央政权机关，最高国家权力归中央掌握；④全国行政单位和自治单位按地域划分，各地域的地方权力必须受中央权力的统辖；⑤国民具有统一的国籍；⑥由中央机关统一行使外交权，地方行政单位和自治单位对外不具有独立性，因而不具有独立的外交权。按照中央与地方权力分配的程度差异，单一制又可细分为中央集权型单一制和地方分权型单一制两种。

(2)联邦制国家是由若干具有相对独立性的地区作为成员单位联盟组成的国家。

(3)单一制国家既包括中央集权，也存在各种形式的分权，这种分权主要表现在中央政府与地方政府之间、各个部门之间等；联邦制国家除了分权之外，也存在广泛的集权，在当代，联邦制国家的集权主要表现在行政机关、国家元首的权力扩大。

所以，单一制和联邦制的根本区别不是前者以集权为特征，后者以分权为特征。

四、简答题

1. 简述社会主义国家的特征。(湘潭大学2012年研)

答：社会主义国家的特征表现为：

(1)社会主义国家以生产资料公有制为经济基础。

(2)社会主义国家是新型的民主和新型的专政。社会主义的新型民主，是社会主义国家的首要的和基本的方面。作为新型的民主，它是无产阶级和广大劳动人民享有的民主，无产阶级和广大劳动人民是作为国家的主人，在管理自己国家和社会公共事务的过程中享有和行使民主权利的。作为新型专政的社会主义国家则是对压迫者的压迫，这种新型的专政就是人民民主专政，其本质是无产阶级专政。

(3)社会主义国家以工人阶级为领导阶级，以工农联盟作为国家的阶级基础。社会主义本质上是工人阶级的阶级要求，因此，社会主义国家本质上是工人阶级的国家，是工人阶级掌握国家政权，主导社会政治方向和政治发展，实现其阶级意志和阶级利益的国家。

(4)社会主义国家是无产阶级政党领导下的国家，无产阶级政党的领导，构成了社会主义国家的政治特征。工人阶级对于社会主义国家的领导，是通过工人阶级的先锋队组织——共产党来实现的。

(5)社会主义国家以马克思主义的指导作为其思想特征。无产阶级是马克思主义的物质武器，而作为无产阶级精神武器的马克思主义本质上是无产阶级和广大劳动人民根本利益和要求的理论概括，是无产阶级建立自己的国家，进行社会主义革命和建设的思想指南。

2. 简述近代西方资本主义国家分权制衡学说与实践的发展。(青岛大学 2013 年研)

答：分权制衡是指立法、行政、司法三权的分立与制衡，其基本含义是：国家权力分为立法权、行政权、司法权三种权力，分别由三个不同的国家机关掌握，各自独立行使，而又互相制约和平衡。在本质上它是实现资产阶级民主的一种政治统治形式。

(1)分权制衡原则的内容

分权制衡原则是资本主义国家机构的设置原则。分权制衡原则有两层基本内容：

①按不同的功能把政治权力划分为不同的类型

最早提出分权学说的资产阶级政治学家洛克把权力划分为立法权、行政权和联盟权；后来的法国启蒙思想家孟德斯鸠把权力划分为立法、行政、司法三权；中国民主革命的先行者孙中山先生进一步把政治权力划分为立法、行政、司法、监察和考试五权。

②不同功能的权力之间形成相互制约关系

18 世纪法国孟德斯鸠明确地阐述了分权与制衡理论，他强调由于任何政府都有腐化的趋势，具有扩张权力的自发倾向，要防止专制就应以权力制约权力。在美国独立战争后制定的宪法中，最早正式采用了三权制衡的原则。

(2)分权制衡原则的制度安排

①由不同的机关分别掌握立法权、行政权和司法权。

②每一个机关在行使其权力时，都不能离开其他机关的协助。

③每一个机关都拥有防止、抵御其他机关侵犯其权力的法律手段。

(3)分权制衡原则在各国的具体实践形式

①美国实行“严格的三权分立”：即立法权、行政权和司法权分别属于国会、总统和最高法院以及联邦下级法院，它们之间在宪法上地位是平行的。

②英国是以立法至上为特点的“混合权力体制”：议会的地位最高，首相作为国王的辅佐由议会从议员中选举产生，要向议会负责，因此立法与行政二者是混合在一起的。

③法国在 1958 年建立的第五共和国采用了“以行政权为重点的分权”：法国宪法让总统和总理共同掌握行政权，同时对议会的权力做了较多的限制。

3. 简述国家政权组织形式与国家结构形式的类型。(吉林大学 2021 年研)

答：(1)国家政权组织形式

国家政权组织形式即国家政体，是指“一定的社会阶级取何种形式去组织那反对敌人保护自己的政权机关”。

(2)国家结构形式的类型

国家结构形式是国家的中央权力机关与地方权力机关、整体与局部之间关系的构成方式，它是中央权力与地方权力的关系在国家组织结构形式和原则上的体现。按照中央权力与地方权力的不同构成方式，国家结构形式主要可以分为单一制国家和复合制国家。

4. 决定国家机构设置的因素有哪些？（苏州大学 2015 年研）

答：国家机构的设置原则通常与三个方面的因素有关：

（1）国体因素。具体说就是统治阶级的利益实现和统治意志要求。相同国体的国家，其国家机构的性质也是相同的。因为国体相同，国家性质相同，国家机构就是为同样的统治阶级服务的，它们作为统治的机器的基本目标和总体取向就是相同的。因此，国家的性质或者国体决定着国家机构设置和划分的基本原则，国体不同，国家机构设置的基本原则，也就会不同。

（2）政体因素。政体体现一个国家的权力结构和权力分配关系，实际上决定了国家机关设置和权力配置的基本特色，包括设立哪些国家机关，各个国家机关在国家机构中的地位，国家机关之间的权力划分和相互关系，等等。因此，政体不同，国家机构的设置和形式就会有较大的差别。

（3）社会因素。不同国家所面临的社会、经济和政治问题不同，需要承担的政治统治和社会管理的任务不同，因而对国家职能提出的要求也会不同。同时，一个国家的具体历史条件、文化传统、物质文化发展水平、人口多少和疆域大小，以及民族构成、民族习惯、国际环境等等，一切可能影响国家形式的因素，都会对国家机构的各个机关的设置和形式发生影响。

5. 简单说明你对国家职能的理解。（南开大学 2014 年研）

相关试题：

（1）分析国家职能的类型。（华侨大学 2016 年研）

（2）分析国家政治职能与社会职能的相互关系。（青岛大学 2016 年研）

（3）怎样认识国家管理职能具有的双重性。（青岛大学 2014 年研）

答：（1）国家职能的定义

国家职能是国家本质的内在要求和具体体现，是国家活动的总方向、基本使命、基本目的，是指全部国家机器的基本职责和整体功能。

（2）国家职能分类及相关关系

①内部职能和外部职能

任何国家的活动都表现为两种基本职能：内部的职能和外部的职能。内部职能的主要任务是实行社会控制，以求得经济发展、社会稳定；外部职能的主要任务是防御外来侵略，保卫国家安全。在具体的国家活动中，国家的内部职能与外部职能是密切地联系在一起的，二者之间是相互依存、相互促进的辩证统一关系。只有加强内部职能，增强综合国力，特别是增强国家的政治、经济和军事的实力，才可能有效地实现国家的外部职能；同样，有效地发挥外部职能，如通过成功的外交活动建立一个和平的周边环境，对国内政权的巩固和社会发展也会起到重要作用。

一般地说，在和平时期，内部职能与外部职能相比，内部职能居于主要地位。因为，任何国家的统治阶级如果不首先巩固自已在国内的统治地位，不首先推动国内经济与社会发展，就没有必要的社会政治条件和物质力量来保卫国家安全或对外扩张。但在特定的历史条件下，如战争时期，外部职能将可能上升为主要职能。在这样的特定时期，外部职能执行的情况如何，将会直接影响到国内政权的巩固与社会发展。

②政治职能和社会职能

从国家活动的性质和方式的角度说，国家的内部职能可以相对地划分为政治职能和社会职能两种。国家的政治职能即国家的阶级统治职能，是指国家运用暴力、法制等特殊的强制力，控制被统治阶级，镇压被统治阶级及一切破坏现存的政治法律秩序、社会秩序的分子的反抗的政治管理职能。由于这种职能主要是通过阶级的统治和镇压来实现，所以，有时又称为镇压职能。国家的政治职能是国家的性质决定的，具有鲜明的阶级性。

国家的社会职能即统治阶级运用国家权力执行对社会公共事务的社会管理职能。国家的社会职能是国家本质的一个方面的体现，它执行国家意志即统治阶级的意志，受政治法律制度的制约，同样具有鲜明的阶级性，国家的社会职能也具有政治性质。

从理论上说，社会管理职能存在的前提是社会的存在，而政治统治职能存在的前提则是国家的存在。这意味着，社会管理职能对人类社会而言，具有共生性，与人类社会相始终。而政治统治职能对于人类社会而言，只是历史的产物，并非永恒存在，它随国家的出现而产生，随国家消亡而消亡。

国家的政治职能与社会职能是相互依存、密不可分的。在阶级社会，从根本上讲，社会管理职能是为统治阶级服务的，同时，这种职能的执行和实现，必须依靠国家权力，所以它又与政治统治密切地联系在一起，在这个意义上讲，政治职能是社会职能的前提；另一方面，政治职能又必须以社会职能为基础，因为，国家只有有效地实现了社会管理职能，政治统治才能够得以持续。虽然，在任何阶级社会中国家都具有这两种内部职能，但由于社会发展水平不同，国家的两种内部职能所行使的范围、深度和方式不一样。

6. 关于国家起源的学说。（新疆大学2025年研；燕山大学2011年研）

答：国家起源问题，由于它直接涉及国家的本质，所以在马克思主义学说和各种非马克思主义学说中都是一个重要问题。这些学说的主要观点为：

(1)马克思主义国家起源学说

①国家不是从来就有的，它是社会发展到一定阶段的产物，这是说明国家产生的时间问题。

②国家的出现，是社会内部发展的结果。它是生产的发展、私有制的出现、阶级的形成、阶级矛盾不可调和的产物。

③国家的作用是缓和冲突，是把冲突控制在秩序的范围以内。

(2)非马克思主义国家起源学说

①神权论

这种理论认为，国家源于神，是根据神的意志建立的，国家的权力来源于神(天、上帝)。这种观点在古代政治思想中占有重要的地位。古代奴隶制和封建制国家的统治阶级曾利用这种观点来维护他们的统治。神权论是从统治阶级的意志出发，以特定的宗教形式把剥削阶级国家说成是神的意志的体现，用来迷惑人民群众对于国家本质的认识，反对被压迫人民起来反抗，因此，它是反科学的观点。

②契约论

这种学说的基本论点，把国家的产生说成是人们订立契约的结果。资产阶级的契约论，包括两种含义：一种是用来说明国家的起源，一种是用来说明统治者与被统治者的关系。用契约论说明国家起源的人，都主张在国家出现以前，人类有一种原始的自然状态，但他们对这种自然状态的解释又各有不同。契约论都主张不能长久地停留在国家以前的那种自然状态下，为脱离这种自然状态，人们就互相订立一种契约，成立国家，来保障财产和安全。

③暴力论

暴力论者认为，国家起源于掠夺和征服，是人对人使用暴力的结果。暴力者认为政治上的奴役行动先于经济发展过程，就是说暴力产生了国家，有了国家就有经济上的奴役和剥削。国家的出现是社会内部矛盾运动的结果，暴力在一定条件下，可以促进国家的产生，但它不是国家产生的原因，而仅仅是一种外部条件。

7．恩格斯是怎样论述国家的产生原因、形式、功能和本质的？（武大2011年研）

相关试题：试述恩格斯提出的关于国家起源的三种主要形式及其特征。（青岛大学2012年研）

答：国家是指经济上占统治地位的阶级为了维护和实现统治阶级共同利益，按照区域划分原则而组织起来的，以暴力为后盾的政治统治和管理组织。

（1）国家的产生原因

①恩格斯在《家庭、私有制和国家的起源》一书中，对国家起源理论作了科学的论证。恩格斯认为国家来源于三次社会大分工，其中第三次“有决定意义的重要分工”带来了这样的结果：

a．由于商品交换的发展，出现了金属货币；

b．由于商业活动、土地的买卖与变化，人们为谋生而流动，使原来的氏族与部落的居民杂居起来。

②这些变化引起了社会结构的改变，氏族制度面对这些变化已经无能为力了。特别是由于自由民与奴隶、进行剥削的富人和被剥削的穷人之间的利害冲突日益尖锐化，氏族制度更不适应了。于是就需要有第三种力量，它站在相互斗争的各阶级之上，压制他们的公开冲突，至多允许阶级斗争在经济领域内以合法的形式进行。于是，氏族制度被分工及其后果即社会分裂为阶级所炸毁，被新的机关——国家所代替了。

③恩格斯所得出的国家的概念表明：

a．国家是个历史现象，它不是从来就有的，是社会发展到一定阶段的产物；

b．国家是阶级矛盾不可调和的产物；

c．国家的作用是缓和冲突，是把冲突控制在秩序的范围以内。

（2）国家的形式

根据恩格斯在《家庭、私有制和国家的起源》中的观点，国家产生具有三种形式：

①雅典国家的产生形式。它是国家产生的最纯粹最典型的形式。

②罗马国家的产生形式。罗马在氏族制度的末期，经过平民斗争，罗马成立新的人民大会，参加成员按服兵役而定。这个新的制度代替了旧的氏族组织而逐渐发展为国家机关。

③征服罗马帝国的日耳曼人国家的形式。

上述三种形式，是恩格斯分析了雅典、古罗马和日耳曼人国家产生的历史材料所得出的科学结论。这只是说明在不同的历史条件下原始公社制度瓦解和国家产生的过程有各种不同形式，并不是说只有这三种形式。尽管国家产生途径有所不同，但国家产生的根源却是一致的，是阶级矛盾不可调和的产物，外部条件只起加速或延缓的作用。

(3)国家的功能

国家的功能即国家职能，参见本章考研真题与典型题详解概念题第4题答案。

(4)国家的本质

马克思主义认为，国家的本质，就是指国家是哪个阶级的政权，或称哪个阶级的专政。马克思主义国家观认为，人类有史以来的一切国家都是阶级的国家，国家的实质是阶级专政。

①国家本质是阶级权力。国家是有阶级社会的组织，当阶级出现，阶级矛盾不可调和就产生了国家，当阶级完全消灭，国家就消亡了。

②国家的本质是阶级统治、阶级专政，它不是一成不变的，当生产力发展，生产关系改变，通过社会变革，国家的阶级性质也就随之改变。

③国家是个实体物，是社会组织，是机器、工具。它是实现统治权力的机器，具有强制性、普遍性和主权性，是国家权力同其他权力不同的主要标志。

8. 为什么说福利国家并没有从根本上改变资产阶级国家的性质?(华侨大学2011年研)

答：福利国家的形成和发展，实际上是资产阶级为了适应资本主义社会生产力的社会化要求而对生产关系作出的调整。福利国家不过是垄断资本与资产阶级国家进一步融合的体现，是垄断资产阶级利用资产阶级国家政权维护资本主义根本制度，保证其攫取巨额利润，同时缓和社会阶级矛盾的一种统治方式，它并没有从根本上改变资产阶级国家的性质。

(1)福利国家没有根本改变资本主义生产资料的私人所有制，因而不能从根本上消除资本主义社会生产力和生产关系的矛盾。在资本主义福利国家，生产资料仍然掌握和控制在资产阶级手中。福利国家采取的一系列国家干预经济和社会生活的政策措施，只是集中在生产过程、流通和分配领域，并没有触动资本私有制。资本主义私有制与生产力社会化的矛盾仍然存在，这就从根本上决定了福利国家仍然是资产阶级国家。

(2)福利国家仍然是垄断资本掌握的国家。垄断资产阶级凭借着自己的经济统治和支配地位，掌握和操纵着资产阶级国家机器，而垄断资本与国家政权的结合，利用国家政权干预和调节社会经济生活，则进一步强化了垄断资本的政治地位。因此，福利国家采取和实施的各项福利措施和政策，在很大程度上也是为资产阶级服务的。

(3)福利国家用于建立社会福利保障体系的经费，实际上是无产阶级和劳动人民在必要劳动时间所创造的价值的一部分。资产阶级改变了过去以工资形式支付劳动力价值的形式，而把劳动力价值的一部分先由资产阶级国家抽取，然后再通过社会福利的形式偿付给无产阶级和劳动人民。这种方式实际上是以国家福利的方式掩盖了资本家对于无产阶级和劳动人民的直接的剥削，实际上更有利于资产阶级的统治和资本主义国家的稳定。

由此，福利国家本质上仍然是资本主义国家，是资产阶级国家的一种现代形态。随着资本主义社会生产力的发展，随着资本主义社会各种矛盾的加深，福利国家日益表明它并不是解决资本主义矛盾和困境的灵丹妙药，当它不能最大限度地保证垄断资产阶级的超额利润时，资本主义国家政府就会逐步削减社会福利，出卖国有企业，减少公共工程，20 世纪 70 年代以来西方资本主义国家的私有化浪潮和对社会福利的削减，即是这方面的证明。

9. 试述西方和中国封建制国家的不同特征。（河北大学 2014 年研）

相关试题：简述中国封建制和西方封建制的区别。（四川师大 2014 年研）

答：西方和中国封建制国家的不同特征主要体现在以下三个方面：

(1) 国家结构不同

从国家结构，即中央政权和地方的关系来看，西方采取的是分封割据制，而中国则采取了中央集权制。

①西方领主制中，土地所有权和实施超经济强制的政治权力都集中在领主个人手中。

②中国地主制中，实行超经济的强制手段——政治力量是游离于土地关系之外，由国家行政机构统一掌握，地主个人无权直接运用政治权力压迫农民。

(2) 权力结构不同

从权力结构，即政治权力的排列组合形式来看，西方实行的是等级制，而中国则是官僚制。

①西方封建社会的领主制是一种土地所有权与政治特权相结合的制度。因此，逐级分封所形成的严格等级就必然成为权力结构的直接基础。

②中国封建社会的地主制经济关系决定了它不可能形成土地所有制的等级结构，而形成了中国封建社会所特有的权力结构——封建官僚制。

(3) 政治文化不同

从政治文化即封建统治阶级控制人民思想的手段来看，西方是直接利用宗教，而中国则是把一种适应地主阶级需要的思想宗教化。

①在西方封建社会，政教合一是一种普遍现象。教会占有特殊的地位，拥有巨大的权力，对社会生活、政治生活和私人生活的一切方面都加以干涉。西方封建制国家直接利用宗教垄断政治文化领域，西方中世纪宗教具有既统治人们思想又维护领主制经济关系和封建割据制度的双重作用。

②中国封建社会是一个以地主制经济为基础的中央集权的国家。它既需要有一种宗教化的、以盲目信仰为基础的政治文化来控制人们的思想，又不允许有一个像西方的教会那样的组织独立于国家政权之外。中国历史上的封建制国家采取了一种特殊方法来建立其思想统治的功能，即把孔子的伦理哲学思想宗教化。

西方和中国历史的封建制国家在上述三方面的不同特征表明，封建社会的经济基础对其上层建筑的决定作用，是一种具体的、现实的联系，而不是一种抽象的联系。只有全面认识不同国家的上层建筑采用不同形式和表现出不同特征的根本原因，才能深刻理解封建制国家的本质。

10. 中国为什么采用单一制的国家结构形式？（河南师大 2014 年研）

答：中国实行单一制的国家结构形式的原因主要包括：

(1) 我国有采取单一制国家结构形式的传统。早在公元前 3 世纪的秦代，我国就建立起统一的、中央集权的多民族国家，在我国悠久的历史上，有着统一的传统和实行单一制的渊源。

(2)我国的民族状况和民族关系有利于实行单一制的国家结构形式。我国民族分布的基本特点是：就全国范围看，绝大多数少数民族都与汉族相互交错地居住在某一地区，逐渐形成了大杂居、小聚居的局面。我国各民族在历史上相互合作、相互交流，特别是中国共产党诞生以来，我国各民族人民在反对帝国主义、封建主义和官僚资本主义的斗争中，结成了牢固的友谊，形成了共同的命运。

(3)采取单一制国家结构形式是我国社会主义现代化建设的需要。我国社会主义现代化建设，只有在统一的国家内，在民族团结的基础上，通过民族互助，才能完成。

(4)我国各民族之间，在社会发展、生产技术、文化教育、自然资源等方面，各有自己的优势和劣势，各民族相互学习、互相支持、互相帮助，建设自己的家园，实现共同繁荣和进步。

(5)我国各族人民还会面临各种外来势力的颠覆和分裂的威胁，为了防止和抵御外来干涉和侵略，维护我国的独立与安全，需要各族人民紧密团结合作。在这种情况下，单一制是符合我国国情的最好选择。

五、论述题

1．马克思主义国家学说是如何看待国家历史类型的更替规律的？（河北大学 2012 年研）

相关试题：国家历史类型更替的基本方式和途径。（首都师大 2010 年研）

答：马克思主义国家学说不仅科学地阐明了国家的分类问题，而且揭示了一种历史类型的国家发展到一定阶段就要被另外一种历史类型的国家所代替的客观必然性。国家由一种历史类型发展变革为另一种崭新的历史类型，是不以人们意志为转移的客观规律。

(1)马克思主义认为，国家历史类型的更替规律，是由生产力与生产关系、经济基础与上层建筑的矛盾运动决定的。

①生产力与生产关系的冲突是社会变革的经济基础。生产关系一定要适应生产力性质的规律，是社会发展的基本规律。社会制度的变革，包括国家历史类型的变革，是生产关系一定要适应生产力性质的规律发生作用的结果。

②当社会的生产力发展到一定阶段，必然要同现存的社会生产关系发生矛盾，从而要求对这种生产关系进行变更。经济基础的这种变更，必然引起上层建筑的变革，在这一变革过程中，国家政权从旧有阶级转移到代表生产力发展要求的新兴的阶级手中，旧的国家类型也就被新的国家类型所代替。社会基本矛盾运动的一个阶段由此结束，这一运动的新的阶段由此开始，国家的类型也就进入了新的历史阶段。

(2)国家历史类型更替的一般规律，并不排除具体更替和发展过程中的特殊性。在不同的社会背景下，由于经济、文化发展水平、历史传统、社会力量构成等方面的差异，国家历史类型更替规律的具体表现方式也是多种多样的。

2．分权制衡原则述评。（苏州大学 2012 年研）

相关试题：

(1)简述资本主义国家机构设置的分权制衡原则及其启示。（四川大学 2014 年研）

(2)运用国家设置原则的基本原理，结合实际谈谈如何辩证地看待资本主义的“分权制

衡原则”。（东财2010年研）

答：西方以分权制衡理论为依据确立的权力监督制度的实践效果，主要表现为：

(1)从权力的利益协调效果看，分权制衡原则的实施，使权力主体相对分散、相对独立、相互约束、相互制衡，具有权力主体多元化、利益分配均衡化的特点，防止了权力集中于某一集团。这有利于西方统治阶级内部各个利益集团、政党派别之间利益关系的调整、利益矛盾的缓解，是其实现利益分配与利益协调的重要手段。但与此同时，分权制衡原则的实施也导致了党派斗争、利益集团冲突，为政客们上演一幕幕勾心斗角、争权夺利的政治闹剧提供了工具。

(2)从权力的行政效果看，分权制衡原则的实施，使权力的行使、运转严格遵循一整套精心设计的法律规章制度，减少了各种人为的主观性、偶然性、特殊性因素对权力运行的影响，保证了权力运行的规范性、稳定性、连续性和一贯性。但与此同时，它也导致了官僚主义、形式主义的种种弊端。掌权者事实上不是对民众负责，而是对法律规章制度负责，不是积极主动地履行职责，而是互相推诿、扯皮拉筋，不是齐心协力的配合工作，而是相互掣肘、相互拆台，导致大量议而不决、决而不行的低效行政行为，使精心设计的高效权力体系适得其反。

(3)从权力的民主效果看，分权制衡原则的理论是要保障民主，事实上，分权制衡原则的实施也的确为民主权利的实现提供了法律的保障和一整套相对健全的制度形式，比如司法监督、议会监督、政党监督、社团监督、舆论监督等等。但从实质上看，西方由分权制衡原则派生的种种民主制度形式保障的仍是少数掌权者的民主权利，而不是大多数民众的民主权利。

(4)从防止权力滥用的效果看，防止权力滥用是分权制衡理论的宗旨，从实践来看，西方分权制衡原则的实施，使权力执掌者受到了一整套外在的规章制度的强制约束，这减少了权力因执掌者的个人主观因素而被滥用的可能性，有利于避免因权力执掌者的私欲、品德、情感等主观偶然因素导致的权力滥用后果，因而防止了西方国家发生大规模普遍的权力腐败现象。但是西方国家的权力腐败现象并没有因此而得到根除，权力寻租、政治丑闻等现象仍常有发生，特别是普遍存在的金钱竞选现象严重影响了西方国家权力运行的公正性。

3. 马克思一方面说国家是“共同委员会”，一方面说国家有相对自主性，如何理解，其起源和影响何在？（北大2019年研）

答：(1)国家是“共同委员会”

①马克思认为，在现代大工业建立之后，资产阶级最终在现代代议制国家里夺得了独立的统治地位，把国家变成管理整个资产阶级共同事务的委员会。这说明国家是统治阶级的工具，资产阶级国家的本质是资产阶级的专政。

②马克思主义对国家的定义

参见本章考研真题与典型题详解概念题第8题答案。

(2)国家有相对自主性

马克思主义认为，任何阶级统治的国家都具有相对自主性：在社会冲突尖锐的时刻，国家具有凌驾于社会各阶级之上的高度自主性；国家的行为既反映了统治阶级的利益，又反映了被统治阶级的利益，此时的国家俨然是全民的代表。

①国家相对自主性伴随着国家始终。

a. 国家与社会的分离是马克思主义国家观的逻辑起点，国家的相对自主性也是在国家与社会二元分化的历史起点和逻辑起点上展开的。这种“表面上凌驾于社会之上的力量”能够缓和冲突，把冲突保持在“秩序”的范围之内，这种力量就是国家自主性的体现。

b. 这种自主性既相对社会所有阶级，因为国家照例是“强大的、经济上占统治地位的阶级的国家”；同时，这种自主性又相对于统治阶级，为了维持社会秩序，它必须在某些方面采取独立、甚至损害统治阶级利益的行为。

②公共利益和私人利益的对立是国家自主性存在的根源。

利益冲突导致了国家的产生，也使得国家的相对自主性成为必要。“统治阶级作为一种特殊利益的存在，必然与社会共同利益、与被统治阶级利益产生矛盾；作为一种共同利益，又与统治阶级内部的个人和集团的特殊利益产生矛盾，正是这种利益之间的张力使得国家作为一种相对自主的存在成为必然。”

(3)国家的相对自主性，归根到底是为统治阶级的利益服务的，是阶级性的表现而已。现代的国家政权不过是管理整个资产阶级的共同事务的委员会罢了。在阶级国家，国家的自主性无论如何自主，必然会从属于其阶级性，这是由国家的性质决定的。

第十一章　政　党

11.1　复习指南

【知识框架(庖丁解牛)】

- 政党
  - 政党的含义和类型
    - 政党的本质和基本特征
      - 政党的本质
      - 政党的基本特征
        - 鲜明的阶级性
        - 阶级的先锋队组织
        - 特定的政治目标和纲领
        - 特定的组织和纪律
    - 政党的类型
      - 资产阶级政党
        - 产生方式
        - 基本特点
      - 无产阶级政党
        - 含义
        - 基本特点
    - 政党的作用
      - 凝聚阶级的利益要求和政治意识
      - 集合和发展阶级政治力量
      - 影响和领导社会政治生活
      - 培养本阶级的政治骨干分子
      - 影响国际政治和国际事务
  - 政党制度
    - 政党制度的含义
      - 影响因素
      - 特点
    - 资本主义国家政党制度
      - 两党制
      - 多党制
        - 基本类型
        - 基本特点
      - 一党制
    - 社会主义国家政党制度
      - 无产阶级政党领导制
      - 无产阶级领导的多党合作
        - 含义
        - 特点

通关提要(提纲挈领)

政党政治已经成为重要的政治制度，政党为公民的政治参与提供了方便有效的渠道，要了解政党的本质和特征，明确政党在政治生活中的地位和作用。明晰两党制、一党制和多党制的基本特征，充分发挥政党在现代民主政治发展中的作用。本章多考查概念题和简答题，难度中等。

11.2 考研真题与典型题

一、判断题

1．当代中国的政党制度是中国共产党领导的多党合作制。(对外经贸 2016 年研)

2．政党是阶级的组织，因此，阶级的产生与政党的产生几乎是同时的。(对外经贸 2013 年研)

3．在当今世界上，大多数资本主义国家的政党制度都是两党制。(对外经贸 2014 年研)

二、概念题

1．政党(四川大学 2025 年研；上海外国语大学 2023 年研；四川大学 2015 年研；浙江师大 2012 ~ 2013 年研；湘潭大学 2012 年研；中南财大 2010 年研)

相关试题：政党的基本特征(首都师大 2011 年研)

2．政党制度(华中师大 2024、2017 年研；四川大学 2022 年研；兰州大学 2019 年研；浙江师大 2015 年研；中传 2014 年研；河南师大 2014 年研；湘潭大学 2013 年研；浙江工业大学 2012 年研；武大 2010 年研；南开大学 2010 年研；四川大学 2010 年研；燕山大学 2010 年研；华东政法 2010 年研)

3．两党制和多党制(燕山大学 2011 年研)

相关试题：

(1)两党制(对外经贸 2016 年研；江西师大 2014 年研；湘潭大学 2013 年研；武大 2013 年研；青岛大学 2013 年研；苏州大学 2011 年研；东财 2010 年研)

(2)多党制(华中师大 2023 年研；湘潭大学 2011 年研；华南理工 2011 年研)

4．一党制(国防科大 2024 年研；对外经贸 2017 年研；东财 2014 年研；四川大学 2013 年研；中国政法 2010 年研)

5．多党合作制(中国人民公安大学 2011 年研)

三、辨析题

1．“多党制”又称“多党并立制”。(东财 2012 年研)

2．在资本主义国家，多党制比两党制好。(西南大学 2010 年研)

3．我国现在实行的政党制度是一党制。(南京师大 2011 年研)

四、简答题

1．两党制的基本特征。(暨南大学 2010 年研)

2．对比分析资本主义国家一院制与两院制的优劣。(青岛大学 2011 年研)

相关试题：简述两院制的优缺点。(中国政法 2022 年研)

3．简述英美两国两党制的异同。(湘潭大学 2015 年研)

相关试题：简述美国总统制下的两党制的特征。(湘潭大学 2021 年研)

4．无产阶级政党有哪些特点？(辽宁大学 2015 年研)

5．如何理解政党和政党体制的基本内涵？政党在社会政治生活中的作用有哪些？(深圳大学 2012 年研)

相关试题：

(1)简述政党的作用与形成和发展的影响因素。(吉林大学 2021 年研)

(2)政党的作用主要体现在哪些方面?(广东外语外贸大学 2025 年研;对外经贸 2024 年研;华中师大 2015 年研)

6. 简析政党具有"掌握政权,行使国家权力"的政治功能。(华南理工 2010 年研)

7. 政党与一般政治团体的区别。(郑州大学 2019 年研;首都师大 2014 年研)

8. 影响政党制度形成的因素。(燕山大学 2014 年研)

9. 简述中国政党制度的特点与优点。(电子科大 2012 年研)

相关试题:

(1)中国政党制度及其特点。(广西民大 2014 年研)

(2)试论中国共产党领导的多党合作制度的特点及其意义。(四川师大 2014 年研)

(3)试论中国特色的政党制度。(论述题,深圳大学 2012 年研)

五、论述题

1. 试分析中国领导人提出的"新型政党制度"新在哪里,内涵是什么,与西方多党制的根本区别有哪些。(南京师大 2019 年研)

2. 社会主义国家的政党制度基本特征是无产阶级政党处于领导地位。(辽宁大学 2019 年研)

3. 西方国家政党发挥何种作用?(中国海洋大学 2018 年研)

相关试题:资产阶级政党地位及其作用。(吉林大学 2012 年研)

11.3　考研真题与典型题详解

一、判断题

1. 当代中国的政党制度是中国共产党领导的多党合作制。(对外经贸 2016 年研)

【答案】正确

【解析】中国共产党领导的多党合作制是从中国革命的历史进程中产生和发展起来的。中国共产党享有公认的领导地位,是执政党,而其他政党是参政党,中国共产党的领导包括政治、思想和组织领导。当代中国的政党制度是中国共产党领导的多党合作制。

2. 政党是阶级的组织,因此,阶级的产生与政党的产生几乎是同时的。(对外经贸 2013 年研)

【答案】错误

【解析】政党是阶级的组织,可是,并非有阶级就有政党存在。政党的产生条件是多样的、复杂的,政党是近代资本主义社会的产物。阶级的产生与政党的产生并非是同时的。

3. 在当今世界上,大多数资本主义国家的政党制度都是两党制。(对外经贸 2014 年研)

【答案】错误

【解析】目前多数资本主义国家普遍采用的一种政党制度是多党制,实行多党制的国家有法国、日本、意大利、德国、比利时、丹麦和挪威等。

二、概念题

1. 政党（四川大学2025年研；上海外国语大学2023年研，四川大学2015年研；浙江师大2012～2013年研；湘潭大学2012年研；中南财大2010年研）

相关试题：政党的基本特征（首都师大2011年研）

答：政党是指代表一定阶级、阶层或集团的根本利益，由其中一部分最积极的分子所组成，具有共同的政治纲领和理论主张，采取共同的行动，为参与、取得和维护政权而组成的政治组织。政党具有以下基本特征：①政党是阶级的组织，因而具有鲜明的阶级性；②政党是阶级的先锋队组织；③政党具有特定的政治目标和纲领；④政党具有特定的组织和纪律。

2. 政党制度（华中师大2024、2017年研；四川大学2022年研；兰州大学2019年研；浙江师大2015年研；中传2014年研；河南师大2014年研；湘潭大学2013年研；浙江工业大学2012年研；武大2010年研；南开大学2010年研；四川大学2010年研；燕山大学2010年研；华东政法2010年研）

答：政党制度是指以政党为基础组织政府以控制国家政权的政治制度，包括政党执掌、参与或影响国家政权的具体体制和运行机制，执政党与其他政党及政权之间的相互关系。

3. 两党制和多党制（燕山大学2011年研）

相关试题：

（1）两党制（对外经贸2016年研；江西师大2014年研；湘潭大学2013年研；武大2013年研；青岛大学2013年研；苏州大学2011年研；东财2010年研）

（2）多党制（华中师大2023年研；湘潭大学2011年研；华南理工2011年研）

答：（1）两党制和多党制的含义

①两党制是指两个同等规模的政党争夺职位，双方各有几乎相等的机会赢得足够的选民支持，以取得垄断性执政权的体制。英国和美国是典型的两党制的例子。

②多党制是指两个以上的政党相互竞争，通常通过联合阵线组成政府的体制。在多党制国家，在选举中获得议会多数席位的党单独或联合执政，未参加政府的政党成为在野党，起监督和牵制执政党的作用。

（2）两党制和多党制的优劣比较

①两党制优于多党制的方面

a. 两党制的国家相对于多党制的国家，政局更加稳定，多党制则较为动荡。

b. 两党制国家政党责任明确，选民选举更有依据，多党制国家常常由于联合执政而责任不明确。

c. 两党制下选民必须在两个可替换的政府中作出明确的选择，多党制下选民不能直接决定谁来组织政府，是由各政党之间选举后进行讨价还价决定的。

d. 两党制比较公平，鼓励竞争，有效防止一个政党或政党集团无限期垄断行政权力，保障民主的持续和发展，多党制则反之。

②多党制优于两党制的方面

a. 多党制下的国家极易让小党生存，两党制下小党很难插足政府与议会。

b. 多党制比两党制要更民主。由几个政党组成的政党联盟执政，这些政党的利益不尽相同，这种情况下，政策体现了各种意见的综合性，代表更多人的愿望，可以听到更多不同的声音；同时，任何政策都不能由一党决定，必须由各执政党协商，这样使决策更加合理，更符合大多数人的利益。

4. 一党制(国防科大 2024 年研；对外经贸 2017 年研；东财 2014 年研；四川大学 2013 年研；中国政法 2010 年研)

答：一党制是指一个国家的政权完全掌握在单一的一个政党手中，法律上和事实上不允许其他政党存在或与之争夺政权。实行资产阶级一党制的国家有两种类型：①法西斯国家，是垄断资本与封建专制主义、军国主义相结合的产物；②当代民族主义国家，主要存在于非洲国家。一党制在特定社会发展阶段和政治背景下具有特定的历史作用。

5. 多党合作制(中国人民公安大学 2011 年研)

答：多党合作制是指在中国共产党领导下，各民主党派通过政治协商和民主监督，共同研究处理国家大事的制度。它是中国社会主义民主政治的一个重要组成部分。其组织形式主要是全国和地方的各级政协，其方针是“长期共存、互相监督、肝胆相照、荣辱与共”。不同于某些国家中的多党制。

三、辨析题

1. “多党制”又称“多党并立制”。(东财 2012 年研)

答：这种说法是正确的，具体分析如下：

多党制是指两个以上的政党相互竞争，通常通过联合阵线组成政府的体制。在多党制国家，在选举中获得议会多数席位的党单独或联合执政，未参加政府的政党成为在野党，起监督和牵制执政党的作用。因此多党制又称“多党并立制”。

2. 在资本主义国家，多党制比两党制好。(西南大学 2010 年研)

答：这种说法是错误的，具体分析如下：

(1)英美等国之所以实行两党制，主要与这些国家的历史、文化、选举制度有关。

(2)资本主义国家实行多党制，一般是因为：

①各种资本集团、资本阶层和社会阶层围绕着自身利益形成了有一定实力的政治力量。

②工人阶级和共产党政治势力相对比较强大，各种势力在政治舞台上的较量和各种政党的角逐，是政治生活中的常态，由于某一特定政党难以形成对政治的绝对控制，因而产生了多党制。

③比例代表制是多党制形成的主要制度条件，这些国家一般实行比例代表制。

综上所述，在资本主义国家，政党制度的形成受多种因素的影响，各种政党制度之间并无优劣之分，都是依据各国的国情而选择的政党制度。

3. 我国现在实行的政党制度是一党制。(南京师大 2011 年研)

答：这种说法是错误的，具体分析如下：

与一党制不同，中国共产党领导下的多党合作制允许一个以上的合法政党存在，允许它们参政、议政，其他的合法政党以某种形式与中国共产党联合。在中国，除了执政党中国共产党以外，还有八个民主党派，分别是中国国民党革命委员会、中国民主同盟、中国民主建国会、中国民土促进会、中国农工民主党、中国致公党、九三学社、台湾民主自治同盟。

因此，我国实行的政党制度是中国共产党领导下的多党合作制，而非一党制，一党制是资本主义国家的政党制度，我国是社会主义的国家，一党制不适合我国国情。

四、简答题

1. 两党制的基本特征。（暨南大学 2010 年研）

答：(1)资本主义国家的两党制又称为“两党对峙制”，参见本章考研真题与典型题详解概念题第 3 题答案。

(2)英、美两党制都是与本国具体的政治制度相协调并具有本国特色的政党制度，但作为两党制又具有共同的特点：①国内存在势均力敌长期占据本国政坛的两大政党。②两党处于竞争和对立状态。竞选过程中，两党互相攻击对手，吹嘘自己。竞选结束后，作为反对派监督政府，要牵制执政党，而且在一般情况下，两党不会联合执政。③两党制以多数代表制为基础。

2. 对比分析资本主义国家一院制与两院制的优劣。（青岛大学 2011 年研）

相关试题：简述两院制的优缺点。（中国政法 2022 年研）

答：西方国家议会的组成，大致可分为两院制和一院制两种主要类型。从世界范围内看，采用一院制的国家居多，其中发展中国家、单一制国家采用一院制的居多；在资本主义发展较早、资产阶级民主发展较充分的西方国家中，采用两院制的居多；在联邦制国家中，采用两院制的居多。资本主义两院制是指资本主义国家议会的组织结构分为两院。大多数资本主义国家都采用这种制度。资本主义一院制是指国家的议会只设一个院的制度。两院制和一院制的优劣如下：

(1)两院制的优劣

①两院制的优点

a. 实现内部制衡，防止立法机构专横腐败。两院在共同利益、共同问题上相互制约、相互监督，形成以权力制约权力的局面，减少由于制度缺陷造成的立法机构政治权力扩大或异化的情况的发生。

b. 防止草率立法，提高立法与议政的质量。对于单一制国家而言，采用两院制的实际原因既有设置第二院对第一院通过的立法或决议进行修正或补充，防止其作出草率决定的考虑，也有平衡国家利益和地方利益的考虑。

c. 平衡代表利益。在联邦制国家，设立两院制既能反映选区选民的政治利益，又能起到在联邦制下保护各州利益的作用；既能代表选区选民的平等代表权，又能代表各州的平等代表权。设立两院制能制约民选议院的过激与冲动，防止其为帮派头目所操纵而通过过分或有害的决议。

d. 缓和立法机关与行政机关的冲突。两院之中，如果一院和行政机关发生冲突，另一院可以从中调停，不至于发生激烈的冲突。

e. 由于职业团体的兴起，议会在实行地域代表制的同时，必须实行职业代表制，因此也必须分设两院以适应这一发展趋势。并且，现代国家的立法任务复杂繁重，非一个议院所能胜任，需要另设一院予以分担。

②两院制的不足

包括：a. 立法程序过于繁琐。b. 效率低下。

(2)一院制的优劣

①一院制的优点

a. 机构简化。实行一院制的国家认为两院制使立法程序烦琐，法案通过较难，拖延社会的改革与进步；两院制容易引起议会内部的矛盾，削弱了议会制约行政机关的能力。

b. 意见集中。实行一院制的国家认为既然主权是公意的运用，公意又是不能分割的，那么实行两院制势必导致国家主权的分裂。

c. 避免不必要的人力财力浪费。实行一院制的国家认为一院制可以消除两院制的缺陷，具有行动敏捷、机构简化、容易通过法案、避免浪费人力财力的优点。

②一院制的不足

包括：a. 多数党控制议会容易造成独断的政治局面。b. 不利于利益多元意见的表达。

3. 简述英美两国两党制的异同。(湘潭大学2015年研)

相关试题：简述美国总统制下的两党制的特征。(湘潭大学2021年研)

答：两党制最初产生于英国，后传入英国的殖民地和受英国影响较深的国家，如美国、加拿大、新西兰、澳大利亚等国家。当两党制与各国的具体的政治制度相结合，就形成了各具特色的政党制度的运作模式。在目前实行两党制的国家中，有两种典型的两党制模式，即以英国为代表的议会内阁制下的两党制和美国总统制下的两党制。

(1)英美两党制的差异

①英国的议会内阁制下的两党制的特点

a. 两党的活动围绕议会选举展开。英国实行议会内阁制的政治制度，上议院议员由贵族世袭或国王任命，与政党制度无关。下议院由选举产生，两大党靠竞选争夺下院议员席位，由获得多数席位的政党组织内阁，执掌政权。该党成为执政党，党的领袖担任首相，内阁成员也都是议会议员，执政党不仅掌握行政权，也掌握立法权。在选举中没有获得多数议席的党，成为法定“反对党”。

b. 两党采取集中制原则。根据英国议会内阁制运作机制，为保证执政党的议案能在下院顺利通过，政策得到有效贯彻，政党毫无例外地用严格的党纪约束本党党员和议员的行动。在每次重要投票中，所有该党议员必须按党的决定投票；英国政党的集中性质还体现在政党本身的组织结构上。中央和地方组织之间有着直接的联系纽带，并且政党活动具有连续性。两次大选之间，它们的活动并不停止，而在继续各自的宣传活动，如召开会议，组织地方力量参加地方选举，保持与议会和内阁的接触。

②美国总统制下的两党制的特点

a. 两党制主要表现在总统竞选上。美国实行总统制，总统和国会在法律地位上是平等的。总统选举和参众两院的选举是两个各自独立的选举过程。美国两党制以总统竞选论胜败。总统竞选获胜者为执政党，失败者为反对党。而两党在议会中席位的多少与执政党和非执政党的地位无关。在这一制度下，一党若在总统选举中获胜，即使在国会选举中失利也不会影响它的执政地位。执政党不一定是多数党，在野党或反对党也不一定是少数党。在美国历史上，常常出现在总统选举中获胜的执政党却是国会中的少数党的情形，这种情形需要执政党与反对党进行更多的妥协与合作。

b. 美国的两党组织结构松散，没有严格的投票纪律。美国的两党虽然存在从地方到中央的组织机构，但结构松散，党的全国机构对州和地方机构的权力有限，权力通常是自下而上的，而不是自上而下的。美国的政党一向基本上是各州和地方委员会的松散联盟，没有什么有力的全国机构、强大的凝聚力或严格的纪律，这与实行联邦制有关。在美国两党制下，在国会中拥有多数席位的多数党并不意味着在所有立法问题上都能获得稳定的多数。正是美国政党这种松散的结构，两大党之间变化无常的组合，两大党之间模糊的差别，才使美国两党制保持了相对的稳定。

(2)英美两党制的共同点

英、美两党制都是与本国具体的政治制度相协调并具有本国特色的政党制度，但作为两党制又具有共同的特点。

①国内存在势均力敌长期占据本国政坛的两大政党。美国历届国会选举、总统选举以及各州议会和州长选举均为两大政党垄断。一百多年来，美国的政治舞台上一直保持着民主党和共和党轮流执政的格局。虽有独立候选人或第三党候选人出现在选民面前，因限于选举制度及自身实力的悬殊，这种两党格局一直未曾被打破。英国在第一次世界大战后，自由党衰落，工党崛起，取代自由党在英国政坛的大党地位，与保守党角逐英国政坛。“二战”后两党的选票占有额虽有所下降，但两党轮流执政的垄断地位仍未动摇。

②两党处于竞争和对立状态。竞选过程中，两党互相攻击对手，吹嘘自己。竞选结束后，作为反对派监督政府，要牵制执政党，而且在一般情况下，两党不会联合执政。美国在将近二百年的历史中，两党近乎平分秋色。英国虽曾出现过两党或三党的“联合内阁”，但仅在某些特殊情况下发生，主要在战争时期，故也称“战时内阁”。

③两党制以多数代表制为基础。英国在议会下院，美国在参众两院的选举都实行一轮多数代表制。美国总统竞选的大选预选，除缅因州外，各州也一律按多数代表制的计票方法，即“胜者全得”的方式。这种选举制度有效保证了两大党的垄断地位。

4. 无产阶级政党有哪些特点?(辽宁大学2015年研)

答：无产阶级政党的基本特点在于：

(1)代表先进生产力的发展要求

无产阶级是社会的生产者，是先进生产力的代表。而作为无产阶级的先锋队组织，无产阶级政党代表着先进生产力的发展要求。无产阶级政党的奋斗的根本目的是解放和发展生产力。

(2)代表最广大人民群众的根本利益

无产阶级政党以无产阶级和广大劳动人民的利益为自己的利益。无产阶级政党以工人阶级为自己的阶级基础，始终是工人阶级的一部分，是为工人阶级和广大民众求解放的政党。所以党必须依靠工人群众和一切劳动者，必须关心群众利益，全心全意为人民服务。

(3)以马克思主义为指导思想，代表先进文化的前进方向无产阶级政党是在马克思主义思想的指导下进行政治活动的，从而在思想理论上具有先进性。无产阶级政党以马克思主义作为指导思想和理论指南，在社会政治活动中带领工人阶级和劳动人民开展社会主义事业。同时，吸收人类文化的一切优秀成果，促进和建设社会主义文化。

(4)由无产阶级的先进分子组成

无产阶级政党由工人阶级中的先进分子组成，其任务是提高整个工人阶级的觉悟。共产党是工人阶级的先锋队，是由阶级队伍中少数最先进、最具有共产主义觉悟的优秀分子所组成的。

(5)具有严密的组织纪律

无产阶级政党在与资产阶级的斗争中，以高度严密的组织作为自己的重要武器。无产阶级政党是按照民主集中制原则组织起来的战斗集体，它的坚强战斗力在于它的高度的组织纪律性和在马克思主义基础上的坚强团结。

5. 如何理解政党和政党体制的基本内涵？政党在社会政治生活中的作用有哪些？（深圳大学 2012 年研）

相关试题：

(1)简述政党的作用与形成和发展的影响因素。（吉林大学 2021 年研）

(2)政党的作用主要体现在哪些方面？（广东外语外贸大学 2025 年研；对外经贸 2024 年研；华中师大 2015 年研）

答：(1)政党的基本内涵

根据马克思主义的定义，政党是代表一定阶级、阶层或集团的根本利益，由其中一部分最积极的分子所组成，具有共同的政治纲领和理论主张，采取共同的行动，为参与、取得和维护政权而组成的政治组织。

(2)政党体制的基本内涵

政党体制是指由国家法律规定或在实际政治生活中形成的关于政党的社会政治地位、作用，执掌政权或参与政治的方式、方法、程序的制度性规定。

(3)政党在政治生活中的作用

①凝聚阶级的利益要求和政治意识

政党是实现政治统治的工具，它的重要作用之一就是在集中阶级意志、凝聚阶级利益要求和政治意识的过程中发挥重大作用。

②集合和发展阶级政治力量

作为阶级、阶层的一部分，政党的首要任务就是争取自己所代表的阶级、阶层和集团的那部分群众的支持。

③影响和领导社会政治生活

政党不仅要把阶级意志集中起来，还要把集中起来的阶级意志上升为国家意志。在近现代国家里，政治权力的行使，在正常的情况下都是通过政党政治实现的。政党在组织政府、制定法律和政策、施政等方面都起着重要作用。

④培养本阶级的政治骨干分子

在现代社会中，政党无疑是进行政治动员和政治培养的重要组织。政党通过宣传、教育等方式培养党员，提高党员政治素质，以培养大量的政治骨干，充实政治队伍。

⑤影响国际政治和国际事务

在现代社会，政党的作用不仅仅局限于国内政治，而是能将其影响辐射到国际政治中。政党能在国际舞台中发挥作用，以影响国际政治和国际事务。

6. 简析政党具有“掌握政权，行使国家权力”的政治功能。（华南理工 2010 年研）

答： 政党具有掌握政权，行使国家权力的功能，主要表现在以下几个方面：

(1) 政党不仅要把阶级意志集中起来，还要把集中起来的阶级意志上升为国家意志。阶级意志上升为国家意志，必须通过立法和制定政策的方式才能实现。所以，政党的目的就是要掌握政权、行使国家权力。在近现代国家里，政治权力的行使，在正常的情况下都是通过政党政治实现的。政党在组织政府、制定法律和政策、施政等方面都起着重要作用。

(2) 在西方国家，无论是共和制国家还是立宪君主制国家，政权机构通常是由政党组织的。政党掌握政权的方式有两种：①操纵议会，通过选举取得议会多数席位，把本党的政纲通过议会制定为法律交由政府执行；②由本党的官员组织和参加政府。在资本主义国家的实际政治生活中，政党还在调节议会和政府之间的权力制衡关系、调节联邦制国家中央和地方分权之间的矛盾以及对政府进行监督等方面，发挥着重要作用和影响。

(3) 无产阶级政党是社会主义国家政权的领导核心，党对社会的领导通常是通过国家机构来实现的。党对各类国家机关的领导是国家机关正确执行其职能的根本保证。因此，同资本主义国家的竞争性政党政治不同，无产阶级政党对社会主义国家机关起着领导、监督和保证作用。

7. 政党与一般政治团体的区别。（郑州大学 2019 年研；首都师大 2014 年研）

答： 政党是指代表一定阶级、阶层或集团的根本利益，由其中一部分最积极的分子所组成，具有共同的政治纲领和理论主张，采取共同的行动，为参与、取得和维护政权而组成的政治组织；政治团体是指有组织地去参与政治过程和影响政府决策的社会利益群体。政党与一般政治团体主要有如下区别：

(1) 政治目标不同

政党的主要政治目标是从事政治活动、掌握政权，具有明确的政治纲领和意图，政党参与政治活动的主要目标和目的是参与、夺取和巩固政权；而一般政治团体虽具有政治性但缺乏系统的政治纲领，它进行政治活动的主要目标在于实现所代表的群众利益，而不是夺取国家政权。这是政党区别于一般政治团体的根本标志。

(2) 所代表的利益范围大小不同

政党要取得和巩固政权，除代表本阶级、阶层的利益以外，还要兼顾反映社会其他方面的利益，它所代表的利益较为广泛；而一般政治团体所代表的则是自己群众的利益，较为狭窄。

(3) 组织的严密性不同

政党的组织要比一般政治团体严格、严密。政党的成员是本党党员，政党有其严格的政治纲领，纪律严明；而一般政治团体都是群众性组织，缺乏政治纲领，其成员组成也较为松散，缺乏严密的政治纪律。

(4)功能和作用不同

政党与国家政权紧密相关，其主要作用在于夺取和巩固国家政权，行使国家权力，进而实现本阶级的利益；而一般政治团体的主要作用在于通过影响政府政策的制定、修改等来实现所代表的群众利益。

8. 影响政党制度形成的因素。(燕山大学2014年研)

答：政党制度的形成和发展受到多方面因素的影响和作用，主要有：

(1)在特定的生产关系基础上形成的社会利益结构。资本主义国家政党制度是建立在资本主义私有制基础上的，为了实现本集团的利益，资本家在不同政治派别的基础上形成多个不同的政党进行政治竞争，从而形成了多党竞争。而社会主义国家政治制度则是建立在社会主义公有制基础上，无产阶级是社会共同利益的代表，因而社会主义国家政党制度一般都以无产阶级政党为主，无产阶级政党是执政党，其他政党与执政党是相互合作和监督的关系。

(2)各种不同的阶级力量和政治力量的发展成熟程度。各种不同的阶级力量和政治力量的强弱决定着其各自政党力量的强弱，影响着整个国家政党的局面，从而影响本国政治制度的发展。

(3)不同的国家政体。不同的国家政体决定着各国的政治组织形式，规定着政党的作用、作用方式和程序，如在议会共和政体和总统共和政体中，政党制度与议会和总统之间存在着明显的区别。

(4)不同的选举制度。选举制度规定的选区划分、选票方式、选举程序等会影响到政治制度的实际形态。

建立在这几个因素上的政党制度才是适合一个国家的政党制度。除此之外，政党制度的影响因素还包括历史、传统、文化、宗教等。

9. 简述中国政党制度的特点与优点。(电子科大2012年研)

相关试题：

(1)中国政党制度及其特点。(广西民大2014年研)

(2)试论中国共产党领导的多党合作制度的特点及其意义。(四川师大2014年研)

(3)试论中国特色的政党制度。(论述题，深圳大学2012年研)

答：(1)中国共产党领导的多党合作制的特点

①在中国，除了执政党中国共产党以外，还有八个民主党派，分别是中国国民党革命委员会、中国民主同盟、中国民主建国会、中国民主促进会、中国农工民主党、中国致公党、九三学社、台湾民主自治同盟。这些政党都是社会主义政治生活中的合法政党和积极力量。

②中国共产党领导的多党合作和政治协商制度的核心是共产党拥有政治上的领导地位，是执政党，其他各民主党派是参政党，它们接受共产党的领导地位并与其通力合作，参与国家大政方针的协商，参与国家管理，是中国共产党的亲密友党，而不是反对党。政治协商会议制度是民主党派参政议政的主要形式。

③中国共产党和各民主党派是“长期共存、互相监督、肝胆相照、荣辱与共”的关系，

即协商合作和互相监督的关系。

(2)中国共产党领导的多党合作制的优点

①有利于在根本利益一致的基础上协调各种利益关系，解决各种利益矛盾；

②有利于调动各方面的积极性，汇集建设社会主义的各方面力量；

③有利于社会主义民主政治建设，加强政治决策的科学化、民主化，保障人民的政治权利，防止政治腐败；

④有利于社会主义政治的积极健康发展，从而为社会主义建设创造稳定和谐的政治环境。

五、论述题

1．试分析中国领导人提出的“新型政党制度”新在哪里，内涵是什么，与西方多党制的根本区别有哪些。(南京师大2019年研)

答：中国领导人提出的“新型政党制度”是指中国共产党领导下的多党合作和政治协商制度，这一制度是在中国长期的革命、建设、改革实践中形成和发展起来的，是适合中国国情的一项基本政治制度，是具有中国特色的社会主义政党制度，是中国社会主义民主政治的重要组成部分。

(1)新在哪里

①新在更加真实、广泛、持久的代表性。中国政党制度是马克思主义中国化的结果，是马克思主义政党理论应用于中国实际的产物。中国政党制度是中国共产党领导下的多党合作制，能够真实、广泛、持久代表和实现最广大人民的根本利益。

②新在团结奋斗而不是恶性竞争的政党关系。中国并不是只有中国共产党这一个政党，还存在着其他民主党派和无党派人士，而中国的政党制度把各个政党和无党派人士紧密团结起来，为着共同目标而奋斗，有效避免了一党缺乏监督或者多党轮流坐庄、恶性竞争的弊端。

③新在决策更加民主高效的制度体系。中国政党制以制度化、程序化、规范化的制度安排，有效地集中各种意见和建议，从而推动决策的科学化、民主化和法治化，同时以民主协商的方式排除了政党竞争，有效避免了执政党决策囿于党派利益、集团利益等导致社会撕裂的弊端。

(2)新型政党制度的内涵

①共产党在中国各政党中处于领导地位

中国共产党是中国特色社会主义事业的领导核心，各民主党派接受共产党的领导。共产党对民主党派的领导是政治领导，即政治原则、政治方向和重大方针政策的领导。这种领导主要是靠正确的政治主张和自身模范行为，并通过平等协商来实现的。共产党支持民主党派充分发挥各自积极性、主动性、创造性，独立自主地开展活动。

②各政党共同致力于社会主义事业

共产党和各民主党派都以四项基本原则为共同的行动准则，以实现不同时期的总任务为共同纲领。在新的历史时期，建设有中国特色的社会主义成为共同的奋斗目标。

③在国家政权中，共产党是执政党，民主党派是参政党

中国共产党与各民主党派共商国是，共同决定国家的大政方针，就重要的人事安排征求民主党派的意见。中国共产党同各民主党派合作，实行“长期共存、互相监督、肝胆相照、荣辱与共”的基本方针。

④共产党和各民主党派之间实行政治协商、互相监督

政治协商是我国社会主义民主的一大特点，不论政党大小都有平等的发言权，既尊重多数人的共同意愿，又照顾少数人的合理要求。互相监督即政党之间实行民主监督，而首先是民主党派对共产党的监督。

⑤共产党和各民主党派都以宪法为根本活动准则

共产党和民主党派都享有宪法规定的权利和义务范围内的政治自由、组织独立和法律地位平等。各政党都以宪法为根本活动准则，负有维护宪法尊严，保护宪法实施的职责。

(3)新型政党制度与西方多党制的根本区别

①中国共产党领导下的多党合作和政治协商制度属于社会主义国家政党制度，其基本特征是无产阶级政党处于领导地位。因此与西方多党制相比，其根本区别在于中国共产党在政党制度中居于领导地位，而其他政党是参政党。

②资本主义国家政党之间是相互倾轧、相互拆台的政治竞争关系，而中国共产党与各民主党派之间的关系是协商合作、相互监督的关系。

③中国新型政党制度可以克服西方两党制和多党制的缺陷，避免力量相互抵消。西方的多党制，即使是两个或两个以上政党共同组阁，但由于各政党的利益冲突，这种联合缺乏稳定性，不利于社会稳定。我国实行的政党制度中，共产党是执政党，在多党合作中处于领导地位，但不是一党专政，不是一党治国。各民主党派是参政党，不是在野党，更不是反对党，是各自所联系的一部分社会主义劳动者、社会主义事业建设者和拥护社会主义的爱国者的政治联盟，是接受中国共产党领导、同中国共产党通力合作的亲密友党。它与西方多党制的勾心斗角，争权夺利关系根本不同；与西方在朝党和在野党的相互倾轧关系根本不同；与西方多党制搞的相互攻击、尔虞我诈根本不同。这种政治制度不存在着“倒阁”现象，从而有利于保持政局稳定，促进国家长治久安、祖国繁荣昌盛。

2. 社会主义国家的政党制度基本特征是无产阶级政党处于领导地位。(辽宁大学2019年研)

答：社会主义国家政党制度的基本特征是无产阶级政党处于领导地位。这种领导地位主要是由如下因素决定的：

(1)社会主义国家的利益结构

社会主义国家虽然因为历史、地域、文化等因素存在不同的利益，但是在社会主义经济关系中，人民具有共同利益。而这种共同利益决定了无产阶级政党的先进代表性，决定了无产阶级的领导地位。

(2)无产阶级政党的自身特点

无产阶级政党是先进生产力的代表，无产阶级政党的一切奋斗的最终目的是解放和发展生产力。无产阶级政党作为阶级的先锋队，必然要求它在政治生活中处于领导核心地位。

(3)社会主义国家的文化发展要求

社会主义社会的发展不仅以先进的生产力为基础，还需要以先进的文化来指导。无产

阶级政党代表着最广大人民群众的根本利益，代表着社会发展的先进文化，这就决定了其领导地位。

(4)社会主义国家的历史发展过程

在社会历史中，无产阶级政党领导无产阶级和广大劳动人民经过无产阶级革命和斗争建立起了社会主义国家，在这一过程中，无产阶级政党始终代表着历史的前进方向和人民的根本利益。因此无产阶级政党的领导地位是历史和人民的选择。

3. 西方国家政党发挥何种作用?（中国海洋大学 2018 年研）

相关试题：资产阶级政党地位及其作用。（吉林大学 2012 年研）

答：政党是阶级统治的工具，采取民主形式的资产阶级政党也不例外，资产阶级政党根本使命都是为了实现、维护和巩固资产阶级的阶级统治，维持现有的政治秩序。其具体的地位和作用体现在如下三个方面：

(1)政党政治是资产阶级民主政治的基石，是资产阶级民主的标志

①作为西方民主制度的三大支柱之一，政党制度既是选举制和议会制发展和完善的产物，也是两者运行的方式和动力，政党的活动和功能也主要体现于竞选过程和议会中的党团活动中。

②政党政治是政治民主的标志。政党不仅是传递民意的渠道、公众参政的工具，竞争性政党政治的外在形式和“合法反对、公平竞争”的活动原则，也是西方社会公平、自由、民主的象征。在公开竞选过程中，各自的标榜，相互的揭短，选举结束后，反对党对执政党的监督、牵制，对执政党政策的质询，对政府高官的弹劾，客观上增加了政治的透明度和民主程度。

(2)政党制度是民主制度协调运作的工具

资产阶级民主宪法确立了分权与制衡原则，作为民主和自由的保障，在国家权力结构上设计为立法、行政、司法的三权分立，中央与地方分权，权力制约权力，抑制了集权的倾向，也不可避免地造成了效率低下的事实，牵制和扯皮往往只是一个事件的褒贬不同的说法。

(3)政党政治是资本主义政治制度的自我调整机制

政党是现代政府的主要政策提供者。选举过程中，每个政党必须针对选民所关注的社会、政治、经济问题，提出对策和施政纲领，以吸引选民和获得选民的支持和认同，这样才有可能获取选民手中的一票。所以选举结束后，这些政党组织都非常关注社会的变化，选民的倾向，民意的焦点。频繁的各种民意测验，使政党有可能在下一次大选或中期选举时能适时提出政纲，或通过政治系统中的议会党团及时反馈给政府决策中心，适时调整政府政策。政党对社会的关注和调查，以及政党对政治系统的不可替代的重要影响力，使政治系统具有了较强的应变能力。所以政党制度是西方政治制度的自我调整机制。

第十二章　政治社团

12.1　复习指南

【知识框架(庖丁解牛)】

- 政治社团
  - 政治社团的含义和特征
    - 定义
    - 特征
      - 利益目标相对单一而具体
      - 社会成员按照特定规则形成的政治组织
      - 参与并影响政府的政策过程
      - 群众性政治组织
  - 政治社团的类型
    - 政治社团的技术分类
      - 按照政治社团所维护和追求的利益来划分
      - 按照政治社团成员的特定社会特征来划分
      - 按照政治社团自主性程度来划分
      - 按照政治社团的法律地位来划分
    - 资本主义社会的压力集团
      - 含义
      - 特点
    - 社会主义社会的政治社团
      - 工会
      - 青年组织
      - 妇女组织
  - 政治社团在政治生活中的作用
    - 政治社团的作用方式
    - 政治社团的作用
      - 象征功能
      - 意识形态功能
      - 沟通功能
      - 工具功能
      - 经济功能
      - 政治社会化功能

通关提要(提纲挈领)

政治社团是政治活动中的重要行为主体，本章要了解政治社团的特征和类型，尤其要明确资本主义社会中的压力集团和利益集团的地位和作用，掌握政治社团在政治生活中的作用。本章考查题型多为概念题和简答题，难度不大。

12.2 考研真题与典型题

一、判断题

1. 中国共青团反映了其成员的共产主义信仰，这说明政治社团具有象征性功能。（对外经贸2017年研）

2. 各政治社团通过各自的代表参加各级人民代表大会和政协会议，商讨和决定国家大事是社会主义国家政治社团的作用方式之一。（对外经贸2016年研）

3. 按照政治社团的法律地位，可以把政治社团分为合法性政治社团和非法性政治社团。（对外经贸2013年研）

4. 监督国家行政机关及其工作人员的工作是社会主义国家政治社团的作用方式之一。（对外经贸2014年研）

二、概念题

1. 政治社团（四川大学2022、2017年研；华中师大2017年研；广西民大2015年研；对外经贸2013年研；首都师大2012年研；浙江师大2012年研；武大2010年研）

2. 利益集团（中央民大2019年研；青岛大学2014年研；四川大学2013年研；南开大学2010年研）

3. 压力集团（对外经贸2024年研；南京理工大学2023年研；南京大学2022年研；华侨大学2019年研；对外经贸2017、2014年研；广西民大2017年研；四川大学2015年研；华中师大2013年研；中传2013年研；武大2013年研；中国科大2012年研；东财2010年研）

三、简答题

1. 分析集团政治对西方资本主义国家政治发展的影响。（青岛大学2011年研）

2. 利益集团对国家政治生活的影响。（苏州大学2015年研；青岛大学2014年研）

相关试题：

(1) 利益集团在资本主义国家广泛发展的背景及其原因。（论述题，南京师大2016年研）

(2) 简述我国政治社团在政治生活中的作用。（南航2010年研；浙江工业大学2008年研）

(3) 社会主义政治社团有哪些影响？（辽宁大学2015年研）

3. 资本主义压力集团主要特点是什么？（江西师大2014年研）

4. 社会主义社会政治社团的特点。（四川大学2011年研）

相关试题：社会主义国家政治社团的基本特征。（论述题，南京师大2017年研）

5. 简述政治社团的作用。（海南大学2019年研；华中师大2016年研）

相关试题：

(1) 简述利益集团活动方式与功能。（南京师大2018年研）

(2) 政治社团的意识形态功能。（中传2017年研）

6. “当代中国，政治团体的兴盛会削弱中国共产党的领导地位。”请评析。（南航2014年研）

四、论述题

1. 论资本主义国家利益集团（压力集团）发挥政治作用的主要方式及对资本主义政治发

展的影响。(青岛大学 2012 年研)

相关试题：

(1)简述西方国家利益集团的作用。(简答题，华东师大 2025 年研)

(2)结合利益集团理论及其活动方式评述西方选举方式。(南京师大 2011 年研)

2. 为什么说资本主义国家的集团政治客观上成为了一种新的权力制约机制？试加以分析。(华南理工 2010 年研)

12.3　考研真题与典型题详解

一、判断题

1. 中国共青团反映了其成员的共产主义信仰，这说明政治社团具有象征性功能。(对外经贸 2017 年研)

【答案】正确

【解析】政治社团的象征性功能又称表示性功能。政治社团可以为其成员提供种种象征性或表示性的权益。中国共青团作为中国的政治社团之一，反映了其成员的共产主义信仰，能为其成员提供具有积极意义的象征性功能，并在政治生活中发挥作用。

2. 各政治社团通过各自的代表参加各级人民代表大会和政协会议，商讨和决定国家大事是社会主义国家政治社团的作用方式之一。(对外经贸 2016 年研)

【答案】正确

【解析】在社会主义国家，各政治社团发挥政治作用的方式之一就是通过各自的代表参加各级人民代表大会和政协会议，商讨和决定国家大事。各级人民代表大会和政治会议是各政治社团进行政治表达的政治舞台，各政治社团能够通过人民代表大会等合法的途径来反映和表达自己的利益要求，并影响国家立法和政治决策。

3. 按照政治社团的法律地位，可以把政治社团分为合法性政治社团和非法性政治社团。(对外经贸 2013 年研)

【答案】正确

【解析】政治社团有多种分类方式。按照政治社团的法律地位，可以把政治社团划分为合法性政治社团和非法性政治社团。

4. 监督国家行政机关及其工作人员的工作是社会主义国家政治社团的作用方式之一。(对外经贸 2014 年研)

【答案】正确

【解析】监督国家行政机关及其工作人员的工作是社会主义国家政治社团的作用方式之一。我国的政治社团在一定程度上发挥监督作用，有权监督国家行政机关及其人员的工作，并以此监督功能影响政府决策。

二、概念题

1. 政治社团(四川大学 2022、2017 年研；华中师大 2017 年研；广西民大 2015 年研；

对外经贸 2013 年研；首都师大 2012 年研；浙江师大 2012 年研；武大 2010 年研）

答：政治社团是指在社会政治生活中，按照特定的利益集合在一起，有组织地参与、影响政府政策制定、变动和执行过程的社会团体。政治社团的特征表现为：①政治社团的利益和目标较为单一、具体；②政治社团是社会成员按照特定规则形成的政治组织；③政治社团参与政府的政策过程，影响政府政策的制定、修订和实施；④政治社团是群众性政治组织。

2. 利益集团（中央民大 2019 年研；青岛大学 2014 年研；四川大学 2013 年研；南开大学 2010 年研）

答：利益集团是指那些具有共同利益要求，并力图对政治产生影响的集团。利益集团是由享有共同利益或共同态度的公民个人和组织所构成的，通常是正式组织起来并将其集体资源投入政治行动的集合体，一个团体被视为“利益集团”必须符合一些基本要件，其中包括：①具有一定程度的、相对稳定的关系结构；②具有一定的影响力和社会地位，并为政府与社会所认可；③对自身利益具有清晰的认识和把握，并将维护自身利益作为组织设定的目标；④利用合法手段向政府和公众表达这些利益，而不是否定政府权威或从事其他非法行动。上述组织性、影响性、利益性和合法性四大特征构成了一个完整的整体，说明了政治学所指称的利益集团的根本属性，也说明了利益集团不同于其他政治组织或社会机构的根本区别。

3. 压力集团（对外经贸 2024 年研；南京理工大学 2023 年研；南京大学 2022 年研；华侨大学 2019 年研；对外经贸 2017、2014 年研；广西民大 2017 年研；四川大学 2015 年研；华中师大 2013 年研；中传 2013 年研；武大 2013 年研；中国科大 2012 年研；东财 2010 年研）

答：压力集团是指某些西方国家中为实现某种特殊的经济和政治利益而向议会、政府施以政治压力和影响的社会集团。包括行业协会、工会组织、市民团体、院外集团等。压力集团既有一般政治社团的特点，但又具有自身的特点。这些特点主要是：①压力集团数目和种类繁多；②压力集团活动范围广泛；③压力集团相互之间利益对立，在政治活动中相互排斥；④压力集团具有特定的法律地位。

三、简答题

1. 分析集团政治对西方资本主义国家政治发展的影响。（青岛大学 2011 年研）

答：集团政治对西方资本主义国家政治发展的影响主要表现为：

（1）集团政治改变了政治决策的基本机制

公民通过广泛地参与利益集团及其院外活动直接地影响政府的政策制定，其作用方式包括：

①集团是人们基于直接、具体并且常常是比较单一的目标和利益而结合在一起的，实际上是以集团的形式对公民进行一种划分、区分。公民通过集团作用于政府和公民作用于政府实际上是同一的。

②集团通过其院外活动直接寻求对他们所选择的具体决策活动施加影响。当代资本主义的政治机制变得更加复杂、多元和丰富多彩，主要根源于利益集团的形成、国家权力的

增强和扩张以及公民参政意识和参政能力的增强和提高。

(2)集团政治表现为一种公民政治参与的扩展与深化

政治参与是指制定、通过和贯彻公共政策的行动。在传统代议民主制时期，普通公民的政治参与是间断的、有限的，主要形式就是定期地参加选举投票。当代，普通公民的政治参与已经扩展和深化的重要体现之一就是普通公民通过利益集团及其院外活动的形式直接地参与公共政策的制定。

(3)集团政治客观上成为一种新的权力制约机制

集团政治是传统的西方民主政治权力制约机制的补充和发展。利益集团通过对政治决策的直接参与，客观上平衡了扩张了的国家权力。现代资本主义政治的权力制约机制可以概括为：一方面，国家机关之间的权力制约关系尚在，同时，以集团政治为主要标志的社会性的权力制约机制也逐渐形成。

2. 利益集团对国家政治生活的影响。（苏州大学2015年研；青岛大学2014年研）

相关试题：

(1)利益集团在资本主义国家广泛发展的背景及其原因。（论述题，南京师大2016年研）

(2)简述我国政治社团在政治生活中的作用。（南航2010年研；浙江工业大学2008年研）

(3)社会主义政治社团有哪些影响？（辽宁大学2015年研）

答：(1)在资本主义国家，利益集团通过各种政治活动表达本社团的利益要求，影响政府决策。其主要表现为：

①它通过在竞选中的活动对西方国家政治权力的更迭产生影响。利益集团参与选举活动，本身并不推出自己的候选人，但是却可以支持或反对某个候选人，从而影响选举结果。

②政治社团通过院外活动影响国家的立法以及行政部门的政策。利益集团或其代表院外活动分子，在与制定公共政策的机关和个人的直接接触中影响具体的公共政策的制定。它所影响的主要是立法、行政、司法机关的决策人员的决策活动。

(2)在社会主义国家，各政治社团也在政治利益表达的过程中，影响着社会政治生活。其主要表现为：

①在党、政府与本社团群众之间起到了桥梁和纽带作用。在我国，各政治社团在与党和政府的政治联系中，不仅反映和表达着本社团成员的利益要求，同时也在一定程度上向社团成员宣传和解释党和政府的决策、法律，从而在三者之间搭建起了联系的桥梁。这就使党和政府与人民群众的联系更加密切。

②政治社团具有监督党和政府政治权力的行使和政治决策执行的监督功能。我国的政治社团在一定程度上发挥监督作用，有权监督国家行政机关及其人员的工作，并以此监督功能影响政府决策。

③在社会主义国家，政治社团以参政、议政等方式，影响着党和国家的政策制定、立法活动。

3. 资本主义压力集团主要特点是什么？（江西师大2014年研）

答：资本主义压力团体的主要特点包括：

(1)压力集团数目和种类繁多

压力集团是随着资本主义的发展而发展变化的，一个主要趋势是压力集团的数目和种类在不断增加，其涉及社会生活的方方面面。

(2)压力集团活动范围广泛

集团活动领域的扩大是压力集团发展的突出标志之一，一方面压力集团日益深入到基层社会政治生活，在地方和社区的社会政治生活中发挥重要作用，另一方面利益集团及其院外活动开始进入国际领域，开始出现所谓跨国利益集团、国际院外活动等。

(3)压力集团相互之间利益对立，在政治活动中相互排斥

资本主义社会的压力集团都各自代表着本集团的特殊利益，压力集团之间的利益要求有可能有相互重合的部分，但大部分而言是相互排斥和对立的。因此在压力集团谋求自身利益的过程中，压力集团之间的勾心斗角的政治斗争和政治冲突是一个常见的现象。

(4)压力集团具有特定的法律地位

压力集团存在的合法性来自于西方民主制度的认可，其活动本身来自于西方民主制度本身的弹性空间。资本主义社会压力集团并没有改变资本主义社会政治的性质。一方面，压力集团是政治不平等的产物，也是推动政治不平等的因素。社会民众基于共同的利益要求结成利益集团，这种利益要求产生于特定的生活方式，包括经济基础、政治身份、社会地位、意识形态取向，而最根本的是一定的经济地位。另一方面，压力集团归根到底是资产阶级统治的手法，是为资产阶级政治统治服务的。

4. 社会主义社会政治社团的特点。(四川大学 2011 年研)

相关试题：社会主义国家政治社团的基本特征。(论述题，南京师大 2017 年研)

答：(1)社会主义国家政治团体的性质

社会主义国家政治团体是执政党、政府和民众之间联系的桥梁和纽带。在社会主义国家里，有组织的利益群体主要是政治团体，它们不是完全独立于政党和国家政权机关之外的利益群体，从法律形式上说，它们是群众团体，从其地位、作用看，它又具有很强的政治性质。在一定意义上，政治团体的组织和活动作为社会主义政治制度和政治过程的有机组成部分，是被规定的。

(2)社会主义国家政治团体的特征

①都具有比较广泛的群众基础。比如，中华全国总工会是中国共产党领导下的职工自愿结合的群众组织，只要是工人阶级的成员，无论性别、民族、职业、宗教信仰、教育程度，都可以加入该组织，实际上，大部分职工都是会员。

②有比较统一、规范的组织结构形式。社会主义国家的政治团体一般都没有同行的竞争者，没有左右翼的工会之分，也没有保守与激进的妇女组织之别。成员的广泛、组织规模的庞大及其社会主义性质，使社会主义国家的政治团体基本上都是按照民主集中制原则，依行政区划，随生产和工作单位而组成。一般都具有比较严密的组织体系。

③不同政治团体之间存在着利益差别和不一致，但这种差别和不一致是建立在它们的整体利益一致的基础上的。作为政治上的最高领导力量的执政党——共产党是广大劳动者的根本的、长远的利益的代表，它集中统一了全体劳动者的根本意志和利益，社会上各种各样的利益在这里得到了整合。在现实中即使还存在着社会群体的利益的差异和矛盾也是一种在根本利益一致基础上的差异和矛盾。

5. 简述政治社团的作用。（海南大学2019年研；华中师大2016年研）

相关试题：

（1）简述利益集团活动方式与功能。（南京师大2018年研）

（2）政治社团的意识形态功能。（中传2017年研）

答：政治社团的作用主要体现为：

（1）象征性功能

政治社团可以为其成员提供种种象征性或表示性的权益。政治社团的象征性功能在一定程度上决定着一个政治社团的规模、地位以及未来发展的前途。

（2）意识形态性功能

政治社团能够反映其成员的意识形态性质的信仰。政治社团的意识形态功能为表达、促进和实现本社团成员利益或主张进行政治活动提供了合理性依据。

（3）沟通性功能

各政治社团在与党和政府的政治联系中，不仅反映和表达着本社团成员的利益要求，同时也在一定程度上向社团成员宣传和解释党和政府的决策、法律，从而在三者之间搭建起了沟通的桥梁。政治社团的沟通性功能有助于政府决策者更好地了解和信服社团成员的利益主张和观点。

（4）工具性功能

政治社团被其成员用来完成某一具体的目标。政治社团的工具性功能本质上是指政治社团是维护和促进特定社会成员利益的一种工具。

（5）经济性功能

政治社团除了谋求本社团成员的政治利益，也在谋求本社团成员的经济利益。政治社团的活动和利益要求与经济密切相关。在资本主义国家，一大部分政治社团是为追逐经济利益而建立起来的。在中国，各政治社团在一定程度上也为本社团成员争取经济利益。

（6）政治社会化功能

政治社团的政治社会化功能是针对本社团成员的，它能培养本社团成员的政治人格，促使成员学习和获得政治知识和技能。政治社团是社会成员政治社会化的重要媒介和场所。一方面，政治社团为成员参与政治生活和活动提供场所和舞台；另一方面，政治社团通过政治社会化培养成员，提高其政治素养，形成特定的政治人格。

6.“当代中国，政治团体的兴盛会削弱中国共产党的领导地位。”请评析。（南航2014年研）

答：“当代中国，政治团体的兴盛会削弱中国共产党的领导地位。”这个观点是错误的。具体分析如下：

（1）社会主义国家政治社团的作用

①在党、政府与本社团群众之间起到了桥梁和纽带作用。

②政治社团具有监督党和政府政治权力的行使和政治决策执行的监督功能。我国的政治社团在一定程度上发挥监督作用，有权监督国家行政机关及其人员的工作，并以此监督功能影响政府决策。

③在社会主义国家，政治社团以参政、议政等方式，影响着党和国家的政策制定、立

法活动。

(2)我国的政党制度特征

①在国家政治生活中，除了中国共产党之外，还存在着其他八个政党，即中国国民党革命委员会、中国民主同盟、中国民主建国会、中国民主促进会、中国农工民主党、中国致公党、九三学社、台湾民主自治同盟。这些政党都是社会主义政治生活中的合法政党和积极力量。

②中国共产党享有公认的领导地位，是执政党，而其他政党是参政党。中国共产党不仅对国家实行思想领导、政治领导和组织领导，而且对各民主党派实行政治领导。各民主党派积极参政议政。

③中国共产党与各民主党派之间的关系是协商合作、相互监督的关系。中国共产党领导的多党合作制是在各种利益关系具有可协调性的基础上，围绕建设社会主义现代化国家的总目标，中国共产党与各民主党派之间、各民主党派相互之间以协商合作的方式展开政治活动。中国共产党与各民主党派之间又存在着相互监督的关系，这种监督的基本准绳就在于各自的政治决策和政治行为是否有利于社会主义事业的发展，是否有利于人民的利益得到合理协调和实行。

(3)政治团体的发展不会削弱中国共产党的领导地位

中国共产党提出“长期共存、互相监督、肝胆相照、荣辱与共”作为中国共产党领导的多党合作制的基本方针，所以政治团体的发展和兴盛不仅不会削弱共产党的领导地位，反而能够巩固共产党的领导地位。与资本主义国家政党政治中的那种相互倾轧、相互拆台的政治竞争不同，中国共产党领导的多党合作制是在各种利益关系具有可协调性的基础上，中国共产党与各民主党派之间、各民主党派相互之间以协商合作的方式展开政治活动。中国共产党与各民主党派之间的这种关系及其运行方式具有积极建设性，它无疑保证了我国社会主义建设的稳定与和谐。

四、论述题

1. 论资本主义国家利益集团(压力集团)发挥政治作用的主要方式及对资本主义政治发展的影响。(青岛大学 2012 年研)

相关试题:

(1)简述西方国家利益集团的作用。(简答题，华东师大 2025 年研)

(2)结合利益集团理论及其活动方式评述西方选举方式。(南京师大 2011 年研)

答: 资本主义国家利益集团(压力集团)是资本主义社会政治社团的主要形式。

(1)资本主义国家利益集团的作用方式

西方利益集团影响政府的渠道包括直接院外活动和间接院外活动。

①直接院外活动

直接院外活动是指利益集团或其代表——院外活动分子，在与制定公共政策的机关(包括立法、行政、司法、独立机构等)和个人(包括这些机关的决策者和工作人员)的直接接触中影响具体的公共政策的制定的活动。这是传统的院外活动的主要方式，也是利益集团常用的策略手段。它所影响的主要是国会议员以及立法、行政、司法及独立机构相关人员的决策活动。其具体方式有：

a. 社交性接触和游说：压力集团要与议员、政府官员等保持良好的关系。社交性的接触和游说更多的是通过合理、合法、公开的方式进行，但有时也会出现非法方式。

b. 提供信息和情报：它们对与自己利益攸关的问题进行充分的调查、了解并系统地进行整理，一旦有关的政策要出台时，他们会想方设法将有关资料及时传达给有关的决策者。当然这些资料是准确的，同时也必然是有倾向性的。

c. 出席听证会：很多决策机构在一项政策的酝酿阶段都会举行公开的公众听证会。利益团体的成员经常为支持或反对国会正在审议的法律议案而到国会作证。

d. 参加政府组织的各种顾问委员会和相关的协商组织：在这种情况下，集团的意见是主动被咨询的，使它们更容易地实现自己的利益和要求。

e. 通过司法诉讼寻求利益的满足：根据“权力分立与制衡”的原则，司法系统具有重要的政治功能，它们的很多判决具有明显的政治性质。因而集团有时可以通过影响法院的判决来表达自己的要求。

②间接院外活动

相对于直接院外活动，间接院外活动是指集团通过一定的中介，如选民和大众传媒来影响政治过程。集团所影响的直接对象虽然不是国家机关，但最终目的还是影响政策。具体方式有：

a. 参与选举活动。集团本身并不推出自己的候选人，但是却可以支持或反对某个候选人，从而影响选举结果。集团还可以“独立”地帮助自己所支持的候选人竞选，破坏自己所反对的候选人的竞选。并且，集团一直是政党竞选经费的主要来源。

b. 利用新闻媒介影响公众舆论。在选举活动中，集团大量使用媒体。此外，它还经常利用媒体做广告来影响公众的态度，以形成对有关的立法议案的公众舆论，或形成公众舆论对某一项重要人士任命的倾向等等，以此达到最终影响公共政策的目的。

c. 基层动员。这是一种比较新的院外活动方式，主要是指集团影响选区选民，利用选民来影响代表本选区的议员，以最终达到影响立法的目的。

d. 抗议示威活动。集团的特殊要求和利益通过其他方式不能得到满足时，还有最后的办法，就是示威、游行、罢工之类的非暴力不合作方式。目的在于制造声势、吸引公众的关注，从而对政府形成强大的压力。

(2)资本主义国家利益集团对资本主义政治发展的影响

参见本章考研真题与典型题详解简答题第1题答案。

2. 为什么说资本主义国家的集团政治客观上成为了一种新的权力制约机制？试加以分析。(华南理工2010年研)

答：(1)集团政治是传统的西方民主政治权力制约机制的补充和发展。

资本主义政治之所以成为资本主义政治，乃是由于它遵循着一些基本的政治哲学原则和制度运行原则，如私有财产不可侵犯、公民主权、权力分立与制衡、法治、权利平等与政治自由等等，资本主义的政治制度结构、权力结构、决策机制以及其他政治形式、程序、方式、途径等，都从根本上体现着这些原则。二战以后，资本主义政治在很多方面都发生了阶段性的变化，但是，只要这种变化还没有超出资本主义的宪政原则所允许的范围，资本主义政治仍将是资本主义政治。权力的分立和制衡是资本主义政治的基本原则之一，是直接针对封建专制与政治腐败而设置的。在传统的代议民主政治之下，这一原则主要体现为不同的国家机关之间权力和责任的相互制约和平衡。这实际上适应了自由资本主义时期国家采取自由放任主义政策，公民政治社会化程度较低的政治历史背景。

20 世纪以来，随着国家一改“守夜人”的姿态而以积极的经济及社会生活的主动参与者和干预者的身份出现，传统的主要以国家机关之间的相互制约和平衡的权力制约机制就远远不能满足资本主义政治的内在要求了，而集团政治的出现恰恰填补了这个空白。

(2)国家权力要加强，又要保留资本主义制度，这就需要一种新的制约机制，集团政治适时地承担了这个角色。

利益集团通过对政治决策的直接参与，客观上平衡了扩张了的国家权力。现代资本主义政治的权力制约机制可以概括为：一方面，国家机关之间的权力制约关系尚在，同时，以集团政治为主要标志的社会性的权力制约机制也逐渐形成。19 世纪转折时期著名的法国社会学家涂尔干看到了当时的法国的国家权力集中和增强的趋势是不可避免的，并认识到仅仅靠国家机关之间的相互制约已经远远不够，提倡组织所谓“居间职业团体”，既可以达到他所谓在社会“解组”状态下使人们重新找到依归的目的，又可以以此制约和抗衡国家权力的集中和扩张趋势。当然，集团政治的这种独特的政治功能并不是一种主观自觉的产物，毋宁说它是资本主义政治机制自发作用的结果。危机之中这种权力机制的调整反映了其具有自我调适能力。

(3)集团政治及其所反映出的政治机制方面的变化对于资本主义政治的存在和发展来说至关重要，但这并未改变资本主义政治的基本性质。

资本主义民主的根本局限性在于其基于私有财产制度之上。资本主义民主所保障的是以对物的依赖为基础的个体的独立性，而这种对物的依赖本身又标志着、造就出实际上的人与人之间的巨大的差异，即真实的不平等。在此基础上的民主政治其实质只能是以资产者的利益为最后的依归，而不可能是所谓的真正的人人平等的民主。精英主义者在这一点上是正确的，集团政治在其本质上说是对于资本主义政治现状的辩护。具体的集团利益满足的程度要依据集团的经济实力、组织规模等因素而定，而财政实力无疑是一项重要因素。它最终服务的还是私有财产制度。正如资本主义政治制度中的其他具体制度一样，集团政治尽管也可以成为劳动者阶级表达利益和要求的一种途径，但是，归根结底它必然成为有产者阶级的政治形式，成为资产阶级的民主。

第五编　政治文化

第十三章　政治心理

13.1　复习指南

【知识框架(庖丁解牛)】

- 政治心理
  - 政治心理的含义和特性
    - 含义
      - 西方学者的观点
      - 马克思主义的观点
    - 特性
      - 社会成员对于社会政治现象的感性认知
      - 显示着特定利益主体的利益倾向
      - 反映着直观政治现象
      - 具有潜在积淀性
  - 政治心理的形成基础和构成要素
    - 政治心理的形成基础
      - 客观基础
      - 主观基础
    - 政治心理的构成要素
      - 政治认知
      - 政治情感
      - 政治动机
      - 政治态度
  - 政治心理的类型和作用
    - 政治心理的类型
      - 个体政治心理
      - 群体政治心理
    - 政治心理的作用
      - 影响政治权力和政治权利的形成和发展
      - 是产生政治行为的中介环节
      - 是社会政治形势的晴雨表和政治权力作用的依据
      - 是政治发展的影响因素

通关提要(提纲挈领)

政治心理是人的心理活动的政治方面内容，其具体表现为人们的政治认知、政治情感、政治动机、政治态度等。要把握政治心理的特点，明晰政治心理产生的根源，理解政治心理的作用。本章难度一般，题型以概念题和简答题为主。

13.2 考研真题与典型题

一、判断题

1. 政治心理反映着直观政治现象，而政治思想反映着深层的政治现象的逻辑关系。(对外经贸 2017 年研)

2. 阶级政治心理、民族政治心理、集团政治心理都属于群体政治心理类型。(对外经贸 2016 年研)

二、概念题

1. 集团政治心理(对外经贸 2017 年研)

2. 政治文化(南京大学 2022 年研；中国社科院大学 2019 年研；广西民大 2018 年研；青岛大学 2017 年研；湘潭大学 2016 年研；浙江师大 2015 年研；华中师大 2014 年研；中传 2014、2012 年研；对外经贸 2013 年研；首都师大 2012 年研；东财 2012 年研；河北大学 2012 年研；武大 2012 年研；华侨大学 2011 年研；中国人民公安大学 2011 年研；南开大学 2010 年研；四川大学 2010 年研)

3. 政治心理(南京理工大学 2023 年研；辽宁大学 2019 年研；海南大学 2019 年研；华中师大 2017 年研；四川大学 2016 年研；广西民大 2016 年研；湘潭大学 2015 年研；外交学院 2015 年研；燕山大学 2014 年研；江西师大 2014 年研；华东理工大学 2013 年研)

4. 政治认知(华中师大 2019 年研；对外经贸 2016 年研；南京师大 2011 年研；中南财大 2010 年研)

5. 政治情感(东财 2014 年研；辽宁大学 2014 年研；武大 2012 年研；四川大学 2011 年研；中国人民公安大学 2011 年研)

6. 政治动机(对外经贸 2013 年研；武大 2012 年研；中国人民公安大学 2010 年研)

7. 政治态度(对外经贸 2024、2014 年研；东财 2014 年研)

8. 群体政治心理(四川大学 2013 年研)

三、辨析题

政治文化指人们对政治体系的感情、态度、认知、评价等心理积淀；还包括政治思想与政治理论等理性层面；也包括政治制度与政治规范等物化层面。(中山大学 2011 年研)

四、简答题

1. 简述政治心理的特点(广东外语外贸大学 2025 年研)；政治心理的特点，对国家政治稳定的作用(中国政法 2015 年研)。

相关试题：

(1)简述政治心理的特点和作用。(兰州大学 2021 年研)

(2)政治心理有哪些基本特征？请加以简要解释。(中传 2014 年研；中国科大 2011 年研)

(3)简要分析政治心理的作用。(四川大学 2017 年研；对外经贸 2016 年研；武大 2010 年研；华中师大 2014 年研)

2. 政治文化的结构。(青岛大学 2016 年研)

相关试题：

(1)简述政治文化的构成要素。(新疆大学2025年研)

(2)政治文化的特征和要素。(南京师大2018年研)

(3)分析政治文化的结构及其不同地位和作用。(青岛大学2014年研)

3. 简述群体政治心理。(华侨大学2015年研)

4. 简述政治文化的内涵及类型。(宁波大学2012年研)

相关试题：试述政治文化的类型划分。(首都师大2014年研)

5. 简述政治文化的基本功能。(青岛大学2017年研；华侨大学2016年研；四川大学2015年研；河南师大2014年研；苏州大学2014年研；湘潭大学2013年研)

相关试题：论述政治文化的功能。(论述题，湘潭大学2021年研)

6. 简述如何加强社会主义政治文化建设。(电子科大2014年研)

相关试题：我国政治文化建设应遵循哪些原则？(河北大学2014年研；论述题，首都师大2011年)

五、论述题

1. 政治权力的合法性取决于人民的政治认同，试论人民的政治认同应该包括哪些方面？(中山大学2016年研)

2. 什么是政治文化？试用政治文化的理论论述中国共产党文化应该包括哪些内容？(中山大学2016年研)

3. 政治文化的功能。(四川大学2022年研；中传2012年研)

13.3 考研真题与典型题详解

一、判断题

1. 政治心理反映着直观政治现象，而政治思想反映着深层的政治现象的逻辑关系。(对外经贸2017年研)

【答案】正确

【解析】(1)政治心理是一种精神现象，是对政治现实的反映。政治心理是对直观政治现象的感知，并不反映深层次的政治联系和规律。

(2)从政治思想角度看，政治思想既是人们的认识现象和精神现象，也是特定的政治现象。因此，政治思想是关于政治关系和政治现象的认识，而不是对于一般社会现象的认识。政治思想不仅研究政治权力、政治权威、政治权利、政治行为和政治制度这些可感知现象，而且分析和抽象不可直接感知的政治关系和政治联系。所以，政治思想的内容常常不仅是人们的政治知识，而且很大程度上是人们的政治思考。人们通过对于政治现象及其内在联系的逻辑思考形成政治思想。

2. 阶级政治心理、民族政治心理、集团政治心理都属于群体政治心理类型。(对外经贸2016年研)

【答案】正确

【解析】阶级政治心理、民族政治心理、集团政治心理是最具有群体特征的心理类型，也是目前政治研究中最受重视的心理现象。

二、概念题

1. 集团政治心理（对外经贸2017年研）

答：集团政治心理是指集团对政治生活、政治活动、政治关系和社会政治现象的心理感知和感受。一般而言，集团在社会生活中是较为松散的群体，所以集团政治心理具有粗糙和不稳定的特点。但是集团利益需要通过政治途径实现时，在政治活动中的集团政治心理又会变得特别强烈。

2. 政治文化（南京大学2022年研；中国社科院大学2019年研；广西民大2018年研；青岛大学2017年研；湘潭大学2016年研；浙江师大2015年研；华中师大2014年研；中传2014、2012年研；对外经贸2013年研；首都师大2012年研；东财2012年研；河北大学2012年研；武大2012年研；华侨大学2011年研；中国人民公安大学2011年研；南开大学2010年研；四川大学2010年研）

答：政治文化是指社会成员在长期的政治社会化和政治实践过程中所形成的、直接影响人们政治行为的、相对稳定的心理过程和心理特征。它包括政治认知、政治情感、政治信念、政治态度、政治价值观等。

3. 政治心理（南京理工大学2023年研；辽宁大学2019年研；海南大学2019年研；华中师大2017年研；四川大学2016年研；广西民大2016年研；湘潭大学2015年研；外交学院2015年研；燕山大学2014年研；江西师大2014年研；华东理工大学2013年研）

答：政治心理是指社会成员对于社会政治关系以及由此形成的政治行为、政治体系和政治现象等政治生活自发产生的一种不系统的、不定型的、不成熟的主观反映心理状态。主要表现为人们对政治生活某一特定方面的政治激情和政治倾向，是政治思想形成过程中的原始层次。

4. 政治认知（华中师大2019年研；对外经贸2016年研；南京师大2011年研；中南财大2010年研）

答：政治认知是指政治主体根据以往的政治知识和经验对政治事件、政治人物、政治活动及其规律等各种政治现象的认识、理解和判断。它是一个政治主体、客体及环境等因素相互作用的心理过程。现存的政治概念系统决定了主体对政治认知过程具有方向性和选择性，即是在原有政治概念的基础上去比较、分析新的政治信息，并决定是否将其纳入认知过程。

5. 政治情感（东财2014年研；辽宁大学2014年研；武大2012年研；四川大学2011年研；中国人民公安大学2011年研）

答：政治情感是指人们在政治生活中对政治系统、政治统治活动或政治事件所具有的一种直观的评价，这是政治行为主体在政治活动过程中对行为客体及环境的内心体验，表现为好恶之感、美丑之感以及由此产生的亲疏之感、信疑之感。政治情感由两个心理层面构成：①处于较低层次的政治情绪；②处于较高层次的政治感情。

6. 政治动机（对外经贸 2013 年研；武大 2012 年研；中国人民公安大学 2010 年研）

答：政治动机是指激励并维持政治主体去从事某种政治活动以达到一定政治目标的内在动力。由政治主体的需求和目标构成，需求即政治主体意识到自身的缺乏状态，目标是指政治主体对能够满足需求的各种政治角色、政治方式等的比较选择，政治主体的需求向目标的转化，就形成了政治行为内驱力，即政治动机。

7. 政治态度（对外经贸 2024、2014 年研；东财 2014 年研）

答：政治态度是指人们对于特定的政治组织或政治现象比较一贯、相对稳定的综合性心理反应倾向。由政治认知成分、政治情感成分和政治动机成分构成。政治态度具有中介作用，是政治行为的准备阶段，是政治心理转换为政治行为的必经环节。政治态度的倾向决定了政治行为的选择倾向。

8. 群体政治心理（四川大学 2013 年研）

答：群体政治心理是指个体在政治活动和政治环境中，形成的共同的政治意识、政治情感、政治态度和相应的政治行为。群体政治心理以个体政治心理为基础，具有去个性、自发性和感染性等特点。其中阶级政治心理、民族政治心理和集团政治心理是最为典型的群体政治心理。

三、辨析题

政治文化指人们对政治体系的感情、态度、认知、评价等心理积淀；还包括政治思想与政治理论等理性层面；也包括政治制度与政治规范等物化层面。（中山大学 2011 年研）

答：该观点是片面的，具体分析如下：

（1）“政治文化”是政治学中最有争议的概念之一。题中前两句所包含的内容是观念性的政治文化，一般没有异议。政治制度和政治规范是政治文化的物化形态，是一种实体性的政治文化。从一般的文化意义来讲，将作为物化形态的政治制度、政治规范和经过理论升华的政治思想纳入政治文化范畴，有其一定的合理性。但是，一方面，传统的制度研究和规范研究又都被归结为政治文化研究，政治文化作为一个独立的研究对象的意义和价值将被大大降低；另一方面，虽然政治制度、政治规范、政治思想对政治体系和体系成员的政治行为方式发生作用，但这种作用并不是直接的，它还需要一个转化为支持社会成员政治行为的心理基础的过程。

（2）从政治学的发展进程和政治文化概念出现的背景来看，政治文化是政治学上的一个具有特定内涵的概念。它主要是指社会成员在长期的政治社会化和政治实践的过程中所形成的、直接影响人们政治行为的、相对稳定的心理过程和心理特征。

四、简答题

1. 简述政治心理的特点（广东外语外贸大学 2025 年研）；**政治心理的特点，对国家政治稳定的作用**（中国政法 2015 年研）。

相关试题：

(1)简述政治心理的特点和作用。（兰州大学2021年研）

(2)政治心理有哪些基本特征？请加以简要解释。（中传2014年研；中国科大2011年研）

(3)简要分析政治心理的作用。（四川大学2017年研；对外经贸2016年研；武大2010年研；华中师大2014年研）

答：(1)政治心理的特点

政治心理是社会关系和利益关系的心理反映，政治心理的特性首先是由社会成员所处的社会关系决定的。从认识论的角度来看，作为特定精神现象的政治心理又具有如下特点：

①政治心理是社会成员对于社会政治现象的感性认知

政治心理是社会成员在政治生活和实践中对政治现象的一种自发心理反应。政治心理作为政治感性认识的特点主要表现在：

a. 政治心理的产生和形成过程是一个自发的过程。

b. 政治心理是对于政治的表象的感觉和感知。

c. 政治心理是非理性的精神现象。

②政治心理显示着特定利益主体的利益倾向

社会成员的政治心理很大程度上包含着对自身利益和利益实现的可能性的关心。政治心理的利益倾向与社会成员身处其中的利益关系具有高度的相关性，社会成员的利益和利益关系，对其政治心理的形成和发展，具有主导性和支配性意义。

③政治心理反映着直观政治现象

作为社会政治现象，政治心理是对于社会政治现象的感觉性认知。就其内容而言，政治心理仅是对社会政治现象的心理感知。

④政治心理具有潜在积淀性

就其存在和表现形式来看，政治心理具有潜在性。政治心理是自发的，社会成员的政治心理存在个体差异，是一种潜在的社会意识。同时，政治心理是社会成员的心理积淀。政治心理的形成不是一蹴而就的，而是社会成员在长期的社会政治生活中的经验沉淀和对政治文化的心理沉淀。

(2)政治心理对国家政治稳定的作用

①政治心理影响政治权力和政治权利的形成和发展

政治心理表现为人们对政治生活某一特定方面的政治激情和政治倾向，因而体现着社会政治的民意。政治心理是社会成员对于其利益和利益关系的心理感觉和感知。政治心理是政治权力和政治权威的重要构成因素和基础。政治心理是政治权利的重要精神前提。

②政治心理是产生政治行为的中介环节

政治心理作为政治行为的中介环节，对人们针对政治体系、政治事件、政治人物以及政府政策等政治现象所持的态度与看法有着深刻的影响，进而在很大程度上影响着人们政治行为的内容、方向与方式。

③政治心理是社会政治形势的晴雨表和政治权力作用的依据

在一定时期，社会成员和人民大众的政治情绪、政治态度、政治意向等的发展和变化深刻地反映着社会的政治形势。社会成员的政治心理现象构成了社会的政治氛围和政治舆论。因此把握住社会成员的政治心理变化，也就把握住了政治形势的脉搏，把握住了社会政治的发展趋势。

④政治心理是政治发展的影响因素

a. 任何政治发展都受到社会政治心理的制约与影响。唯有顺应社会政治心理的潮流、符合民心所向，政治发展才能够朝着积极的方向推进。

b. 任何政治发展都离不开人民群众的参与。在这一过程中，社会政治心理在政治发展的动力与力量形成方面具有强大的社会心理凝聚作用。从这个角度来讲，社会政治心理是政治发展的重要途径。

c. 任何政治发展结果的形成与巩固，都需要得到政治心理的支持与支撑。

2. 政治文化的结构。（青岛大学 2016 年研）

相关试题：

（1）简述政治文化的构成要素。（新疆大学 2025 年研）

（2）政治文化的特征和要素。（南京师大 2018 年研）

（3）分析政治文化的结构及其不同地位和作用。（青岛大学 2014 年研）

答：（1）政治文化的构成要素

政治文化的构成要素主要包括：政治意识、政治信念、政治行为准则、政治价值评价、政治动机、政治情感、政治习俗、政治心理等政治观念形态的一系列表现形式。

（2）政治文化的结构

政治文化的构成要素依据一定的规律，按照社会结构多样化的分界和组合方式组成政治文化的结构。政治文化结构主要由政治意识形态、政治价值观、政治心理这三大层次有机组合而成。政治文化的这三个结构层次是一个不可分割的有机整体。

①政治意识形态

政治意识形态层次居于政治文化结构的核心地位。因为它代表着政治文化的属性，规定了政治文化的本质，它在社会意识形态中占据主导地位或统治地位，影响或制约着其他社会意识形态的变化，其他各层次只有通过它才能发挥作用。

②政治价值观

政治价值评价一般指的是人们对政治世界的看法，它包括人们看待、评价某种政治系统及其活动的标准，并由此形成政治主体的价值观念和行为模式的选择标准。在某种政治文化影响下，社会成员在总体上都存在一种基本一致的政治价值观念，它直接影响着政治行为主体的政治信念、信仰和态度。政治价值观决定了政治主体对政治行为的选择。

③政治心理

政治心理作为隐性文化，是政治文化中的深层因素，政治心理的内容和特征，将受到政治思想和政治认识两个层次的制约。同时，政治心理不仅会受到阶级的影响和制约，而且民族历史、民族文化、民族风俗、习惯和信仰等因素，对政治心理的形成也有着十分重要的作用。政治心理是政治社会化的结果和政治环境长期作用的产物，它蕴含着政治文化的遗传机制和再生功能，政治心理是政治文化的重要组成部分。

3. 简述群体政治心理。（华侨大学 2015 年研）

答：（1）群体政治心理的含义

参见本章考研真题与典型题详解概念题第 8 题答案。

（2）群体政治心理的类型

根据不同的社会和政治群体，群体政治心理可以划分为阶级政治心理、民族政治心理、集团政治心理、阶层政治心理和大众政治心理等等类型。

①阶级政治心理

阶级的社会经济状况决定着阶级的心理状况。概括起来，阶级政治心理具有如下特征：

a. 共同的政治认知。相同阶级的社会成员有着共同的阶级利益，具有相同的政治经济地位，承担着相似的社会政治角色，因而也就有着共同的政治认知。

b. 共同的政治情感。在共同的阶级联系中，社会成员基于共同的政治认知产生了共同的政治情感。

c. 共同的利益需求意识和动机。基于自身阶级的本质，共同的阶级特性和阶级地位决定了阶级成员利益需求结构和方向。而这种共同的利益需求在社会政治生活中也构成了社会成员政治行为的共同动机。

阶级政治心理要素的共同性决定了阶级成员共同的政治态度。

②民族政治心理

民族政治心理是指一个民族的社会成员在长期的发展过程中，基于共同的民族生活和民族文化的影响，形成的民族政治性格、情感和习惯等的心理特征。民族心理反映着一个民族的文化和意识，它是在民族成员长期的共同社会生活中形成的共同的心理特征。

③集团政治心理

参见本章考研真题与典型题详解概念题第 1 题答案。

4. 简述政治文化的内涵及类型。（宁波大学 2012 年研）

相关试题：试述政治文化的类型划分。（首都师大 2014 年研）

答：政治文化是指一个国家中的阶级、团体和个人，在长期的社会历史文化传统的影响下形成的某种特定的政治价值观念、政治心理和政治行为模式。它主要包括政治主体对政治体系、政治活动过程、政治产品等各种政治现象，以及自身在政治体系和政治活动中所处的地位和作用的一种态度和价值倾向。政治文化按照不同的划分标准可以分为不同的类型：

（1）西方学者的政治文化划分

①从社会成员的参政倾向划分：参与型政治文化与服从型政治文化

a. 在参与型政治文化体系中，公民普遍具有参政的愿望、能力和要求。民主、平等的观念是这种政治文化中的主导观念。政治体系通过普遍选举、政党政治、民选议会等方式为公民提供参政的途径。它使公民成为政治主体，可以自由地参政、议政。

b. 在服从型政治文化体系中，政治只是少数人的事，多数社会成员不能也不愿参与政治，即使政治体系提供了参与政治的途径，民众也会因为其参与政治的能力与愿望的低下而使政治参与难以实现。

②根据政治文化在一个国家、社会的作用和政治文化中亚文化结构及其相互关系可分

为：冲突型政治文化、协调型政治文化和混合型政治文化

a. 冲突型政治文化是指在这类文化中存在着亚文化系统之间的相互冲突。这种冲突可由多种因素引起，如阶级对立、民族差异和矛盾、利益冲突以及大众与精英之间的文化差别等，都可以成为冲突型政治文化出现的起因。

b. 协调型政治文化是指在这种文化中，各种亚文化系统之间相互协调、相互融合，社会各个阶层、各个集团、各个民族、大众与政治领导之间不存在政治观念和政治信仰方面的根本冲突。亚文化之间的差别和不同，可以通过政治体系或相互适应来加以协调，从而促进整个政治共同体内部的利益协调。

c. 混合型政治文化指的是在这类政治文化中，各种亚文化系统之间的界限尚不分明，社会各个阶层、各个集团、大众与领导之间的分界也不明显，同时政治关系又与血缘关系、种族关系与宗教关系交织在一起。这种现象在发展中国家较为多见。

③从政治价值原则类型的角度，根据政治文化的价值理念的特点可分为理想型政治文化和现实型政治文化

a. 宗教与政治价值观结合在一起，因而它赋予国家以道德教化和干预人们思想的权力。现实型政治文化则将政治价值原则与道德原则分离开来，因而趋向于尽量地缩小国家的干预范围。

b. 理想型政治文化要求道德上的完人来治理国家，因而它将人治作为治国原则。现实型政治文化则认为任何人都不可能是道德完人，因而它要求通过法律来制约权力。

④根据政治文化的发展阶段可分为传统政治文化与现代政治文化

a. 传统政治文化是与自然经济的经济基础和社会结构相适应的一整套政治心理、情感和价值观。它以专制主义与等级观念为核心内容，而且，大多数社会成员都用一种带有迷信色彩和宿命论的眼光来看待世界和政治体系，认为一切都只能听天由命，缺乏个人的主体意识和竞争意识。领袖崇拜、宗教信仰往往成为它的突出特点。在这种政治文化中，传统的价值原则居统治地位，人们向往过去，缺乏适应新环境的创造力。

b. 现代政治文化是与生产的商品化和社会化相适应的一整套政治态度、情感和价值观。它具有下列几个特征：第一，民主政治与平等自由的观念构成政治文化的核心内容，与此相适应，政治体系保障着广泛的政治参与。第二，社会大多数成员不是听天由命，而是勇于革新与开拓，他们对政治体系和世界表现出理性和科学的态度，主体意识、竞争意识成为政治文化的主流。第三，开放意识与创新精神成为政治文化的主要内容，面向未来成为大多数社会成员的价值取向。当然，传统性与现代性的区别又是相对的。因此，在实现社会现代化的过程中，应当正确处理好传统文化与现代文化的关系，促进传统政治文化的创造性转化。

(2)马克思的政治文化划分

马克思主义认为，区分不同政治文化的标准，最重要的有两点：一是它的经济基础，二是它的阶级性质。根据马克思主义关于政治文化的阶级属性，可以把政治文化划分为剥削阶级类型的政治文化和社会主义社会的政治文化。

①剥削阶级社会的政治文化

在剥削阶级占统治地位的社会里，剥削阶级的政治文化处于主导地位。剥削阶级以他

们的政治文化维护其政治统治，被剥削和被压迫阶级也以自己的政治文化来指导自己反剥削、反压迫的斗争。根据社会经济、政治、文化条件的不同，又可以将剥削阶级社会政治文化划分为奴隶制社会的政治文化、封建制社会的政治文化和资本主义社会的政治文化三种不同类型。

②社会主义社会的政治文化

社会主义社会的政治文化指建立在生产资料公有制的基础上，与人民当家作主的新型政治制度相适应的，以马克思主义为指导的，无产阶级性质的社会主义政治文化。社会主义政治文化是一种新型的政治文化，在本质上具有剥削阶级政治文化所不可比拟的优越性。

5．简述政治文化的基本功能。（青岛大学 2017 年研；华侨大学 2016 年研；四川大学 2015 年研；河南师大 2014 年研；苏州大学 2014 年研；湘潭大学 2013 年研）

相关试题：论述政治文化的功能。（论述题，湘潭大学 2021 年研）

答：政治文化的功能是指政治文化中的各种因素对一个社会的政治体系和政治过程的影响和作用。政治文化通过人们的政治心理、政治观念、政治意识、政治信仰，从而对人们的政治行为和社会的政治体系、政治过程发生深刻的影响，并且这种影响是多方面的。其基本功能如下：

（1）政治文化规定政治生活的基本指向和内容

政治文化反映了社会成员的政治倾向和政治情感，反映了政治体系、法律制度在社会成员心中的价值认知取向，也反映了社会成员对政治体系的要求和愿望。这种政治认知倾向在一定的社会历史条件下，在一定程度上决定了某一时代或某一社会政治生活的方式和内容。一个特定社会中的社会成员，在特定的政治文化传统影响下，将形成特定的政治价值观念。这种观念制约着他们的政治愿望和政治要求。

（2）政治文化指导和规范各种政治行为

政治文化规定着政治主体内在的政治心理、情感和价值倾向。个体所接受和具有的政治文化，将指导和决定着个体的政治价值取向和行为模式。政治文化一方面通过政治制度、规则等，规范着团体及个人的政治行为模式，另一方面则直接通过政治认知和价值取向，影响着人们政治行为的性质、类型和目标。

（3）政治文化影响政治过程

社会成员的自我意识是政治文化的一个重要内容。它对政治体系的政治过程，即对政治体系的决策和执行的过程和方式发生作用，从而影响着整个政治体系的功能。一个社会中人们的政治意识、价值倾向、政治心理的状态，也直接影响该社会的政治过程。同时，不同阶级，具有不同的政治信仰，受过不同教育的公民，在同一政治过程中的选择也必然是有差别的。

（4）政治文化维系或变革政治制度

政治文化是政治制度得以有效运作的有机组成部分。因此，政治文化的性质和内容对于政治制度的维系或变革，具有很大的影响。

①政治文化对于确立政治制度的结构具有重要的影响。这种功能是指政治文化对政治制度性质和形式的规定。

②政治文化对于维持政治关系的稳定有着重要意义。

③每一场政治文化的变革，都与政治制度的变革具有相辅相成的关系。

6. 简述如何加强社会主义政治文化建设。（电子科大 2014 年研）

相关试题：我国政治文化建设应遵循哪些原则？（河北大学 2014 年研；论述题，首都师大 2011 年）

答：社会主义社会的政治文化，是建立在社会主义所有制的基础之上，与人民群众当家作主的新型政治关系相适应的，以马克思主义为指导的，无产阶级性质的社会主义政治文化。建设社会主义政治文化，必须要做到：

(1)加强社会主义经济建设，为社会主义政治文化的发展奠定坚实的物质经济基础。

①大力发展生产力，创造高度的社会主义物质文明，一方面为我国的社会主义政治文化提供必要的物质生活前提，另一方面也为社会主义政治文化的传播提供有效的物质工具和手段。

②发展社会主义市场经济，对社会主义政治文化建设具有重要的意义。它将有利于消除封建主义的影响，同时在公有制为主导的基础上建立起生产者同生产资料的最佳结合方式，将使人们牢固地树立主人翁精神和社会主义的平等观念。

(2)搞好社会主义精神文明建设，为社会主义政治文化建设创造良好的思想文化环境。

①高度的科学文化，是社会主义政治文化发展的重要条件。因此社会主义政治文化建设，需要进行全民族的智力开发，提高全民族的科学文化水平和科学文化素质。

②社会主义精神文明中的思想道德建设，实际上包含着社会主义政治文化建设中的许多重要内容。要树立马克思主义的政治观，提高明辨政治是非的能力。用现阶段的共同理想，来动员和团结全国各族人民。共产党员必须发挥先锋模范作用来影响广大群众。用集体主义原则教育人民，维护国家和集体的利益。

(3)推进社会主义民主政治建设，为社会主义政治文化发展提供现实的政治生活基础。

①社会主义政治文化的发展水平与社会主义民主政治的建设进程有着直接的联系。在社会主义民主政治的发展过程中，国家政治过程、政治决策等方面的民主化，民主参政、民主监督等机制的高度完善，必将使社会主义政治文化进入一个新的境界。

②坚持政治体制改革，进一步扩大社会主义民主，健全社会主义法制，依法治国，建设社会主义法治国家，这必将大大推进社会主义政治文化健康发展。

(4)加强思想政治工作，促进社会主义政治文化的传播，从而深化和推广社会主义政治文化。

①思想政治工作是我国社会主义政治文化发展的重要手段。我们要发扬思想政治工作的优良传统，不断改进工作方法，坚持共产主义理想和实现社会主义现代化现实任务的统一，大力提倡和发扬爱国主义、社会主义、集体主义和"全心全意为人民服务"的精神。

②社会主义政治文化建设，有赖于它在整个社会的广泛传播。要使家庭、学校、社会团体、报纸杂志、广播电视、文化艺术团体等，都成为传播社会主义政治文化的重要阵地，在整个社会形成一个社会主义政治文化的传播网络。

(5)加强社会主义政治文化建设，对于我国来说还必须坚持政治文化研究和建设的社会主义方向，必须要遵循和贯彻以下原则：

①要坚持以马克思列宁主义、毛泽东思想、邓小平理论为指导，以党的基本路线为指

南。必须要提高马克思主义的理论水平，树立马克思主义的政治观。

②要体现社会主义精神文明建设的水平，要具有鲜明的时代精神。

③要为发展我国的社会生产力、为经济建设服务，要与社会主义民主政治相适应。

④要与政治体制改革相结合，遵循有利于政治制度不断完善的原则。

⑤要对中国传统文化和西方政治文化作出科学的分析，坚持兼收并蓄、批判借鉴的原则。

五、论述题

1. 政治权力的合法性取决于人民的政治认同，试论人民的政治认同应该包括哪些方面？（中山大学2016年研）

答：政治认同是指一个人感觉他属于什么政治单位（国家、民族、城镇、区域）、地理区域和团体，在某些主观意识上，是他自己的社会认同的一部分；特别地，这些认同也包括那些他感觉到要强烈效忠、尽义务或责任的单位和团体。从政治心理的角度看，人民的政治认同应包括以下方面：

（1）社会利益的实现

利益是人们政治活动的根本动力，人之所以从事政治活动，其动因在于人们实现自己利益的要求。一个政权满足其成员社会利益的程度是人们政治认同的基础和出发点。其中，物质利益是一切利益的基础，是政治行为产生的最主要根源。任何政治统治合法性的稳固，都须以民众的认同与支持为基础。这种认同不仅出于一定的观念、文化的影响，而且必须以被统治者对政权履行职能的效率、对公共利益的维护和民众个人利益的满足为基础，以国家的政治产品满足社会需要的程度为基础。一个政治体系要不断满足民众对物质利益的需要，以经济发展为目标，带领人们过上幸福生活。

（2）公正制度的设计

社会制度能否得到遵守和延续，来自于人们对它的认可和接受程度。人们对制度认可的前提是制度的公正、平等性，一种社会制度有了公正性才会在民众中形成权威，制度有了权威性，人们才会对其遵守、履行，这也是政治系统得以持续的重要基础。如果社会成员对其内部的政治制度和政治体制不能达成共识，就无从谈起社会和谐与稳定。内聚力是政治制度化水平的重要变量，一个组织越团结，越有内聚力，其制度化程度越高。要增强内聚力，一个有功效的组织对它的职能范围和解决在此范围内出现的争端所应遵循的程序，最起码应当有实质的一致看法。公正是社会制度的基本理念和首要价值，在中国由于受到传统的影响，公正、平等是公民最大的心理诉求和期盼。只有当人们相信制度的设计是公平时，人们才愿意对其表示认可并加以履行。

（3）意识形态的包容

意识形态是一种具有行动取向的信念系统，是一种指导和激发政治行为的综合性的思想观念。这种观念由一系列概念、价值和符号所组成，从总体上表达了对正确安排社会、经济和政治生活的意见。主流意识形态对社会有着一种精神支撑作用，它必须符合人的内心期待，才有可能被接受，才能与公众的心灵产生共鸣和契合，从而获得政治价值认同。人们的利益需求是多方面的，而意识形态正是通过影响社会成员对于政治权威的合法性认同和情感来起作用，满足人们精神方面的需求。公众对于主流意识形态的认同来自于政治系统的意识形态与社会文化的吻合程度。在当前处于社会转型、利益多元化的中国，就需要意识形态具有包容性、灵活性、普惠性、多样性，来满足不同利益阶层的要求。只有这样，才能让民众接受或认可。

2. 什么是政治文化？试用政治文化的理论论述中国共产党文化应该包括哪些内容？（中山大学2016年研）

答：（1）政治文化的含义

参见本章考研真题与典型题详解概念题第2题答案。

（2）中国共产党文化的内容

①要坚持以马克思列宁主义、毛泽东思想、邓小平理论为指导，以党的基本路线为指南。我们坚持中国政治文化研究和建设的社会主义方向，必须要提高马克思主义的理论水平，树立马克思主义的政治观，提高明辨政治是非的能力，自觉地抵制错误思潮的影响。要努力学习党的路线、方针和政策，用集体主义原则教育人民，维护国家和集体的利益，形成社会主义的国家利益意识，以对国家和集体负责的精神引导人们的政治行为。

②要体现社会主义精神文明建设的水平，要具有鲜明的时代精神。社会主义政治文化的研究和建设，必须与建设高度发达的社会主义精神文明结合起来；必须与坚持爱国主义，弘扬自尊、自信、自强的民族精神结合起来；必须与深入开展以为人民服务为核心的社会主义道德结合起来。我们进行社会主义政治文化的研究和建设，既要继承发扬优良传统，又要充分体现时代精神；不断吸收世界各国政治文化中的优秀成果。

③要为发展我国的社会生产力和经济建设服务，要与社会主义民主政治相适应。社会主义的根本目标是经济、政治、精神文明的共同发展。因此，作为政治与精神文明共同组成部分的政治文化，在与社会主义经济协调发展方面，具有特别重要的意义。

④要与政治体制改革相结合，遵循有利于政治制度不断完善的原则。社会主义政治文化的发展水平是与社会主义民主政治的建设过程相联系的。只有在社会主义民主政治的逐步完善过程中，在选举与决策等方面的民主化、民主参政、民主监督机制的基础上，在人民群众真正享有各项民主权利的前提下，社会主义政治文化的建设和发展才能不断深入。

⑤要对中国传统政治文化和西方政治文化做出科学的分析，坚持兼收并蓄、批判借鉴的原则。对于中国传统文化，我们要认真发掘，深入研究，对其中的优秀成果和精华部分，要注意保留和弘扬。同时，我们还要注意将传统文化与现代文明相结合，特别是与建设社会主义市场经济相结合，努力做好中国传统政治文化的创造性转化工作。

3. 政治文化的功能。（四川大学2022年研；中传2012年研）

答：（1）一般政治文化的功能

参见本章考研真题与典型题详解简答题第5题答案。

（2）新时期政治文化的功能

目前，中国正处于社会政治经济的转型时期，各项建设已进入到了关键时刻，目前各方面的发展趋势都将影响到整个社会建设未来实现情况。在社会主义建设的新时期，社会各个方面都展现出一种新的特点，而政治文化作为上层建筑的重要组成部分，在新时期也发挥着更为突出的作用，影响整个社会建设的进程和效果。其功能和作用主要表现在以下几个方面：

①先进的政治文化对政治制度的变革起推动作用

政治文化针对不同的群体，相应地发挥着取向、规范或调节功能，促使人们自觉地做出与制度变革总趋势相协调一致的政治行为，对某些政治文化通过规范作用而将其固化在社会成员的思想、意识和行为之中，保证社会成员的行为和价值观念向有利于政治变革的正确方向发展，对一些与政治变革发展不相协调的观念意识和行为予以调节，营造一个新的共同价值取向模式，使其主动与新的政治制度相认同。通过政治文化的调节和规范，变革后的政治制度获得最广泛的政治认同，使社会大众与变革后的政治体制达到充分的融合，被广大人民群众所接受，减少政治活动过程中的阻力和障碍。

②政治文化有助于维持和发展政治关系，促进政治稳定

对于政治关系的维持和发展是各国在整治过程中比较关注的一个问题，这不仅关系到社会的稳定，同时也事关社会的总体发展。政治文化作为一种精神层面的政治基础，在一定或较长历史时期内能使政治关系的结构不发生重大变化，使各种社会关系处于一种相对稳定的状态，各方利益能够得到较为妥善的协调。这一功能能否得到实现取决于它能否适应一定历史时期内社会政治发展的趋向，这就要求政治文化要随着社会的发展不断创新和丰富，保证政治文化的巨大生命力，从而更好地维持和发展政治关系，构建一个和谐安定的政治环境，而这正是新时期我国各项工作有效开展和顺利完成的一个重要保证。

③政治文化对社会成员的政治实践活动起着指导和规范的作用

政治文化通过对社会成员的主观意识和心理倾向施加影响，并最终使其政治意识和政治心理与政治文化相认同，从而推动政治活动的进行。当社会成员的政治行为与社会主流价值观所倡导的发生偏离时，那么政治文化仍旧会发挥其功效，通过政治文化影响社会成员的心理，从而影响其价值观念，使其自身的人生观和价值观与社会大众所共有的以及社会所倡导的价值趋于一致并保持同步，从而起到对其政治行为进行规范的作用。所以，现代社会，尤其是新时期的中国，总是希望运用政治文化这一中介来引导人们的行为活动，建立公民与政府的良好合作关系，培养人们的政治意识和良好的政治行为。与此同时，种种成功的经验也证实了，一个安定团结、民主和谐的社会的建设必须依赖于人们的政治行为，同时也更加依赖于当前先进的政治文化的发展。

④政治文化影响政治发展的走向

政治文化是政治发展过程中的一种无形的力量，新时期环境下的政治文化中蕴涵着对政治发展的前景的向往，政治文化通过其潜移默化作用制约或推动政治发展的进程。政治发展过程中的政治价值观的冲突，是政治体系变革和发展必须面临和解决的难题。当新的政治文化成为改变社会的强大力量时，必然会引发政治体系的变革，那么强化社会成员对新的政治文化的认同和接受就显得极其重要。政治文化对于政治发展的适应或快或慢，或接收或排斥，但是二者总是以各种方式和形态进行不断的磨合，而磨合的程度又将必然影响到社会的发展进程，更为重要的是将直接影响政治发展的走向。

⑤先进的政治文化有利于加强执政党的政治合法性，促进执政党的建设

政治文化作为一种政治态度、政治情感和政治信仰，一旦形成就具有一定的稳定性并

影响社会成员心理，指导社会成员活动。各执政党通过对政治文化的整合、发展和传播，使其执政思想以一种政治文化的形式传播到社会公众之中，并经过长期的潜移默化对公众的影响，使执政党所持有的执政理念和政治目标逐渐深入到社会公众的意识之中，并以一种政治意识的形式固化下来，使执政党的目标逐渐成为社会大众共同的目标，执政党的价值倾向逐渐成为社会公众所信仰的价值，并尽最大努力为实现与执政党持有的共同目标而奋斗。这一过程不仅增强了社会公众对执政党的认同，加强了执政党的政治合法性，也减少了执政党在推行政策和执行政策过程中的阻力，甚至使其成为一种动力，也为促进执政党的建设提供了必要条件和充分准备，从而能够使执政党在不断完善自身建设的同时带领新时期的各项建设事业迈向一个新的台阶。

第十四章　政治思想

14.1　复习指南

【知识框架(庖丁解牛)】

- 政治思想
  - 政治思想的含义和特性
    - 含义
    - 特性
      - 人类对于政治现象的理性认知
      - 集中体现特定利益主体的利益要求
      - 反映政治现象的深层逻辑关系
      - 具有相对独立性
  - 政治思想的结构和类型
    - 结构
      - 内容结构
      - 思维结构
      - 理论层次结构
    - 类型
      - 依据政治思想演进和发展的历史进程来划分
      - 依据政治思想本身的思维结构和研究方法来划分
      - 依据政治思想内容所反映的统治阶级利益要求和所维护的统治阶级利益来划分
  - 政治思想的发展和作用
    - 起源和发展
      - 发展过程
      - 启示
    - 作用
      - 反映特定的利益要求，并论证其政治合理性
      - 维护或破坏特定的政治统治
      - 帮助人们认识政治现实和实践
      - 统领人们的政治意识

通关提要(提纲挈领)

政治思想是人们关于政治生活的观点、想法和见解的系统化体现，政治思想的形成有特定的社会背景。要把握政治思想的发展方向，发挥政治思想的引导作用，就需要厘清政治思想特性和结构，明晰其内在逻辑。本章的出题率不高，难度一般。

14.2　考研真题与典型题

一、判断题

1．从历史唯物主义的角度看，由于经济基础决定上层建筑，因此，政治思想的发展与社会经济发展水平之间具有同步性。(对外经贸 2013 年研)

2．政治思想既可以维护特定的政治统治，也可以破坏特定的政治统治。(对外经贸

2014 年研）

二、概念题

1. 政治哲学（东南大学 2019 年研；四川大学 2015 年研）

2. 政治思想（辽宁大学 2019 年研；广西民大 2017 年研；中传 2013 年研；四川大学 2011 年研；华东政法 2010 年研；中南财大 2010 年研）

3. 政治科学（南京大学 2019 年研；宁波大学 2012 年研）

三、简答题

1. 政治哲学与政治科学的区别与联系。（华中师大 2013 年研）

2. 如何理解“政治思想是对政治现象的理性认知”？（华中师大 2019 年研）

3. 政治思想有哪些特性？（四川大学 2025 年研；辽宁大学 2015 年研）

相关试题：试述政治思想的基本特征。（论述题，南京师大 2018 年研；论述题，对外经贸 2017 年研）

4. 试述政治思想的理论层次结构。（对外经贸 2013 年研）

5. 政治思想是如何在社会政治中发挥作用的？（中山大学 2018 年研；首都师大 2015 年研；四川大学 2012 年研）

四、论述题

1. 政治思想的思维结构。（中传 2016 年研）

相关试题：简述政治思想的思维结构。（简答题，浙江工商大学 2016 年研）

2. 比较分析政治、政治学和政治科学的区别与联系有哪些？（深圳大学 2012 年研）

14.3　考研真题与典型题详解

一、判断题

1. 从历史唯物主义的角度看，由于经济基础决定上层建筑，因此，政治思想的发展与社会经济发展水平之间具有同步性。（对外经贸 2013 年研）

【答案】错误

【解析】从历史唯物主义角度看，社会经济基础决定政治思想的发展。但是政治思想的发展是具有相对独立性的。政治思想的相对独立性体现为：政治思想的发展与社会经济发展水平不一定同步。因为政治思想不仅受经济因素影响，还受社会政治、社会环境、民族文化和民族传统等其他因素的影响。

2. 政治思想既可以维护特定的政治统治，也可以破坏特定的政治统治。（对外经贸 2014 年研）

【答案】正确

【解析】政治思想可以维护或破坏特定的政治统治。一方面，作为统治阶级的政治思想时，其作用是为了论证统治阶级统治的合法性和合理性，从而维系既有政治秩序，维持其政治统治。但是，另一方面，作为被统治阶级的政治思想时，若当前政治统治未能保障和实现被统治阶级的利益或引起其不满时，这种政治思想将可能发展成为否定政治统治秩序，甚至是推翻现有政治统治的强大的思想武器。

二、概念题

1. 政治哲学(东南大学 2019 年研；四川大学 2015 年研)

答：政治哲学是指研究政治的本质及其发展规律和政治理论的概念体系的政治学分支学科。20 世纪政治科学兴起后，学者就把传统上用思辨方法，从纯理论角度探讨政治的本质、目的和发展规律，具有浓厚道德色彩与价值色彩的政治研究称为政治哲学。

2. 政治思想(辽宁大学 2019 年研；广西民大 2017 年研；中传 2013 年研；四川大学 2011 年研；华东政法 2010 年研；中南财大 2010 年研)

答：政治思想是指在特定历史时期社会成员对政治生活系统化思考中所形成的观点、想法和见解的总称。政治思想适应着一定时代的需要，反映着一定社会阶级、阶层或集团利益的政治理想、政治态度和政治要求。

3. 政治科学(南京大学 2019 年研；宁波大学 2012 年研)

答：政治科学是指研究社会公共权力的行使，政治活动的形式和关系及其发展规律的科学。按照当代政治学家的概括，政治科学应该符合五个标准：①客观性；②精确性；③系统性；④普遍性；⑤可验证性。

三、简答题

1. 政治哲学与政治科学的区别与联系。(华中师大 2013 年研)

答：依据政治思想本身的思维结构和研究方法，可以把政治思想划分为政治哲学和政治科学。

(1)政治哲学与政治科学的含义

参见本章考研真题与典型题详解概念题第 1 题和第 3 题答案。

(2)政治哲学与政治科学的区别

①研究重点不同。政治哲学是对政治的本质、目的和发展规律的研究以及对政治理论、学说、思想、观念本身的研究。政治科学则着重于政治行为、权力关系和公共政策等领域的研究。政治哲学关注的是政治的价值性研究，而政治科学关注的是政治的规范性研究。

②研究方法不同。政治哲学的研究方法主要是哲学思辨式的，它一般从确定某一概念的含义开始，然后通过逻辑的推理进行演绎和分析。而政治科学必须精确地确定研究对象及其运动的状况和程度，要求反映政治事实和政治现象的语言、概念和范畴的规范性和准确性。

③研究追求的目标不同。政治哲学的目标是探求政治的终极价值，构建人类政治行为的道德规范和准则。而政治科学的目标是研究政治的本质，回答政治“究竟是什么”，解释政治的客观规律。

(3)政治哲学与政治科学的联系

①研究的领域相同。政治哲学与政治科学研究的均为人的政治生活与政治行为。

②研究主题的普遍性。政治哲学的主题包括一切人的本质分析、政治理想分析层面和政治手段分析层面。政治科学的研究对象是一切同类政治对象，因而具有普遍性。政治科

学研究的成果也应该具有普遍的真实性和适用性。

2. 如何理解"政治思想是对政治现象的理性认知"？（华中师大2019年研）

答："政治思想是人类对于政治现象的理性认知"，这是政治思想的特征之一。政治思想是人们对政治现实的理性思考，属于理性认识的范畴。与政治心理相比较，政治思想具有政治理性认识的特点。政治思想的理性思维的特点主要表现在以下三个方面：

（1）政治思想是人们对于政治现象的理性认识

①政治思想是人们对政治问题的思考，是"人类为有意识地去理解和解决集体生活和集体组织的种种难题而作的尝试。"简而言之，政治思想是一种对于政治现象的理性认识。

②政治思想是人们对政治现象直观、零碎的感性认识整理、加工和抽象转化而成的理性认识。

③在内容上，政治思想是对社会政治现象、政治关系、政治行为、政治制度和政治文化等的认识、解释和论证。

④与政治心理仅仅是对政治现象的直观感觉不同，政治思想是对政治现象的理解。因此相比于政治心理，政治思想是人们政治认识的高级形式。

（2）政治思想是一种系统的理论体系

①政治思想是一种与某种世界观、人生观紧密相连的政治观。一套完整的政治思想总有其系统而严密的理论结构。

②就其内容来说，一般包括对人、人所追求的目标和发生的事件以及三者关系的论述。就其构成要素而言，一般包括："关于政治现实的某一既定部分的、相互关联的陈述系统"；"关于先决条件和次要条件的说明"；"关于未来事件和变化的假设可能性"。

（3）政治思想是合乎逻辑的观念体系

①政治思想是包含着一系列的概念、判断和推理的思维过程。

②政治思想是人类对政治现象进行理性思辨的结果，它依赖于人们丰富而深刻的政治经验和体验，广博的社会政治知识和严密的政治思维能力。在此意义上讲，政治思维是政治思想形成的重要条件。

3. 政治思想有哪些特性？（四川大学2025年研；辽宁大学2015年研）

相关试题：试述政治思想的基本特征。（论述题，南京师大2018年研；论述题，对外经贸2017年研）

答：政治思想是一种社会意识形态，除具有一般社会意识形态的性质外，还具有如下特性：

（1）政治思想是人类对于政治现象的理性认知

参见本章考研真题与典型题详解简答题第2题答案。

（2）政治思想集中体现特定利益主体的利益要求

政治思想的主体是现实社会的各个成员，因而也必将带有社会成员本身的利益倾向，不同的政治思想必然代表不同的利益主体的利益。

（3）政治思想反映着深层的政治现象的逻辑关系

政治思想是人类对政治现象进行理性思辨的结果，它依赖于人们丰富而深刻的政治经验和体验，广博的社会政治知识和严密的政治思维能力。政治思想是社会成员对深层的政治现象的思考和认识。

(4)政治思想具有相对独立性

①政治思想的发展与社会经济发展水平不一定同步；

②政治思想的发展变化与政治发展水平不完全一致；

③政治思想的发展具有相对独立的历史传承性。

4. 试述政治思想的理论层次结构。(对外经贸2013年研)

答：政治思想的理论层次结构主要有：

(1)单一性的政治结论

单一性的政治结论是对个别政治现象或政治行为研究所得出的结论。其特点如下：

①它是对某一个别政治人物、政治组织、政治行为和政治事件的陈述和结论；

②它是一种一般人易于作出的结论；

③从这种结论中很难作出进一步的概括性推论。

单一性的政治结论是政治思想的最低层次，它为更高水平的思想活动提供了研究素材。

(2)专门性的政治理论

政治思想的第二个层次是专门性的政治理论。专门性的政治理论是对某一政治现象或政治问题进行专门研究而形成的理论。专门性的政治理论是对未经组织的单个政治结论所含资料的综合，它的基本特点是：

①它超越了单一性政治结论的高度，具有理论概括性；

②通过它不仅可以理解某一政治现象或政治问题，而且可以理解同一类政治现象或政治问题，甚至还可以理解其他令人疑惑不解的问题；

③它是从事某一问题专门研究的结果。

(3)综合性的政治理论

综合性的政治理论是对整体政治世界进行的综合性、整体性的概括分析和研究所形成的理论。综合性的政治理论具有一般性，它为人们提供了研究政治生活的一般分析方法和框架，同时其所具有的综合性容易让人们形成新的政治观和世界观。综合性的政治理论代表了政治思想的最高水平。

5. 政治思想是如何在社会政治中发挥作用的？(中山大学2018年研；首都师大2015年研；四川大学2012年研)

答：政治思想在社会政治中发挥作用的方式主要表现为：

(1)政治思想反映特定的政治利益，并论证其政治合理性

政治思想适应着一定时代的需要，反映着一定社会阶级、阶层或集团利益的政治理想、政治态度和政治要求。政治思想反映着特定的政治利益，服务于其相关的政治主体，并为其政治统治提供合理性论证。

(2)政治思想维护或破坏特定的政治统治

一方面，作为统治阶级的政治思想时，其作用是为了论证统治阶级统治的合法性和合理性，从而维系既有政治秩序，维持其政治统治。但是，另一方面，作为被统治阶级的政治思想时，若当前政治统治未能保障和实现被统治阶级的利益或引起其不满时，这种政治

思想将可能发展成为否定政治统治秩序，甚至是推翻现有政治统治的强大的思想武器。

(3) 政治思想对人们认识政治现实起着重要的作用

①政治思想为人们提供政治认识的必要知识。政治思想是对社会政治现象、政治关系、政治行为、政治制度和政治文化等的认识、解释和论证，因此能为人们提供各种政治知识。

②政治思想为人们提供政治分析的方法。任意一种系统而完整的政治思想都运用着特定的政治分析方法，它能为人们提供研究政治生活的一般分析方法和框架。

(4) 政治思想统领着人们的政治意识

相较于政治情感、政治动机、政治态度等政治意识而言，政治思想更加系统。政治思想是一种自觉的、理性的和高水平的思维活动，它对政治意识起着主导和统领的作用。

四、论述题

1. 政治思想的思维结构。（中传 2016 年研）

相关试题：简述政治思想的思维结构。（简答题，浙江工商大学 2016 年研）

答： 政治思想是一种自觉的和理性的思维活动，其思维结构包含以下三个基本因素或过程：

(1) 对政治现实的事实判断和描述

事实判断，指的是关于事物的一种描述性的判断，它说的是某一种事物它事实上是什么的问题。事实判断是对事实本身的状态的客观评价，摒弃了主观意识，并且有事实、证据的支撑。

(2) 对政治现象的因果分析

因果分析即揭示事物引起和被引起的关系。对政治现象的因果分析就是为了确定引起某一政治现象产生、发展和变化原因的分析，从而确定各种政治现象之间的因果联系。

(3) 对政治现实的价值判断

价值判断是指有关主体自身态度的一种评价性的判断，它说的是人对于事实的主观上的态度。对政治现实的价值判断就是根据自己的价值标准对客观的外在政治现象作出的评判。

2. 比较分析政治、政治学和政治科学的区别与联系有哪些？（深圳大学 2012 年研）

答： (1) 三者的概念

政治本质上是在特定社会经济关系及其所表现的利益关系基础上，社会成员通过社会公共权力确认和保障其权利并实现其利益的一种社会关系。政治学是研究这种特定的社会关系即政治关系及其发展规律的科学。而政治科学是在科学主义的影响和推动下对政治活动和政治现象所作的经验研究。

(2) 三者之间的联系

政治、政治学、政治科学三者之间的联系在于都以政治现象和政治规律为主要内容。政治学研究最终走向政治科学，政治科学又基于政治学。科学研究的本质是发现问题和解决问题，政治科学作为科学走向实际，解决政治生活中的问题是科学本质的要求。

(3) 三者之间的区别

三者的内涵不同：政治描述的是以利益为基础、以公共权力为核心、以权利保障为追求的社会关系；政治学是研究这种关系的学问的统称；政治科学是以实证研究方法为导向的研究政治关系的学问。

第十五章　政治社会化

15.1　复习指南

【知识框架(庖丁解牛)】

- 政治社会化
  - 政治社会化的含义和特性
    - 定义
    - 特性
      - 是人们从事政治实践的过程
      - 是人们成长为政治人的过程
      - 是人们认识政治和政治文化的传习过程的统一
      - 是人们主客观相互作用和不同政治社会化阶段相互作用的过程
  - 政治社会化的媒介和影响因素
    - 政治社会化的媒介
      - 家庭
      - 学校
      - 特定的政治符号
      - 大众传播工具
      - 社会组织
      - 政治实践
    - 政治社会化的影响因素
      - 利益和利益关系
      - 政治权力
      - 政治权利
      - 社会经济发展水平
      - 社会文化
      - 政治事件
      - 政治社会化媒介的作用方式
  - 政治社会化的类型和作用
    - 类型
      - 按照不同的社会政治形态划分
      - 按照年龄阶段划分
      - 按照政治社会化的方式划分
    - 作用
      - 个人层面
      - 政治体系层面
      - 政治文化层面

通关提要(提纲挈领)

本章是考试的重点内容。随着公民政治参与诉求的提升，以及政治民主化建设的需要，政治社会化的功能越发凸显，对政治社会化要从媒介、影响因素、作用等方面把握。本章一般考查概念题和简答题，难度一般，但是条目较多，需要逐条把握，最好结合现实生活实践把握政治社会化的媒介和途径。

15.2 考研真题与典型题

一、判断题

1. 儿童时期的政治社会化主要是以家庭为媒介进行的。(对外经贸 2017 年研)

2. 价值转移是一种直接的政治社会化形式。(对外经贸 2016 年研)

3. 儿童时期的政治社会化主要是以家庭和学校为媒介进行的，而青年时期的政治社会化主要是由学校和社会来进行的。(对外经贸 2014 年研)

二、概念题

1. 政治模仿(辽宁大学 2014 年研)

2. 政治社会化(广西民大 2024、2011 年研；北大 2024 年研；对外经贸 2024 年研；东南大学 2019 年研；海南大学 2019 年研；华中师大 2017 年研；外交学院 2015 年研；苏州大学 2015 年研；南京大学 2014 年研；南京工业大学 2014 年研；河北大学 2014 年研；武大 2013 年研；浙江师大 2013 年研；中国科大 2011 年研；河北大学 2011 年研)

三、简答题

1. 简述政治社会化的含义及其媒介。(南京师大 2019 年研；四川大学 2017 年研)

相关试题：

(1)政治社会化的基本途径。(中国政法 2022 年研；南京师大 2018 年研)

(2)简述政治社会化。(中山大学 2019 年研)

(3)运用政治社会化理论说明你是怎样形成个人政治价值取向的。(深圳大学 2012 年研)

2. 政治社会化的影响因素。(华中师大 2016 年研；中传 2013 年研)

相关试题：

(1)论述政治社会化的媒介和影响因素。(华侨大学 2017 年研)

(2)政治文化因素对政治社会化的影响有哪些？(辽宁大学 2014 年研)

(3)论述政治社会化的影响因素。(华侨大学 2014 年研)

3. 政治社会化的功能。(首都师大 2012 年研；武大 2011 年研；燕山大学 2010 年研)

相关试题：简述政治社会化的主要作用。(青岛大学 2013 年研)

四、论述题

1. 当代中国如何实现政治社会化？(武大 2012 年研)

2. 结合实际论述新闻媒体的政治功能。(燕山大学 2011 年研)

15.3 考研真题与典型题详解

一、判断题

1. 儿童时期的政治社会化主要是以家庭为媒介进行的。(对外经贸 2017 年研)

【答案】错误

【解析】儿童时期，是指个人在取得法定公民资格之前的经历。儿童时期的政治社会化主要是以家庭和学校为媒介进行的。

2. 价值转移是一种直接的政治社会化形式。（对外经贸 2016 年研）

【答案】错误

【解析】直接的政治社会化是社会成员通过直接的政治实践和学习，形成政治意识和政治人格的过程；而间接的政治社会化是社会成员在非政治性的社会实践中获得特定的社会心理、思想和行为方式，而在参与政治的过程中转化为一定政治意识、政治思想的过程。价值转移就是人们将在社会实践和学习中形成的社会价值转移到政治生活的过程。因而价值转移是一种间接的政治社会化形式。

3. 儿童时期的政治社会化主要是以家庭和学校为媒介进行的，而青年时期的政治社会化主要是由学校和社会来进行的。（对外经贸 2014 年研）

【答案】正确

二、概念题

1. 政治模仿（辽宁大学 2014 年研）

答：政治模仿是指社会成员接受他人的政治价值和政治信念，模仿他人的政治行为方式和政治态度，通过模仿来形成自身的政治意识的方式。它是政治社会化的直接方式之一。儿童与成人、学生与教师之间会出现大量政治模仿。

2. 政治社会化（广西民大 2024、2011 年研；北大 2024 年研；对外经贸 2024 年研；东南大学 2019 年研；海南大学 2019 年研；华中师大 2017 年研；外交学院 2015 年研；苏州大学 2015 年研；南京大学 2014 年研；南京工业大学 2014 年研；河北大学 2014 年研；武大 2013 年研；浙江师大 2013 年研；中国科大 2011 年研；河北大学 2011 年研）

答：政治社会化是指人们在特定的政治关系中，通过社会政治生活和政治实践活动，逐步获得政治知识和能力，形成和改变自己的政治心理和政治思想的能动过程。政治社会化是人们从事政治实践的过程，是人们成长为政治人的过程，是人们认识政治和政治文化的传习过程的统一，是人们主客观相互作用和不同政治社会化阶段相互作用的过程。政治社会化的媒介主要有：家庭、学校、特定的政治符号、大众传播工具、社会政治组织和政治实践。

三、简答题

1. 简述政治社会化的含义及其媒介。（南京师大 2019 年研；四川大学 2017 年研）

相关试题：

（1）政治社会化的基本途径。（中国政法 2022 年研；南京师大 2018 年研）

（2）简述政治社会化。（中山大学 2019 年研）

（3）运用政治社会化理论说明你是怎样形成个人政治价值取向的。（深圳大学 2012 年研）

答：（1）政治社会化的含义

参见本章考研真题与典型题详解概念题第 2 题答案。

(2) 政治社会化的主要媒介

①家庭

家庭是社会成员最初的、影响最为直接的政治社会化的媒介。一个人从出生到成为社会的一员，最主要的生活场所就是家庭。在一般的家庭中，前辈在养育后代的同时，也把他们对世界和社会的看法，对政治共同体、政治权威的态度，对政治事件的评价，以及他们的政治价值观念等直接或间接地传输给后代。另外，家庭生活的模式、家庭的社会背景以及家庭的社会交往关系等，也都会在儿童的心理上打上烙印，这是他们认识社会及自身社会地位的基础。

②学校

学校是传播文化的专门场所，是系统化的、强有力的社会化途径。学校是个体系统地学习和获得政治文化知识最重要的场所和最重要的阶段。学校的教育比家庭父母的教育更具有权威性。学校通过有计划的课程安排和有意识地组织各种社会活动，不仅能够强化或改变青少年在家庭中形成的政治心理、政治态度，而且能够增加和扩大他们的政治倾向，尤其能够使他们获得全面而系统的政治文化知识，为他们此后参与政治活动奠定思想基础和理论基础。

③特定的政治符号

特定的政治符号如国旗、国歌等在政治社会化过程中具有重要的政治象征意义和代表意义，它起着重要的政治文化的传递作用。它通过直观的反复刺激，影响社会成员产生特定的政治意识。

④大众传播工具

a. 电视、广播、报纸等大众传播工具的宣传是现代社会政治社会化的重要途径，它不仅在传播政治文化、形成共同的政治意识方面，而且在改造政治文化、引导社会政治发展方向方面发挥着重大的作用。

b. 大众传播媒介作为政治文化的传播工具，可以通过传播来诱发和提高人们的政治兴趣。同时，大众传播媒介的传播政治信息功能，也为社会成员进行政治问题的讨论提供了场地和手段。

⑤社会政治组织

社会政治组织的政治社会化功能主要表现在通过宣传组织的主张、信仰来影响社会成员的政治取向，以及通过组织的活动向其成员传播政治知识和政治技能，培养其成员特定的政治文化。政党是现代社会最重要的政治社会化途径。

⑥政治实践

政治实践是人们政治社会化过程中最根本的途径，它既是人们在社会政治生活中形成政治心理和政治意识的根本媒介，也是检验和修正人们政治心理和政治思想的唯一标准。

除了上述的几种媒介外，工作场所、同辈团体、选举活动等都具有政治社会化的功能。

2. 政治社会化的影响因素。（华中师大 2016 年研；中传 2013 年研）

相关试题：

(1) 论述政治社会化的媒介和影响因素。（华侨大学 2017 年研）

(2) 政治文化因素对政治社会化的影响有哪些？（辽宁大学 2014 年研）

(3)论述政治社会化的影响因素。(华侨大学2014年研)

答: 政治社会化的影响因素主要包括:

(1)利益

对利益的追求是人们参与政治生活和政治实践的原动力。正是在不同的利益要求驱使下,人们才进入政治社会化过程。利益的特性和内容规定着政治社会化的途径和方式,不同的利益要求影响着人们政治社会化途径、媒介和方式的选择。

(2)政治权力

①政治权力凭借其强力和权威性,促进或阻碍社会成员利益实现的效能,同时它能以其政治权威、政治资源等为社会成员参与政治生活提供条件,影响着人们政治社会化的发展程度。

②政治权力为了维护其政治统治地位,维系其政治合法性,必然会通过特定的政治教育机构和政治传播媒介,主导社会成员的政治社会化,从而使社会成员形成有利于政治统治的政治意识和政治信仰。

(3)政治权利

政治权利是指社会成员在社会政治生活中的法定资格。社会成员政治权利的实现程度影响着他们政治社会化的范围、方式和程度。社会成员的政治权利是人们得以进行政治社会化的重要保障。

(4)社会经济发展水平

①社会的经济发展水平对政治社会化过程有重要影响。社会经济的发展能为政治社会化提供有力的社会环境和物质基础。同时,社会经济发展水平的提高能进一步促进政治社会化在更高的社会政治层次上展开。

②社会经济活动方式,对于政治社会化也具有深刻影响。利益实现方式和利益关系的形成方式,对于社会成员的政治权力观和政治权利观,对于社会成员从事和参与政治活动的方式具有深刻影响。

(5)社会文化

①所有的社会文化皆属于民族文化范畴,特定民族在长期发展进程中形成的思维方式和心理定势必然会对不同民族文化背景下的政治社会化进程的兴起与发展产生影响。

②任何社会文化都有发展的当前内容,所以,社会文化发展处于特定阶段的社会价值取向、社会信念以及社会行为模式会在很大程度上对政治社会化的内容和程度产生影响。

③在政治共同体成员之间,社会文化水平的分布是不均衡的。相较于社会文化水平较低的地域和群体而言,社会文化水平较高的地域和群体的政治社会化程度更高。

(6)政治事件

①政治事件是政治社会化的催化剂,政治事件会改变政治社会化的内容与价值取向。

②政治事件也是人们政治社会化的媒介之一。在政治事件发生时,社会成员对政治生活会更加敏感,会产生与国家命运相联系的政治感,从而推动人们学习政治和参与政治生活。

③政治事件会深化政治社会化的进程,在政治事件的发生与发展进程中,政治生活里各种利益、意志、力量以及矛盾都会比平时更为充分地展现出来,这有助于人们更为深刻、

全面且深入地认识政治生活，获得政治知识，进而形成自身的政治心理和政治思想。

(7)政治社会化媒介的作用方式

政治社会化是以媒介的方式进行的，这些媒介的作用方式影响着政治社会化的过程。

①有效作用。政治社会化媒介作用的有效性能够增加政治社会的强度，反之，则起到削弱效果。

②持续作用。政治社会化媒介发挥作用的持续性意味着政治社会化进程的持续性，一旦这些媒介作用中断，政治社会化进程也会随之中断。

③政治社会化媒介作用具有一致性时，有助于针对社会政治生活相同内容和目标开展政治社会化进程；反之，倘若政治社会化媒介作用中的政治文化不一致，就会出现取向和内容不同甚至相反的政治社会化进程，这些进程可能会相互影响，甚至相互抵消。

3. 政治社会化的功能。(首都师大 2012 年研；武大 2011 年研；燕山大学 2010 年研)

相关试题：简述政治社会化的主要作用。(青岛大学 2013 年研)

答：政治社会化一方面能够为政治体系输送合格的成员，一方面也传播着社会的政治文化，并通过这两个方面的作用维持着政治体系的有效运转。可以从个人、政治体系和政治文化三个层面来认识政治社会化的功能。具体为：

(1)从社会成员个体的层面来看，政治社会化使他们获得了适应社会政治生活所必需的政治知识、政治态度和政治技能。个体的政治社会化是一个学习政治文化、认识社会政治现象并形成政治人格的过程。因此，政治社会化是社会成员个人政治成长和发展的持续过程。

(2)维持或改变政治体系

从政治体系的层面来看，政治社会化是影响体系正常维持与运转的关键因素。政治社会化通过塑造政治体系成员的政治人格来维持政治体系的运转与延续，而这种政治人格主要反映着人们对现有政治体系的认可程度。

(3)维持、改变和创造社会政治文化

①从政治文化的层面来看，政治社会化是政治体系维持、改变政治文化的重要途径。社会内部的政治取向和社会模式的学习、融合和代际传播的过程，也是一个政治共同体内部传播政治文化的过程，只有通过政治社会化，政治文化才能得以维持、传播、继承和发展、创造。而政治社会化维持和延续既有政治文化主要是通过政治文化的代际传递来完成的。

②政治社会化过程又是通过一定的政治实践来完成的。政治社会化改变和创造政治文化的功能，必然要通过一定政治实践来完成。正是在社会政治实践中，社会成员基于自己的利益要求，自觉地、有目的地部分或全部改变政治文化，从而创造新的社会政治文化。

四、论述题

1. 当代中国如何实现政治社会化？(武大 2012 年研)

答：结合中国现在经济和文化等多方面的发展现实，我国现在实现政治社会化可从以下几方面着手：

(1)大力发展生产力，提高经济发展水平，为实现政治社会化奠定物质基础社会经济的发展能为政治社会化提供有利的客观环境和物质基础。随着经济发展水平的不断提高，社会流动和都市化程度加快，交通和通信能力增强，这都有利于政治社会化的开展，从而提高政治社会化的广度和深度。此外，受经济发展条件的影响，人们对自身利益的要求也会有所改变，人们对于实现社会政治权利的要求也在提高，从而促进政治社会化在更高层次上开展。因此，在当代，仍需要大大发展生产力，促进经济发展水平提高，进而影响政治社会化的广度和深度。

(2)加强中国特色社会政治文化建设，为实现政治社会化提供条件

政治社会化是政治文化形成、发展、传递和变迁的过程，而政治文化又是政治社会化的一部分。因此，在现阶段，加强中国特色社会政治文化建设，培养我国公民民主、和谐等共同的社会价值取向和社会行为模式，不断丰富政治社会化的内容，从而提高政治社会化的程度。

(3)完善政治参与机制，加强政治社会化制度建设

在现代社会，政治参与已不仅仅是公民表达各自政治态度的需要，而且也是政治体系得以运作的重要支持条件。政治参与是最常用而有效的诱导型政治社会化方法。现在，随着经济的不断发展，我国公民政治参与的途径在扩大，但是政治参与制度化和政治参与运行机制还需要不断完善，通过政治参与这一行为去促进我国公民政治参与意识的整体提高，从而提高政治社会化的规模和程度。

政治社会化是社会政治生活的重要环节，它与社会政治体系和政治文化等方面是相互促进的，在我国现发展阶段，要通过扩大政治参与、丰富政治社会化媒介等途径实现我国的政治社会化发展。

2. 结合实际论述新闻媒体的政治功能。(燕山大学 2011 年研)

答：新闻媒体的作用是双向的。一方面，它可以被民众启动，形成对政府和政治过程的有效制约，保障公民的基本权利；另一方面，它可以为统治集团所利用，成为政府控制社会的利器。总的来说，新闻媒体的政治功能主要包括传播信息、影响舆论、设置议程、政治社会化和监督政府等五个方面。具体表现为：

(1)传播信息

报道新闻和传播信息是新闻媒体的首要任务。它以源源不断的报道反映社会各方面的变动，延伸了人类的耳目，扩展了人们的视野，加强了应付环境的能力。对于政府来说，媒体把信息传播给全社会，不仅有助于消除隔阂，建立共识，而且有助于公民获取关于当前政治事态的信息，成为“有所知的公民”，为其政治参与提供信息基础。

(2)影响舆论

舆论是社会上相当数量的公众对他们共同关心的某个问题所表示的个人意见、态度的汇集，它反映了社会各个群体的需求，可以为执政者及其决策提供信息和支持。作为公共权力代理人的现代政府，必须及时对公众舆论作出回应，否则很可能削弱或丧失合法性。

(3)设置议程

议程设置理论认为，新闻媒体通过加大对某些问题的报道量或突出报道某些问题，能够影响受众对这些问题重要性的认知，由此可以设定社会的议事日程，并从而形成一种舆论压力，迫使政府把这些问题纳入自己的议事日程。虽然政策问题不是媒体制造出来的，

但媒体的新闻报道会使政府重新考虑问题的优先次序。

（4）政治社会化

新闻媒体是一种重要的政治社会力量。在瞬息万变的现代社会，媒体是人们获取日常生活经验之外信息的主要来源。各种新闻媒体持续地向公众输送着某种经过选择的资料和观点，以及对这些资料和观点的分析与评价。这种对社会公众的"信息灌输"，常常起着潜移默化的作用，使人们自觉或不自觉地接受下来，从而形成某种特定的政治倾向与态度。在美国，即使是三岁的儿童也能够在电视上认出总统，知道他们是国家的"老板"。

（5）监督政府

媒体作为一种批评者，它对民主政治良性运行的作用很早就为人们所公认。之所以需要媒体来监督政府，是因为公职人员可能滥用职权，侵害公民权利。不仅如此，随着政府工作的日益复杂化，渎职和贪污的机会也会成倍地增加。相对于其他监督机构而言，新闻媒体有着独特的优势：传递信息迅速、覆盖面广；相对中立和清白；有批评政府的传统。

然而，新闻媒体毕竟是一种"软权力"，它不像立法权、行政权和司法权那样具有强制力，可以独立地发挥作用。新闻媒体对政府的监督并不产生直接的影响，它必须与民众及政治过程结合起来，才能真正发挥作用。

第六编　政治发展

第十六章　政治革命

16.1　复习指南

【知识框架(庖丁解牛)】

- 政治革命
  - 政治革命的含义和特征
    - 革命与政治革命
    - 特征
      - 不同利益的冲突和对立
      - 政治力量的对抗和角逐
      - 政治权力的变易和夺取
      - 人民群众的参与和加入
      - 革命过程的短暂和急剧
  - 政治革命的类型和战略策略
    - 类型
      - 当代西方学者的观点
      - 马克思主义的观点
        - 奴隶革命
        - 农民革命
        - 资产阶级革命
        - 无产阶级革命
    - 战略与策略
      - 政治革命战略与策略的关系
      - 制定正确的战略与策略的要求
  - 政治革命的方式和作用
    - 方式：暴力革命与非暴力革命
    - 作用
      - 实现革命力量的利益要求
      - 改变政治关系
      - 更新政治体系
      - 变革政治文化
      - 促进社会的变革和发展

通关提要(提纲挈领)

在政治学中，政治革命一直是政治学者关注的重要现象，但革命与当前政治实践关系并不十分紧密，所以在考研中，本章出题概率一般。就命题形式看来，主要考查政治革命的定义、方式和作用等。题型结构以概念题和简答题为主。

16.2　考研真题与典型题

一、判断题

暴力革命是政治革命的唯一方式。（对外经贸 2013 年研）

二、辨析题

1．政治革命是实现政治发展的唯一途径。（四川师大 2014 年研）

2．政治改革与政治革命一样都会引起整个政治关系和政治体系的质的飞跃。（西南大学 2012 年研）

三、概念题

1．政治发展（对外经贸 2025、2014 年研；四川大学 2017 年研；广西民大 2017 年研；青岛大学 2016 年研）

2．政治革命（对外经贸 2024 年研；华中师大 2023 年研；辽宁大学 2015 年研；四川大学 2013 年研；浙江师大 2013 年研；浙江工业大学 2012 年研；中国人民公安大学 2011 年研）

3．政治不合作（对外经贸 2017 年研）

4．非暴力革命（对外经贸 2016 年研）

四、简答题

1．影响政治发展的因素。（燕山大学 2014 年研）

2．简述当代中国在政治发展道路上需要注意的问题。（电子科大 2014 年研）

3．如何理解政治革命的含义？（河北大学 2012 年研）

相关试题：简述政治革命的一般特征。（中国政法 2010 年研）

4．政治革命有哪些作用？（江西师大 2014 年研；辽宁大学 2014 年研）

五、论述题

论述政治发展的实质及其特点。（中南财大 2009 年研）

16.3　考研真题与典型题详解

一、判断题

暴力革命是政治革命的唯一方式。（对外经贸 2013 年研）

【答案】错误

【解析】政治革命的方式主要有两种，即暴力革命和非暴力的和平过渡。暴力革命是指在具备革命形势和发生社会危机时，采用战争或流血斗争的方式用武力打碎陈旧的政治上层建筑，以实现政权转移、建立新的政治制度和政治秩序的行动。非暴力革命，是指在革命形势和社会危机的逼迫下，统治阶级被迫让出政权，从而实现政权非暴力性的新旧交替。

二、辨析题

1．政治革命是实现政治发展的唯一途径。（四川师大 2014 年研）

答：这种说法是错误的，具体分析如下：

（1）政治发展本质上是政治关系的变革和调整。

（2）从根本上说，政治发展是由生产力和生产关系、经济基础和上层建筑的矛盾运动引起的，因此，它是一个客观的和有规律的过程。从主体与客体的交互作用来看，政治发展一般有两条主要途径，即政治革命和政治改革，前者是政治关系的质变方式，导致政治制度的新旧更替；后者是政治关系的量变方式，促成政治体制的改进与完善。

所以，政治革命不是实现政治发展的唯一途径，政治改革是政治发展的又一路径。

2．政治改革与政治革命一样都会引起整个政治关系和政治体系的质的飞跃。（西南大学 2012 年研）

答：这种说法是错误的，具体分析如下：

（1）政治改革和政治革命的含义

①政治革命是指社会形态和政治体系的根本性变化，是以一种政治体系取代另一种政治体系的快速的、激烈的变革。其历史发展的作用在于打破旧的政治关系和政治秩序，推翻旧的政治制度，代之以新的政治关系、政治秩序和政治制度，从而推动整个社会的发展与进步。

②政治改革是指政治关系的调整和完善，也就是统治阶级中的政治领导集团根据社会利益关系中共同利益的要求、利益矛盾状况，根据社会成员对于政治权力和政治权利的要求，有计划有步骤地进行的旨在改进政治体系、调节政治关系以巩固和完善其政治统治的政治过程。

（2）政治改革和政治革命的区别

政治革命和政治改革是政治发展的两条主要途径。政治革命是政治关系的质变方式，导致政治制度的新旧更替；政治改革是政治关系的量变方式，促成政治体制的改进与完善。

综上所述，只有政治革命才能实现政治关系质的飞跃。

三、概念题

1．政治发展（对外经贸 2025、2014 年研；四川大学 2017 年研；广西民大 2017 年研；青岛大学 2016 年研）

答：广义的政治发展是指政治体系向更高级形态的变迁过程。如从封建国家到资本主义国家，从分散、多元的政治形态到统一民族国家的形成等等。狭义的政治发展是指政治系统范围内的发展或变化，尤指广大发展中国家从传统社会向现代社会转型过程中政治体系和政治生活的变迁过程。

2．政治革命（对外经贸 2024 年研；华中师大 2023 年研；辽宁大学 2015 年研；四川大学 2013 年研；浙江师大 2013 年研；浙江工业大学 2012 年研；中国人民公安大学 2011 年研）

答：政治革命是指社会形态和政治体系的根本性变化。它是以一种政治体系取代另一种政治体系的快速的、激烈的变革。其根本问题是国家政权问题，最高方式是武装斗争。在这个过程中，旧有的政治秩序遭到破坏，包括它的政治关系、政治制度、政治结构、政治活动以及社会上主导的价值观念都发生了根本性的变化，同时新的政治秩序由取得革命胜利的阶级按照自己的利益要求而建立。

3. 政治不合作(对外经贸 2017 年研)

答: 政治不合作是政治革命斗争中的非暴力消极抵抗方式。它是指对国家活动的抵制，如拒绝在国家机关和军事机关中工作、不参加执政党、放弃荣誉称号和名誉职务、不购买政府公债等。政治不服从与不合作有一定相似之处，它是指一国部分公民在承认国家的法律体系和政治秩序整体上合法的前提下，采用和平手段，公开反对政府制定的某项法律和政策的行为。政治不服从旨在吸引公共舆论，使政府当局或立法机关改变或撤销某项法律或政策。政治不合作与政治不服从是非暴力政治哲学的实际体现，1913 年印度甘地将它作为一种策略运用于反对南非种族歧视的斗争。

4. 非暴力革命(对外经贸 2016 年研)

答: 非暴力革命，是指在革命形势和社会危机的逼迫下，统治阶级被迫让出政权，从而实现政权非暴力性的新旧交替。暴力革命并不是实现政治革命的唯一方式。当革命形势利好，革命力量占据绝对优势时，国内广大民众的支持和国际环境进一步促使统治阶级和集团无力抵抗革命的势头，非暴力革命就会成为可能。从人类社会发展的历史来看，这种情况的出现是较为鲜见的。常见的方式有抗议示威、议会斗争以及实施其他非暴力的但剧烈而直接的活动。

四、简答题

1. 影响政治发展的因素。(燕山大学 2014 年研)

答: 影响政治发展的因素主要有:

(1)生产力的发展。影响政治发展的根本因素是生产力的发展。经济决定政治，生产力决定生产关系，生产力的发展推动了经济的发展，而经济的发展也就推动了政治的发展，一般而言，经济的发展与政治发展具有很强的相关性和互动性。

(2)政治文化因素。政治发展离不开政治文化的培育，当一国政治文化以高度自觉开放、文明的水平发展时，其公民精神和公共精神必然也是很好的，其公民政治参与的能力和意愿也是极好的，这就推动政治的发展，反之则相反。

(3)民主化程度。民主化程度也是影响政治发展的因素。民主化程度也与政治发展有着密切联系，民主会产生文明的相吸性，会产生良好的政治制度安排，而良好的制度安排又会直接影响政治的发展。

(4)社会因素。一国政治的发展和该国的社会因素有很大关系。一般说来，一国能始终保持社会稳定和安全，社会秩序良好，那么其政治发展一般较为顺利；反之社会混乱，局势动荡，显然是不利于该国的政治发展的。

2. 简述当代中国在政治发展道路上需要注意的问题。(电子科大 2014 年研)

答: 当代中国在政治发展道路上需要注意以下问题:

(1)保持政治稳定

①政治稳定是政治发展的前提条件，也是政治发展的一种结果。

②政治稳定要求政府面对来自社会环境的压力，运用自身的调节手段，在解决社会矛盾和危机过程中有效地化解社会张力，消除不安定因素，防止动乱，保持原来的基本政治

结构和基本性质，维持政治生活的秩序和连续性。

③政治稳定表现为国家的根本政治制度、基本政策的稳定，政治权力配置有效，政治体制运作正常，社会有序，政局稳定，人民对国家的认同感较强，政府能妥善协调利益关系，解决利益冲突等。

④社会主义中国政治稳定的关键在于政府是否能解决经济、政治发展过程中人们对政治生活的参与要求。

(2)维护中央权威

①维护中央权威，是指维护中国共产党、国务院在整个国家政治体系中的权威地位，全国各族人民、各地方自觉地服从中央，体现中央权力和威信的统一。

②中央作为国家整体利益的代表，行使着国家职能，能否有效地运用自己的合法性权威组织经济发展，推动经济改革和社会整合，是一国现代化成败的关键。

③中央享有权威，是政治高度发展的一个标志。

④维护中央权威，是改革、发展、稳定的需要，是全党全国人民的最高利益的需要。要善于从大局出发，处理好集中与分散、纪律与自由、原则性和创造性、局部与整体等关系。

(3)反对政治腐败

①中国在经济发展、政治发展过程中，出现了某些很严重的政治腐败现象。

②腐败现象严重地损害了党和政府的形象和权威，降低了人民对党和政府的信任，破坏了党群关系、政民关系，使改革增加了困难和成本，阻碍了市场经济体系的顺利建立，扭曲了合理的利益分配关系，导致社会不公，影响了社会稳定，增加了政治发展过程中的阻力。

(4)改革政治体制

①政治体制改革是社会主义中国政治发展的必然途径，它通过对旧的政治体制中不适于实现人民民主权利和推动社会生产力发展的部分进行改革，完善社会主义政治制度和政治体制，符合政治发展的客观要求。

②进行政治体制改革的目标，就是要建立高度民主、法制完备、富有效率、充满活力的社会主义政治体制。

3．如何理解政治革命的含义？(河北大学2012年研)

相关试题：简述政治革命的一般特征。(中国政法2010年研)

答：政治革命是指社会形态和政治体系的根本性变化。它以一种政治体系取代另一种政治体系的快速的、激烈的变革。其根本问题是国家政权问题，最高方式是武装斗争。在这个过程中，旧有的政治秩序遭到破坏，包括它的政治关系、政治制度、政治结构、政治活动以及社会上主导的价值观念都发生了根本性的变化，同时新的政治秩序由取得革命胜利的阶级按照自己的利益要求而建立。

(1)政治革命爆发的条件

马克思主义认为，政治革命具有深刻的社会政治经济利益根源，但政治革命能否爆发和在什么时候爆发，还取决于革命的主客观条件。这主要有：①统治阶级的腐朽无能和专制统治导致阶级矛盾、民族矛盾、社会矛盾激化和不可调和，被统治阶级被迫诉诸暴力；

②统治阶级不能再照旧维持自己的统治；③人民群众不愿再以旧有方式生活下去；④被统治阶级形成革命的意识；⑤革命分子建立革命的组织。

(2)政治革命的类型

政治革命主要有暴力革命和非暴力的和平过渡两种方式。历史上的政治革命依次可划分为奴隶革命、农民革命、资产阶级革命和无产阶级革命等类型。

4. 政治革命有哪些作用？(江西师大 2014 年研；辽宁大学 2014 年研)

答：政治革命对社会政治经济发展的作用主要表现为：

(1)实现革命力量的社会利益

政治革命的目的是通过暴力打破现有的上层建筑，以达到革命力量自身的利益诉求。政治革命的结果必然是一方利益的实现和另一方利益的让与。但是，在社会历史发展和实际政治革命过程中，政治革命的胜利可能以不同的结果出现。

(2)改变政治关系

①政治革命造成利益关系的质变，其表现为利益的社会内容的变化、利益主体的变化。

②政治革命使政治权力关系随之变化。

③政治革命也造成了政治权利关系的根本变化。

(3)更新政治体系

政治革命不仅改变政治关系，而且改变整个政治体系。政治革命是政治体系的根本性变化，是以一种政治体系取代另一种政治体系的快速的、激烈的变革。旧有的政治秩序遭到破坏，包括它的政治关系、政治制度、政治结构、政治活动以及社会上主导的价值观念都发生了根本性的变化，同时新的政治秩序由取得革命胜利的阶级按照自己的利益要求而建立。

(4)变革政治文化

政治革命结束会建立新的政治价值标准与合法性的新概念。因此，政治革命具有变革政治文化的作用。

(5)促进社会的变革和发展

政治革命是社会革命的开端，历史发展中的质变。政治革命动员新的社会集团参与政治，由新的、更有活力的政治精英掌握政权，以及建立新的、更强有力的政治制度，促进社会的变革和发展。

五、论述题

论述政治发展的实质及其特点。(中南财大 2009 年研)

答：(1)政治发展的实质

①政治发展是政治形态不断从低级走向高级的总体性过程

政治发展，实质上是指适应生产力和生产关系之发展要求的，由进步阶级、阶层或集团推动的政治制度的变革和政治体制的调整过程。这种变革与调整之所以称为政治发展，并不仅仅在于它导致了政治关系的不断变化，虽然其间不可避免地存在曲折、停顿甚至暂时的倒退，但是在全局上、总体上促进和推动政治关系变得越来越完善、越来越合理，即体现了一种前进上升的方向与趋势。因此，政治发展就总体而言，是自国家产生以来，人类政治形态不断由低级向高级的历史演进过程。

②政治发展的动力是一个以经济变革为基础的复合系统

从本质上讲，政治发展作为总体社会发展的一个重要方面，必须结合社会基本矛盾的辩证运动来认识，归根到底是从生产力和生产关系发展变革的客观要求来认识。将生产方式看作是决定政治变革的终极原因，首先基于一个简单的事实，即人们为了“创造历史”，为了从事政治实践活动，必须要有最起码的物质生活资料作为生存的保障。因此，物质生产方式乃是全部社会生活的第一要素，它构成了其他一切社会活动，包括政治实践活动的基本前提。

③政治制度的新旧更迭是政治发展的根本标志

宏观意义的政治发展，是社会形态总体发展的一个有机组成部分。就像社会形态的变化在本质上是社会基本结构的根本质变一样，政治发展从实质上说也首先是政治制度的根本改变。

④政治体制的改革完善是政治发展的重要内容

政治制度的变革是一个质变过程，它构成了政治发展的根本标志。正如生产关系的变革具有明显的阶段性一样。政治制度的变革是一个由量变到质变的过程。其特征主要表现在以下几个方面：a. 政治结构的合理化；b. 政治功能的完善化；c. 政治变革的自主化。

(2)政治发展的特点

①政治发展具有进步性。政治发展的方向是与历史发展的方向相一致的，尽管在政治发展的过程中会出现曲折，但发展的总方向是前进的。

②政治发展具有目的性。政治发展的近期目标是随社会发展的阶段而变化的，最高目标是人在政治上的彻底解放和全面发展。

③政治发展是人的发展。政治发展的核心是人，是人的政治观念的发展，是人在政治上彻底解放和全面发展。

④政治发展具有多样性。由于各国的国情不同，政治发展的起点、模式、道路也不同，是多种多样的。

⑤政治发展是一个长期的过程。它是一个获得稳定可靠的社会秩序的渐进过程。政治发展以政治革命和政治改革为基本形态和方式。政治革命是社会形态和政治体系的根本性变化。政治改革是在维护原有政治体制的基础上小规模的或温和的局部变革。

第十七章　政治改革

17.1　复习指南

【知识框架(庖丁解牛)】

- 政治改革
  - 政治改革的含义和特征
    - 定义
    - 特征
      - 肇因于社会利益关系中的利益矛盾
      - 是对政治权力关系和政治权利关系的调整
      - 由政治权力主体发起和领导
      - 是有计划有步骤的政治变革
      - 是渐进而缓慢的过程
      - 以和平的方式进行
  - 政治改革的目标和方式
    - 目标
      - 含义
      - 确定和实施的基本原则
        - 合理性原则
        - 可行性原则
        - 过程性原则
    - 方式
      - 全面综合性改革
      - 多项分进性改革
  - 政治改革的条件和作用
    - 条件
      - 政治改革的客观条件
      - 政治改革的主观条件
    - 作用
      - 有利于缓解和消除社会利益矛盾
      - 有利于维护政治统治，提高政治管理效率
      - 有利于防止和克服政治弊端

通关提要(提纲挈领)

本章内容要重点掌握。在政治现代化过程中政治改革扮演着重要的角色，我国的政治体制改革逐步推进并取得了重大进展和成就。本章要明确政治改革的特征，掌握政治改革的目标和方式，明晰政治改革的作用。本章一般会以简答题和论述题的形式进行考查。要能够结合日常政治现实理解政治改革，做到举一反三!

17.2　考研真题与典型题

一、判断题

1. 政治改革的客观条件主要包括经济条件、政治文化条件和社会条件三大要素。(对

外经贸 2017 年研）

2. 政治改革者在确定其最终的和总体目标后，将改革内容分成相对独立的若干项，分期分批加以实施的方式是一种综合性的政治改革方式。（对外经贸 2016 年研）

二、概念题

政治改革（湘潭大学 2021 年研；青岛大学 2017 年研；华中师大 2017 年研；浙江师大 2015 年研；外交学院 2014 年版；中传 2014 年研；河北大学 2014 年研；华南理工 2012 年研；武大 2011 年研；中国科大 2011 年研；华侨大学 2011 年研）

三、简答题

1. 简述改革与革命的异同点。（华侨大学 2019 年研）

相关试题：

（1）应该如何理解（政治）革命与（政治）改良的关系？（广西民大 2012 年研）

（2）结合事例，论述政治革命与政治改革的关系。（论述题，南开大学 2010 年研）

2. 简述政治改革的特点。（新疆大学 2025 年研；武大 2012 年研；浙江师大 2012 年研；浙江工商大学 2012 年研；浙江工业大学 2012 年研；四川大学 2010 年研）

3. 政治改革的目标和方式。（四川大学 2011 年研）

相关试题：简述政治改革的基本目标。（青岛大学 2013 年研；东财 2012 年研）

4. 简述政治改革的条件。（南京师大 2019 年研；华中师大 2014 年研；中传 2013 年研；华东政法 2010 年研）

相关试题：

（1）政治改革的主观条件。（浙江工商大学 2015 年研；燕山大学 2010 年研）

（2）政治改革的经济条件。（中传 2016 年研）

（3）结合实际阐述政治改革顺利开展应具备的社会条件。（论述题，辽宁大学 2014 年研）

（4）政治改革的客观条件。（华中师大 2013 年研）

（5）政治改革应当具备哪些条件？（论述题，广西民大 2012 年研）

5. 简述政治改革的作用。（辽宁大学 2015 年研；河北大学 2012 年研；中国人民公安大学 2011 年研）

相关试题：政治改革的目标和作用。（燕山大学 2012 年研）

6. 简述应如何积极稳妥推进我国政治体制改革？（厦门大学 2011 年研）

四、论述题

1. 政治改革应当遵循什么样的基本原则、具备什么样的条件才能获得成功？试以这些原则和条件来分析中国近代史上的戊戌变法失败的原因。（中山大学 2017 年研）

2. 结合政治学有关理论，谈谈你对“改革既不可能一蹴而就、也不可能一劳永逸”这句话的理解。（浙江工商大学 2014 年研）

3. 结合改革知识说说改革开放四十周年成就。（外交学院 2019 年研）

4. 邓小平反复强调：“改革，应该包括政治体制改革，而且把它作为改革向前推进的一个标志”“我们所有的改革最终能不能成功，还是决定于政治体制的改革”。

运用政治学基本原理思考并回答以下题：十一届三中全会以来，中国政治体制改革的

方式及其在中国现代化建设中的重要作用。（四川大学 2010 年研）

5. 结合我国当前社会发展状况，论述我国进行政治改革的条件和方式。（燕山大学 2014 年研）

6. 试论如何积极稳妥地推进中国的政治体制改革。（河南师大 2014 年研）

7. 党的十七届五中全会指出，必须以更大的决心和勇气全面推进各领域改革，大力推进经济体制改革，积极稳妥推进政治体制改革，加快推进文化体制、社会体制改革，使上层建筑更加适应经济基础发展变化，为科学发展提供有力保障。请结合现实，谈谈你对“积极稳妥推进政治体制改革”的理解。（南航 2011 年研）

8. 运用政治改革的相关原理，结合改革开放 30 多年实际，论述深化政治改革，加强民主政治建设的重要性和必要性。（东财 2010 年研）

17.3　考研真题与典型题详解

一、判断题

1. 政治改革的客观条件主要包括经济条件、政治文化条件和社会条件三大要素。（对外经贸 2017 年研）

【答案】正确

【解析】政治改革的根本原因在于经济的发展、民众的要求以及外部环境的压力。因此，经济条件、政治文化条件和社会条件构成了政治改革的客观条件。

2. 政治改革者在确定其最终的和总体目标后，将改革内容分成相对独立的若干项，分期分批加以实施的方式是一种综合性的政治改革方式。（对外经贸 2016 年研）

【答案】错误

【解析】政治改革者确定其最终的和总体的目标后，将改革内容分成相对独立的若干项，分期分批加以实施的方式是一种多项分进性改革方式。多项分进性改革方式是根据不同时期和阶段的社会发展情况，对改革的内容进行拆分、排序，以分批次、多时期的方式实现总体改革目标。该方式虽耗时长，但能够在改革过程中灵活调整和把握，纠正失误。

二、概念题

政治改革（湘潭大学 2021 年研；青岛大学 2017 年研；华中师大 2017 年研；浙江师大 2015 年研；外交学院 2014 年版；中传 2014 年研；河北大学 2014 年研；华南理工 2012 年研；武大 2011 年研；中国科大 2011 年研；华侨大学 2011 年研）

答：政治改革是指统治阶级上层自觉地健全和完善政治统治体系的过程，意味着社会和政治体系的各个方面都发生重大的变化。同时，政治改革还意味着方向性的变化，是朝着社会、经济或政治上的更平等，社会和政治参与日益扩大的方向发展的变化。基本特点是：①政治改革基于社会利益关系中的利益矛盾；②政治改革是对于政治权力关系和政治权利关系的调整；③政治改革由政治权力主体发起和领导；④政治改革是有计划有步骤的政治变革；⑤政治改革是渐进而缓慢的过程；⑥政治改革以和平的方式进行。

三、简答题

1. 简述改革与革命的异同点。（华侨大学 2019 年研）

相关试题：

（1）应该如何理解（政治）革命与（政治）改良的关系？（广西民大 2012 年研）

（2）结合事例，论述政治革命与政治改革的关系。（论述题，南开大学 2010 年研）

答：政治革命是指在社会利益矛盾对抗的基础上，社会政治力量为变更政权和社会利益关系而反抗既有政治权力和政治统治的激烈活动。政治改革就是指政治关系的调整和完善。政治革命和政治改革的关系具体从两者的联系和区别加以概述，具体内容如下：

（1）政治革命与政治改革的联系

①政治革命和政治改革是政治发展的两种基本形态和方式。

②政治革命和政治改革都是社会政治经济和文化发展，特别是社会利益矛盾发展的必然结果。

③政治革命和政治改革都不同程度地更新了政治体系。

④政治革命和政治改革变革了政治文化，同时也促进了政治文化的发展。

⑤政治革命和政治改革都是为了实现特定阶级的利益，而对政治关系采取的相应的变革和调整。

⑥政治革命和政治改革都促进了社会发展。

（2）政治革命与政治改革的区别

①含义不同

a. 政治革命发端于社会利益关系的矛盾对抗性，发生于社会政治力量对比关系的重大变化，其核心问题和政治特征是政治权力的变易。

b. 政治改革的含义，参见本章考研真题与典型题详解概念题答案。

②特征不同

a. 政治革命是社会发展过程中的质的飞跃，是社会发展的剧烈震荡，其过程呈现短暂和急剧性；政治改革是政治发展过程中的量变过程，它需要一个长期而缓慢的过程。

b. 政治革命是以革命阶级为主体的政治活动，在革命过程中有人民群众的参与和加入；政治改革是统治阶层中的政治领导集团根据社会利益关系的变化有计划有步骤对政治关系的调整，是以政治领导层为主体的政治活动。

c. 政治革命是在利益对立的基础上发生的，关系到政治权力的变更和夺取，是政治权力的对抗和角逐；政治改革是在不破坏既有的政治统治的根本基础和原则上，对政治权利关系和政治权力关系的调整。

d. 政治革命是以推翻既有统治阶级为目标，是急剧的社会转变，它往往与暴力相联系，以暴力的方式进行；政治改革是政治权力主体对政治权利和政治权力关系的有计划的调适，这种调适基本上是以非暴力的和平的方式展开的。

③目的不同

政治革命的目的是实现政治权力的变更；政治改革的目的是对政治关系的调整和完善，它以促进社会发展为目标。

④在政治关系中的作用不同

政治革命是政治关系的质变方式，其特征是政治权力的变更和移易；政治改革是政治关系的量变方式，其特征是社会政治的演进和完善。

2. 简述政治改革的特点。（新疆大学 2025 年研；武大 2012 年研；浙江师大 2012 年研；浙江工商大学 2012 年研；浙江工业大学 2012 年研；四川大学 2010 年研）

答：政治改革的特点主要包括：

(1)政治改革基于社会利益关系中的利益矛盾；

(2)政治改革是对于政治权力关系与政治权利关系的调整；

(3)政治改革是由政治权力主体发起和领导的；

(4)政治改革是有计划有步骤的政治变革；

(5)政治改革是渐进而缓慢的过程；

(6)政治改革是以和平的方式进行的。

3. 政治改革的目标和方式。（四川大学 2011 年研）

相关试题：简述政治改革的基本目标。（青岛大学 2013 年研；东财 2012 年研）

答：(1)政治改革的目标

政治改革是一种自觉的政治变革活动。为了明确前进方向，稳步而有序地推动改革进程，政治改革的领导者通常会确定改革所要完成的任务和达到的目的。这就是政治改革的目标。在不同的历史时期和社会条件下，政治改革的目标是各不相同的。如果对各种形式的政治改革加以概括，其目标设计总的说来要考虑以下几个方面：

①调整政治结构

政治改革根本上是为了变革政治上层建筑中那些同经济发展和社会发展不相适应的方面与环节。从历史上看，经济发展和社会发展呈现出高度分化与高度综合两种相反相成的趋势。要适应这一趋势，政治体系就必须实行规范化分工，形成层次清晰、职责分明、彼此协调、自如运转的合理结构。

②提高管理效能

政治改革必须落脚于政治体系功能的完善。与社会经济发展高度分化与高度综合的趋势相适应，政治功能的完善体现在微观管理和宏观调控两个方面。无论哪个方面，都需要政治体系形成一套程序化、科学化的决策机制、管理机制和监督机制。

③协调利益关系

社会基本矛盾运动所导致的利益关系格局的变化，是驱动政治改革的基本原因之一。为了平衡和解决各个方面的利益矛盾，政治改革必须对现有的权力结构进行适度调整。这种调整首先要扩大政治参与，使权力体系向更多的阶层和集团，特别是那些新兴社会力量开放，以便激发和保持政治体系的活力。同时，由于权力结构调整打破了旧的利益分配模式，容易引发动荡，因此，在触及某些社会力量的政治经济利益和可能造成社会不稳定的问题上，必须综合平衡，使社会的矛盾紧张减到最低程度。参与的扩大化和权威的稳定性，是政治改革所谋求的双向目标。

(2)政治改革的方式

政治改革有其独特的改革方式，推行改革计划、实现改革目标的方式大体上可分为两种：①综合性改革方式；②多项分进性改革方式。

4. 简述政治改革的条件。（南京师大2019年研；华中师大2014年研；中传2013年研；华东政法2010年研）

相关试题：

(1)政治改革的主观条件。（浙江工商大学2015年研；燕山大学2010年研）

(2)政治改革的经济条件。（中传2016年研）

(3)结合实际阐述政治改革顺利开展应具备的社会条件。（论述题，辽宁大学2014年研）

(4)政治改革的客观条件。（华中师大2013年研）

(5)政治改革应当具备哪些条件？（论述题，广西民大2012年研）

答：政治改革是统治阶级上层自觉地健全和完善政治统治体系的过程，它的顺利展开需要具备主客观两方面的条件。

(1)政治改革的客观条件

①经济条件

a. 经济发展是政治改革的首要条件；

b. 经济发展为政治改革提供物质资源，物质资源是政治资源的根本性要素；

c. 经济改革不仅是政治改革的先导和基础，而且也是政治改革成果得以巩固的保障；

d. 经济发展为政治改革所需要的社会稳定奠定基础。

②政治文化条件

a. 社会成员对政治改革的目标、方式的认识水平和情感、价值取向直接制约着政治变革的进程及其结果。从历史上看，每一次大的政治变革都伴随着一场政治文化的变革，即政治改革必须形成一种“革新”的文化，促使社会成员对政治改革的认知、情感和评价方面达成普遍的共识。“革新”的政治文化是政治改革得以推动和成功的社会心理基础。

b. 政治变革中那些率先感受到新的生产方式内在要求的先进阶级的思想、观念通过各种机制渗透于广大社会公众的生活方式之中，逐渐形成了新的政治文化，而它又反过来成为改变社会的强大力量，这就要求政治改革者通过一系列政治宣传手段，推广改革的必要性、宣传改革的目标、任务、要求、政策措施等，为改革创造良好的心理环境。

③社会条件

政治改革的社会条件就是指改革必须具备的稳定的社会环境。政治改革通常以非暴力和平方式进行，需要对抗破坏改革秩序的革命者，一个稳定和平的社会环境对政治改革是必要的。社会秩序的稳定既是政治改革的条件，也是政治改革的结果。

(2)政治改革的主观条件

①政治改革需要有一批具有改革取向和改革意识的力行者

a. 改革首先要有改革的领导者和倡导者；

b. 需要具有百折不挠、坚忍不拔的毅力和热衷于改革事业并能为本阶级的利益献身的信念；

c. 需要具有团结合作、顾全大局的精神。

②政治改革需要有合理的目标和周密的计划

政治改革的进行需要多个部门的相互配合、多种措施手段的协调利用。所以，政治改革推行之前，改革者必须要有周密的设计和计划，其中包括：

a. 确定合理的长期、近期和阶段性目标；

b. 选择合适的改革策略；

c. 制定协调配套的改革计划和方案；

d. 选择切实可行的改革序列。

③政治改革要选择和把握有利的时机

政治改革是一项纷繁复杂又灵活多变的进程，它的开展首先需要对改革人员进行培训，宣传开展引导舆论，制定相应的法令法规等，同时需要领导层选择把握合适的时机推行改革。

④政治改革要充分调动本阶级成员和社会力量的积极性

政治改革涉及社会政治诸多方面，需要广泛的群众基础和社会支持，因此改革者需要调动本阶级成员和社会力量的积极性，使他们成为改革进程的推动力。

5. 简述政治改革的作用。（辽宁大学 2015 年研；河北大学 2012 年研；中国人民公安大学 2011 年研）

相关试题：政治改革的目标和作用。（燕山大学 2012 年研）

答：政治改革的作用主要包括：

(1)政治改革是缓解或消除社会利益矛盾的有效方式，是推动社会政治、经济和文化发展的重要途径。

(2)政治改革在社会利益关系和利益矛盾的发展中不断适应社会发展的要求，维护现有的政治秩序，完善或改进社会政治，保障政治体系的正常运行。

(3)政治改革是医治政治弊端的良药。在人类社会的发展中，政治弊端在社会政治生活中是无法根除的，政治腐败、官僚主义等时有发生。而政治改革正是对这些弊端做出调整和革新，推动人类政治文明的不断进步和发展。

6. 简述应如何积极稳妥推进我国政治体制改革？（厦门大学 2011 年研）

答：中国社会面临着许多重大问题，腐败呈现公开化，社会不公严重，经济发展又面临许多制度上的障碍，这对政治改革提出了迫切要求。党的十八大强调：“必须积极稳妥推进政治体制改革。”说明渐进改革仍是中国政治改革的最优选择。渐进改革可以使改革过程处于可控状态之中，从而降低风险，减少失误，并且选择恰当的路径有效推进，最大限度地维持政治稳定和社会稳定。

(1)政治体制改革必须以经济体制改革作为基础，始终注意维护政治稳定

①要顺利推进社会主义全面改革，必须遵循经济决定政治、政治反作用于经济的发展规律，先在经济体制改革上有大的突破，再不失时机地展开政治体制改革。

②在进行各项政治体制改革的时候，必须继续加大经济体制改革的力度，并使之与政治体制改革相配套，为政治体制改革的顺利推进创造坚实的基础。

(2)自上而下的改革与自下而上的改革并重

中国共产党是中国政治改革的领导力量，也是中国政治改革的重要推动力量，党可以通过积极发挥党内民主来引导其他领域民主政治的发展或对其他领域民主政治的发展起到

示范作用。中国基层民主建设的成就也可以对中国政治改革起到一种自下而上的推动作用。

(3)政治体制改革要勇于破除制约科学发展的体制机制障碍

必须通过深化政治体制改革解决制约科学发展的体制机制障碍，主要包括：

①执政党领导体制改革。由过去的以党代政和以党统政转到“依法执政”上来，最重要的两点是：一是执政党必须在宪法和法律的范围内活动；二是要善于把执政党的主张通过法律程序上升为国家意志。

②政府管理体制改革。转变政府职能和建立服务型政府是政府管理体制改革的关键。

③民主参与体制改革。民主参与机制的改革应集中在如何促进“依法参政”上。要做到依法参政可以从两个方面入手：一方面依法实行民主选举、民主决策、民主管理和民主监督；另一方面切实保障人民的知情权、参与权、表达权和监督权。

④人大履权体制改革。人大在运作过程中要体现观念正义、制度正义、程序正义。

⑤政治协商体制改革。要加强政治协商的约束力，重视差异性和回应性。

⑥基层社会管理机制改革。要健全基层党组织领导的充满活力的基层群众自治机制，扩大基层群众自治范围，完善民主管理制度，把城乡社区建设成为管理有序、服务完善、文明祥和的社会生活共同体。

(4)政治体制改革要把制度建设摆在突出位置

政治体制改革是社会主义政治制度的自我完善和发展，就要求把制度建设摆在突出位置，充分发挥我国社会主义政治制度的优越性。

①要支持和保证人民通过人民代表大会行使国家权力，支持人大及其常委会充分发挥国家权力机关作用。

②要健全社会主义协商民主制度，加强同民主党派的协商，深入进行专题协商、对口协商、界别协商和提案办理协商，积极开展基层民主协商。

③完善基层民主制度，健全基层党组织领导的充满活力的基层群众自治机制，保障人民享有更多更切实的民主权利。

④全面推进依法治国，推进科学立法、严格执法、公正司法、全民守法，任何组织和个人都不得有超越宪法和法律的特权。

⑤要深化行政体制改革，深入推进政企分开，政资分开、政事分开、政社分开，建设职能科学、结构优化、廉洁高效、人民满意的服务型政府。

⑥要巩固和发展最广泛的爱国统一战线，加强同民主党派和无党派人士团结合作，全面贯彻落实党的民族政策和宗教工作方针。

(5)政治体制改革的着力点是建立健全权力运行制约和监督体系

①坚持用制度管权管事管人，保障人民知情权、参与权、表达权、监督权，是权力正确运行的重要保证。要确保决策权、执行权、监督权既相互制约又相互协调，确保国家机关按照法定权限和程序行使权力。

②坚持科学决策、民主决策、依法决策，健全决策机制和程序，建立决策问责和纠错制度。

③推进权力运行公开化、规范化，完善党务公开、政务公开、司法公开和各领域办事公开制度，全面推行官员财产申报公示制度，加强党内监督、民主监督、法律监督、舆论

监督，让人民监督权力，让权力在阳光下运行。

四、论述题

1．政治改革应当遵循什么样的基本原则、具备什么样的条件才能获得成功？试以这些原则和条件来分析中国近代史上的戊戌变法失败的原因。（中山大学2017年研）

答：政治改革是政治关系的量变方式，其特征是社会政治的演进和完善。一般来说，政治改革应当遵循合理性原则、可行性原则和过程性原则，需要具备经济发展、政治文化和社会三个客观条件，以及具备改革取向和改革意识的力行者、合理的目标和周密的计划、选择和把握有利的时机、充分调动本阶级成员和社会力量的积极性四个主观条件。结合政治改革的原则和条件，以及戊戌变法的具体经过，不难发现其改革失败是注定的。

（1）政治改革目标的确定和实施有三项基本原则：

①合理性原则是政治改革所要完成的任务和达到的目的是否能够有效地解决社会政治生活中的矛盾，确定政治改革的合理目标必须以社会政治发展的客观现实状况为依据。戊戌变法中，康有为“全变则强，小变乃亡”的心态完全排斥了传统的改革路径，忽视了传统政教与制度文化对庞大中国传统社会经济与文化生活的整合功效。

②可行性原则需要改革者充分和清醒地把握改革所处的社会背景、政治背景、心理背景和国际背景，要求改革者把政治改革的目标转变为具体的政策措施，在贯彻这些改革措施的过程中落实政治改革的目标。变法派放弃步步为营的渐进方式，主张“快变、大变与全变”的一揽子解决方式，不仅毫无章法，且不顾实施条件与后果，使得越来越多的人站到反对派的阵营中去。

③过程性原则是指政治改革的目标必须与作为过程的政治改革相吻合。戊戌变法没有从长期考虑改革的不同阶段，在实际的操作过程中也没有根据实际情况灵活转变政策，最终不仅改革失败，其参与者也深陷泥潭难以自保。

（2）政治改革的条件

参见本章考研真题与典型题详解简答题第4题答案。

2．结合政治学有关理论，谈谈你对“改革既不可能一蹴而就、也不可能一劳永逸”这句话的理解。（浙江工商大学2014年研）

答：对“改革既不可能一蹴而就、也不可能一劳永逸”这句话的理解如下：

（1）政治改革的目标决定了改革是渐进而缓慢的过程

在不同的历史时期和社会条件下，政治改革的目标是各不相同的。其目标设计总的说来要考虑以下几个方面：①调整政治结构；②提高管理效能；③协调利益关系。

（2）政治改革的方式决定了改革是渐进而缓慢的过程

①从根本上说，政治改革采用自上而下的渐进的和平的方式，政治改革的目的是实现局部的而不是根本的、渐进的而不是突飞猛进的变化。改革者往往采取一种和平的方式，运用政府的“合法”资源，通过政治途径、行政途径、法律途径等来逐步地实现其调整政治关系、革新政治体系的目的。

政治改革一般采取缓和矛盾的方式。改革者最大限度减少改革的阻力，保持政治的弹性和适应性。改革无论是以变革社会经济结构为开端，还是以变革政治体系为开端，最终都是为了达到社会经济结构与政治体系的均衡发展，而不是互相牵制。

②有效推行改革计划、实现改革目标的方式大体上可分为两种：综合性改革方式和多项分进性改革方式。

(3)政治改革的对象决定了改革是渐进而缓慢的过程

政治改革是对政治体系较为全面和系统的变革，是对政治体系进行革新的行动，它是有计划、有方向、分步骤地对整个社会政治体系进行去弊取利、革故鼎新的改造。因此，政治改革包含了政治体系的诸多方面。用现代政治学的眼光看，这些内容主要包括：法律法令的修改、政治组织和制度的改革、议会制度改革、司法制度改革、行政制度改革、中央政府与地方政府关系改革、选举制度改革、人事制度改革、人们的政治行为模式和政治文化方面的改革等。

综上所述，政治改革的目标、方式和对象决定了改革是渐进而缓慢的过程。因而"改革既不可能一蹴而就、也不可能一劳永逸"。

3. 结合改革知识说说改革开放四十周年成就。(外交学院 2019 年研)

答：改革开放是开创中国特色社会主义，决定当代中国命运的关键抉择。改革开放是当代中国发展进步的必由之路，是实现中国梦的必由之路。

(1)政治改革的根本原因在于经济的发展、民众的要求以及外部环境的压力。表现为：

①当某种生产方式中的生产关系阻碍生产力的发展时，这种生产方式就应该被变革。生产关系的变革必然引起上层建筑的变革；而作为上层建筑的核心的政治体制，对生产关系的变化自然也就最为敏感。因此，政治改革说到底是生产力发展的要求。改革是一场自上而下的自觉行为。

②改革又是外部压力的结果。后发达国家要真正走向现代化，不能不与其他国家进行交流与合作。在这个过程中，发达国家的发展程度及各种现代化标准势必会刺激后发达国家，形成"示范效应"的冲击。

③作为发展中国家改革成功的典型，中国改革的政策选择是，把改革的侧重点首先放在经济方面。经济的繁荣，人民生活的改善，使得社会主义政权获得了最大的合法性。在政治稳定的基础上进行政治改革，变革那些束缚市场经济成长的制度约束和法律条文，促使政治与经济的均衡发展。

④为了平等实现统治阶级成员的政治权利，并协调其内部利益关系，还必须完善必要的政治形式，这种政治形式的完善过程，也就是政治民主的发展过程。

(2)改革开放四十周年成就

①全面深化改革推动中国社会主义民主

a. 全面深化改革是"四个全面"战略思想的重要内容之一，全面深化改革是在维护我国社会主义基本制度前提下，对我国各项具体制度的完善和发展，全面深化改革在某种程度上推动着中国社会主义民主政治的发展。

b. 全面深化改革是发展中国特色社会主义的关键抉择，为推进中国社会主义民主奠定坚实的基础，推进中国社会主义民主剔除制度和现实障碍。

c. 全面深化改革的总目标是完善和发展中国特色社会主义制度，推进国家治理体系和治理能力现代化。

②改革开放推动国家治理体系和治理能力现代化

改革开放以来，我国在推进国家治理方面积累了丰富的理论成果和实践经验。同时，正如习近平总书记所指出的，相比我国经济社会发展要求，相比人民群众期待，相比当今世界日趋激烈的国际竞争，相比实现国家长治久安，我们在国家治理体系和治理能力方面还有许多不足，有许多亟待改进的地方。这是在全面分析我国面临的国际国内形势基础上得出的重要论断。适应国家现代化总进程，推进国家治理体系和治理能力现代化，是坚持和发展中国特色社会主义的必然要求，也是实现社会主义现代化的应有之义。党的十八大以来，在准确把握国际国内形势变化发展的基础上，以习近平同志为核心的党中央提出了国家治理的一系列新理念新思想新战略，推动了国家治理的新实践，体现出鲜明的时代特色。

4. 邓小平反复强调："改革，应该包括政治体制改革，而且把它作为改革向前推进的一个标志""我们所有的改革最终能不能成功，还是决定于政治体制的改革"。

运用政治学基本原理思考并回答以下题：十一届三中全会以来，中国政治体制改革的方式及其在中国现代化建设中的重要作用。（四川大学2010年研）

答：（1）中国政治体制改革的方式

①稳步而有序地下放权力，解决好中央与地方、政府与企业之间的关系

由于权力过分集中是我国政治与行政体制中的突出问题，因此，必须稳步而有序地实行权力下放，给地方、企业、基层以更多的自主权。

②精简机构，建立方位适当的行政职能体制和高品质的行政指挥系统

a. 必须坚决裁减冗员，运用法律形式实现国家机构的组织、编制和工作程序的法制化。

b. 必须通过转变职能来提高和增强其行政管理的恰当程度。

c. 必须进行合理的结构调整，使内部运行机制不断地趋于完善。

d. 必须对干部人事制度进行改革。

③完善决策机制，实现决策的民主化和科学化

民主化意味着充分反映和尊重民意，进行社会信息的全面沟通；科学化则意味着通过准确的分析预测，合理地设定目标，并选择达到目标的最佳途径，按照规范化的程序将方案付诸实施。在实施过程中，还要借助监督系统和反馈系统不断地对政策进行评估、调节和修正。

（2）中国政治体制改革的作用

①政治改革积极回应环境变化向政治体系发出的挑战

a. 由于经济发展和社会发展是一个连续的动态过程，因此，环境变化会对政治体系不断提出新的要求。在这些要求面前，政治体系常常会暴露出一些不完善之处。即使一种政治体系针对某一类型的问题曾形成一套行之有效的对策，但当社会历史条件发生变化以后，固守原来的对策也会沦为过去成功的牺牲品。

b. 改革之所以为进取和创新的一个重要表现在于，它积极迎接环境变化的挑战，通过调整政治结构，完善政治功能进而在相当程度上自我完成除旧布新。这种过程的自觉推进和顺利完成，不仅有利于维持政治秩序的稳定，提高政治管理的效率，保障政治体系的良

性运作，而且还会向外部环境输入积极能量，强有力地推动经济发展和社会发展。这是政治改革的一个重要作用。

②政治改革勇于革除现有政治体系的种种弊端

a. 这种弊端并不仅仅是难以适应经济和社会发展要求的结构功能上的不完善，而且更重要的是与社会进步潮流相违背的局部环节上的不健康。贪污腐败、以权谋私、官僚主义、独断专行等即为典型。这些政治弊端危害很大，若任其膨胀，势必激化社会矛盾，破坏乃至瓦解现有政治统治的合法性基础。

b. 政治改革的革新之处，很重要的一点就在于它从本阶级、本民族、本国家的长远利益和总体利益出发，对现有政治体系的弊端进行大胆剖析，并采取相应措施设法予以整治和克服。反过来说，当政治弊端在一定程度得到整治和克服，它就不仅会使社会矛盾趋向缓和，使政治统治的合法性基础得到强化，而且还会为人类文明的进步不断积累政治价值资源，在开明、民主的轨道上把政治生活不断推向前进。这是政治改革的又一重要作用。

5. 结合我国当前社会发展状况，论述我国进行政治改革的条件和方式。（燕山大学2014年研）

答：(1) 中国进行政治改革的条件

政治改革是统治阶级上层自觉地健全和完善政治统治体系的过程，它的顺利展开离不开主客观条件。目前，我国改革开放已经取得了非凡成就，这使我国进行政治改革具备了一系列客观条件。主要表现在：

①经济条件

a. 经济发展是政治改革的首要条件。目前我国经济持续健康发展，综合国力显著增强，伴随着中国特色社会主义市场经济的发展，我国社会的物质基础极大丰富。

b. 中国正在坚定不移地走建设市场经济的道路，这是不可逆转的趋势。民主、法治与人权同高度集中的计划经济格格不入，却同市场经济存在天然联系。就使得政治改革存在必要性。

②政治文化条件

a. 社会成员对政治改革的目标、方式的认识水平和情感、价值取向直接制约着政治变革的进程及其结果。从历史上看，每一次大的政治变革都伴随着一场政治文化的变革，即政治改革必须形成一种“革新”的文化，促使社会成员对政治改革的认知、情感和评价方面能够达成普遍的共识。“革新”的政治文化是政治改革得以推动和成功的社会心理基础。

b. 全面实现小康社会，实现社会主义现代化和中华民族的伟大复兴，推进中国梦的实现，成为中国人民的共同愿望。另外，建设法治国家，持续推进社会主义现代化建设是全体中国人的强烈愿望。

③社会条件

a. 政治改革的社会条件就是指改革必须具备的稳定的社会环境。社会秩序的稳定既是政治改革的条件，也是政治改革的结果。

b. 随着我国经济的不断发展、民主法制等社会制度的不断健全和综合国力的不断增强，国内社会秩序稳定，社会稳步向前发展，同时有个良好的周边发展环境，这就为我国进行政治改革创造了一个较为稳定的国内和国际环境。

(2)中国进行政治改革的方式

我国的改革从总体上说，是渐次推进的，是一步一步地“渐进式”推进，但渐进中有突进，渐进与突进相交替。可以说，“渐进式改革”是中国改革的基本方略，也是中国改革的一大特点。市场经济的发展和社会主义现代化的全面推进，不仅向政治体系提出了民主化的要求，而且提出了高效化的要求。为了与社会主义现代化建设的客观要求相适应，必须通过政治改革，建立层次清晰、职责分明、彼此协调、高效运转的合理结构，以便实现政治管理与政治决策的规范化、科学化、高效化。具体途径包括：

①党政职能分开，转变和改善执政党的领导方式，坚持依法执政

党的领导主要体现在通过制定正确的路线、方针、政策来把握社会主义的根本方向，而要提高行政效率，离不开一个强有力的政府工作系统。因此，必须对党和政府的职能进行恰当的划分，克服权力过分集中、党政不分、机构重叠、职责混淆等问题，依法形成合理、高效的党政工作秩序。从根本上说，实行党政职能分开不是削弱党的领导，而是改善党的领导，因而也是加强党的领导。

②稳步而有序地下放权力，解决好中央与地方、政府与企业之间的关系

必须稳步而有序地实行权力下放，给地方、企业、基层以更多的自主权。尤其要根据社会主义市场经济的要求，转变政府职能，实现政企分开，加强执法监管部门，培育和发展社会中介组织，增强社会自主性。权力下放不能削弱中央权威和政府能力，不能造成地方主义和分散主义。在新形势下，必须更好地坚持发挥中央和地方两个积极性的方针。只有把各个方面的积极性都发挥好，才能使社会主义现代化事业健康地向前发展。

③精简机构，建立方位适当的行政职能体制和高品质的行政指挥系统

政府必须通过转变职能来提高和增强其行政管理的恰当程度与有效程度，从直接管理转向间接管理、从微观管理转向宏观管理、从集权管理转向程序管理。同时，政府机构还必须进行合理的结构调整，明确各自职责权限，防止地方保护主义和部分分散，提高政府整合力和治理能力。

④完善决策机制，实现决策的民主化和科学化

民主化意味着充分反映和尊重民意，进行社会信息的全面沟通；科学化则意味着通过准确的分析预测，合理地设定目标，并选择达到目标的最佳途径，按照规范化的程序将方案付诸实施，在实施过程中，还要借助监督系统和反馈系统不断地对政策进行评估、调节和修正。决策的民主化和科学化，是富有效率和充满活力的社会主义政治体制的基本追求。

⑤建立社会协商对话制度

提高领导机关活动的开放程度，重大事情让人民知道，重大问题经人民讨论。

⑥加强社会主义法制建设，使社会主义民主政治一步步走向制度化、法律化，建设社会主义法治国家，完善国家法律体系。

6. 试论如何积极稳妥地推进中国的政治体制改革。(河南师大2014年研)

答：当今，中国社会面临着许多重大问题，如腐败呈现公开化，社会不公平问题突出，经济发展面临许多制度上的瓶颈和障碍等，这对政治改革提出了迫切要求，深化政治体制改革已经成为社会的广泛共识。积极稳妥地推进中国政治体制改革应从以下几个方面着手：

(1)政治体制改革必须以经济体制改革作为基础，始终注意维护政治稳定。

①要顺利推进社会主义全面改革，必须遵循经济决定政治、政治反作用于经济的发展规律，先在经济体制改革上进行探索和实践，再不失时机地推进政治体制改革。

②在进行各项政治体制改革的时候，必须继续加大经济体制改革的力度，促进经济的发展，并使之与政治体制改革相配套，为政治体制改革的顺利推进创造坚实的基础。

③在发展民主过程中应当注意维护稳定。政治民主化的一个重要标志就是政治参与的扩大，而政治参与扩大的不适当也会引发不稳定因素。在我国社会主义民主政治制度还没有高度发展，政治组织系统不完善和政治沟通渠道不畅通的情况下，人们多元化的利益要求不可能都得到实现，这就容易使我们陷入“推进政治体制改革—政治不稳定”的两难境地。这要求推进政治体制改革既要解放思想，大胆突破；又要实事求是，谨慎从事，坚持在党的领导下有计划、有步骤地循序渐进地展开。

(2)在优先发展经济和逐步解决民生问题的同时，积极推进中国的政治体制改革。

物质资源是政治资源的基础，它为政治改革顺利进行提供了物质保障。政治改革离不开经济的繁荣与发展，必须加大社会的经济发展。在经济发展的基础上设计政治改革的目标、选择政治改革的有利时机。

(3)推进政治体制改革，必须“革新”传统的政治文化。

“革新”的政治文化是政治改革得以推动和成功的社会心理基础。“革新”是扫除传统政治文化的政治心理障碍和政治思想障碍。

①改革者要大力宣传政治体制改革的必要性、实际目标、任务、政策措施，转变社会政治心态和思想观念，为改革创造良好的心理环境。同时要求政治改革者解放民众思想，建立一种创新开放的政治改革思想。

②坚持马克思主义思想路线，发扬理论联系实际的马克思主义学风，注意分析解决民主政治发展中的实际问题。在发展社会主义民主政治的问题上，尤其要坚持理论联系实际的原则。

(4)积极创造良好稳定的社会环境，为推进政治体制改革提供良好的氛围。

①必须坚持党的领导、人民当家作主、依法治国有机统一。以保证人民当家作主为根本，以增强党和国家活力、调动人民积极性为目标，扩大社会主义民主，加快建设社会主义法治国家，发展社会主义政治文明。

②全面落实依法治国基本方略，加快建设社会主义法治国家。更加注重发挥法治在国家治理和社会管理中的重要作用，维护国家法制统一、尊严、权威，保证人民依法享有广泛权利和自由。

③更加注重改进党的领导方式和执政方式，保证党领导人民有效治理国家。更加注重健全民主制度、丰富民主形式，保证人民依法实行民主选举、民主决策、民主管理、民主监督。

(5)政治体制改革必须把握好民主这条主线。

①改革党的领导方式和执政方式，使之进一步适应民主法治的要求。坚持党的领导、人民当家作主和依法治国的有机统一，关键在于不断改革和完善党的领导方式与执政方式。

②不断扩大社会主义民主。要创造出多种多样的民主形式，切实保障人民的知情权、参与权、表达权、监督权的实现。

③不断扩大党内民主。通过进一步增强党内民主政治生活公开化、透明化，体现和保障党员在党内生活中的权利和地位，推动党内民主的制度化、规范化、程序化上升到新的水平。从而推动整个国家和社会的民主建设。

政治体制改革是一项比经济体制改革更为复杂、更为艰巨的系统工程。对于世界各国在政治体制问题上一切有益的做法和经验，我们都应该学习和借鉴，但又不能机械地照搬。我国政治体制改革的目的是必须有利于实现人民利益和富裕幸福，有利于社会充满生机活力和安定有序，有利于民族团结和睦和国家统一昌盛。我们致力于探索的，应该是、也只能是符合中国的历史和今天的国情，能够真正给中国人民带来安定和幸福的政治体制和民主政治形式。

7．党的十七届五中全会指出，必须以更大的决心和勇气全面推进各领域改革，大力推进经济体制改革，积极稳妥推进政治体制改革，加快推进文化体制、社会体制改革，使上层建筑更加适应经济基础发展变化，为科学发展提供有力保障。请结合现实，谈谈你对“积极稳妥推进政治体制改革”的理解。（南航 2011 年研）

答：（1）我国政治体制改革面临的主要问题

权力过分集中是当前我国政治体制改革中遇到的突出问题。随着由计划经济向社会主义市场经济的转轨，这种体制愈益显露出了与社会主义现代化进程的基本要求之间的不适应性：

①权力的过分集中易于造成指挥和领导的武断，不利于充分发扬社会主义民主；

②不断膨胀的权力机构往往交叉重叠，权限不清，职责不明；而大包大揽、一统到底的管理方式，又与市场经济规律不合拍，结果就造成了行政管理的低效率。

（2）稳妥推进政治体制改革的方式

参见本章考研真题与典型题详解简答题第 6 题答案。

8．运用政治改革的相关原理，结合改革开放 30 多年实际，论述深化政治改革，加强民主政治建设的重要性和必要性。（东财 2010 年研）

答：改革开放以来，我国的政治、经济和文化等各方面的发展都取得了巨大进步，但同时随着经济体制改革的不断深入，加快与经济发展相适应的政治改革，加强民主政治建设也显得更为重要。

（1）政治体制改革是深化经济体制改革和社会发展的保障

我国的改革是全面的改革，包括经济体制、政治体制和社会管理体制等方面的改革。政治体制改革是社会主义全面改革系统中的重要环节，是推进社会全面协调发展的重要手段。因此要想求得经济社会的蓬勃发展，政治环境尤为重要，好的政治体制是经济改革和经济发展的保障，不好的政治体制则会制约经济改革和经济发展。当今，我国的综合国力已处于世界前列，国际地位大为提升，为此，在新的社会发展时期，必须深化政治体制改革，跟随时代的要求，与时俱进地推进我国社会的整体发展，求得政治体制改革同经济体制改革同步进行，更好地建设社会主义社会，以求在全球化发展的激烈竞争中，保持优势地位。

（2）由于受到传统文化及历史因素的影响，我国政府机构改革不彻底虽然自改革开放以来我国政府进行多次政府机构改革，但权力仍然过于集中，存在政企政事政社不分的状况，且缺乏有效监督和制约，滥用职权、以权谋私、贪污腐败等现象存在。所以为了杜绝贪污腐败对我国社会主义建设的损害，我国应不断深化政治体制的改革，深入开展党风廉政建设和反腐斗争，坚持党要管党、从严治党，贯彻标本兼治、综合治理、惩防并举、注重预防的反腐倡廉战略方针，建立健全监督责任制度，扎实推进惩治和预防腐败体系建设，求得我国社会主义建设的顺利开展。此外，通过推进政治体制改革，可以避免某些政府官员通过“公权力”获得大量非法收入，聚敛起巨额社会财富，造成与其他社会成员之间的收入分配差距扩大问题，因此要继续推进监督机制及防止腐败体系的建立，以求减少社会成员之间的矛盾，促进我国和谐社会的构建。

(3)推进政治体制改革是实现社会公平正义和充分发挥社会主义制度优越性的需要

我国是社会主义国家，社会主义制度是人民当家作主，为了进一步充分发挥社会主义制度的优越性，必须不断推进社会主义政治制度的自我完善。党的十七大强调，要“从各个层次、各个领域扩大公民有序政治参与，最广泛地动员和组织人民依法管理国家事务和社会事务、管理经济和文化事业”，实现社会公平正义，使每个人都可享受其应有的权利。坚持依法治国的基本方略，树立社会主义法治理念，实现国家各项工作法治化，保障公民的合法权益，发挥社会主义政治制度的优势，推进社会主义民主政治制度化、规范化、程序化，为党和国家长治久安提供政治和法律制度保障。此外，推进政治体制改革也是政治民主化的要求。在社会主义社会发展的今天，应继续推进民主政治的建设，深化政治体制改革，切实保障和落实人民当家作主的权利。

(4)推进政治体制改革，为构建服务型政府提供政治保障

随着全球化、信息化和知识经济的不断发展，世界各国都把建立服务型政府作为其政府改革和发展的方向。服务型政府是民主的政府、法治的政府、服务的政府，因此必须积极进行政治体制改革。构建服务型政府，必须推进政治体制的改革，改变传统的管制型政府模式。

①要健全民主制度，丰富民主形式，拓宽民主渠道，健全民主制度，必须进行政务公开，扩大公众政治参与，使政府和公众进行双向沟通，巩固人民当家作主的政治地位；

②要完善法律制度，维护社会主义法制的统一和尊严，树立社会主义法制权威，加快行政管理体制的改革，建立健全政府部门行政的监督机制，转变政府职能，理顺各部门之间的关系，健全政府职责体系，防止政出多门推诿扯皮现象的发生，以求形成权责一致、科学决策的行政管理体制；

③还应完善公共服务体系，推行电子政务的全面发展，以求为公众提供更加方便的办事渠道，进一步提高公共服务的水平和质量。

第十八章　政治民主

18.1　复习指南

【知识框架(庖丁解牛)】

- 政治民主
  - 政治民主的含义
    - 含义
      - 非马克思主义的观点
      - 马克思主义观点
        - 特定社会经济基础上的上层建筑
        - 在阶级社会中，民主具有阶级性
        - 一种国家形式
        - 一种保障公民权利得到平等实现的国家形式
    - 特征
      - 以特定政治统治的确立为前提
      - 与市场经济紧密相关
      - 以公民权利的自由和平等为核心原则
      - 以多数决定为基本规则
      - 以间接民主和直接民主为基本实施方式
      - 以法治作为实施条件和保障
  - 政治民主的类型
    - 前资本主义社会的民主
    - 资本主义民主
      - 基本内容
      - 民主原则
      - 历史地位
      - 经济基础
      - 阶级性质
      - 社会政治作用
    - 社会主义民主
      - 含义
      - 本质
      - 是全过程人民民主
  - 政治民主的发展途径和社会政治作用
    - 政治民主的发展途径
      - 政治民主的基础性建设
      - 政治民主的制度性建设
      - 公民的政治民主教育
    - 政治民主的社会政治作用
      - 资本主义民主
        - 对资产阶级
        - 对无产阶级和广大劳动人民
      - 社会主义民主
        - 加强无产阶级政治统治
        - 实现人民共同利益协调利益矛盾
        - 促进社会主义经济建设
        - 提高社会主义政治文明水平
        - 防止政治专政和政治腐败

通关提要(提纲挈领)

本章是考试的重点内容。政治民主化程度是衡量国家现代化程度的重要指标。“民主”是一个有争议的概念。梳理民主理论不难发现，代表性的民主理论主要有：古典民主主义、精英民主主义、多元民主主义、马克思主义的民主理论以及新近流行的协商民主理论。本章要把握政治民主的基本内涵和特征，明晰资本主义民主和社会主义民主的本质区别，把握政治民主发展的途径，明确政治民主在社会政治发展中的重要作用。本章以简答题和论述题为主，要能够结合现实生活把握政治民主的发展路径和现实意义。

18.2　考研真题与典型题

一、判断题

1. 多元民主观认为，民主是多种利益集团的相互作用。(对外经贸 2017 年研)
2. 政治民主以公民权利的自由和平等为核心原则。(对外经贸 2013 年研)

二、概念题

1. 代议民主(四川大学 2014 年研)

相关试题：间接民主(华中师大 2019 年研；华侨大学 2019 年研)

2. 社会主义民主(外交学院 2016 年研)
3. 民主(华中师大 2014 年研；四川大学 2011 年研)
4. 政治民主(华中师大 2023、2015 年研；四川大学 2015 年研；江西师大 2014 年研)
5. 政治民主化(厦门大学 2011 年研)

三、辨析题

“当官不为民做主，不如回家卖红薯”表明古人已经具有现代人的民主意识。(中山大学 2018 年研)

四、简答题

1. 社会主义民主的特征是什么？(湘潭大学 2013 年研)

相关试题：试述社会主义民主的基本特征。(论述题，首都师大 2010 年研)

2. 民主与法治的关系如何？(中山大学 2017 年研)
3. 政治民主有哪些基本特征？(广西民大 2017 年研；四川大学 2014 年研；东财 2012 年研；武大 2011 年研；南京师大 2011 年研)

相关试题：

(1)如何理解政治民主的科学含义及其基本特征？(武大 2012 年研)

(2)试述政治民主的基本特征与中国特色社会主义民主建设的主要目标。(四川大学 2012 年研)

4. 政治民主与市场经济之间的关系。(中南财大 2010 年研)
5. 实现民主政治的一般原则有哪些？(西南大学 2010 年研)

相关试题：民主政治的基本特征和主要原则有哪些？(西南大学 2012 年研)

五、论述题

1. 如何理解法治是民主政治的保障？（首都师大 2015 年研）

2. 社会主义民主的社会政治作用。（辽宁大学 2019 年研）

3. 试论政治民主的科学含义和基本特征。（武大 2009 年研）

相关试题：

(1)简述马克思主义的民主观。（简答题，华中师大 2017 年研）

(2)民主的基本观念。（简答题，暨南大学 2010 年研）

(3)论述政治民主的含义。（中国人民公安大学 2010 年研）

(4)论述政治民主的基本特征是什么？（浙江工业大学 2009 年研）

4. 论述政治民主的类型。（中国人民公安大学 2011 年研）

5. 请说明政治民主的基本特征，并结合中国国情阐述中国实现民主的可行路径。（武大 2013 年研）

相关试题：

(1)试论中国民主政治的发展途径。（广西民大 2010 年研）

(2)分析政治民主的特征，结合我国国情，谈谈我国民主建设的途径。（中国政法 2010 年研）

(3)如何正确认识和推进我国民主政治建设的进程？（南开大学 2009 年研）

6. 试结合马克思主义民主观，论述积极稳妥推进中国特色社会主义民主政治建设。（对外经贸 2014 年研）

7. 运用民主政治的相关原理，结合实际分析党内民主推动社会民主的重要性和必要性。（东财 2014 年研）

18.3　考研真题与典型题详解

一、判断题

1. 多元民主观认为，民主是多种利益集团的相互作用。（对外经贸 2017 年研）

【答案】正确

【解析】现代美国政治学家达尔等人认为，民主可以被定义为“多元政体”，即多元的社会自治团体主导着政治过程。多元民主观认为，民主是多种利益集团的相互作用。

2. 政治民主以公民权利的自由和平等为核心原则。（对外经贸 2013 年研）

【答案】正确

【解析】政治民主以公民权利的自由和平等为核心原则，这是政治民主的基本特征之一。政治民主首先集中体现为每个公民在社会政治生活中具有独立的政治人格和自由的权利，这种自由权利是在法律规定的范围内实行的。政治民主还集中表现为公民之间享有权利的平等性。

二、概念题

1. 代议民主（四川大学 2014 年研）

相关试题：间接民主(华中师大2019年研；华侨大学2019年研)

答：代议民主又称间接民主，是指公民通过由自己的同意所选举出来的代表负责制定法律和管理公共事务的一种民主政治形式，从本质上来说它是现代民主政治的产物。代议民主比较成功地解决了民主的规模与民主的实现问题。代议民主是资本主义商品经济摧毁封建政治特权的产物，因此代议民主可为财产权、经济自由、政治自由这些"资产阶级权利"提供牢固的保障。避免了直接民主制下国家与社会的高度合一而造成的民主与自由的紧张对立。

2. 社会主义民主(外交学院2016年研)

答：社会主义民主又称"无产阶级民主"，是指在社会主义条件下，无产阶级和广大人民享有的民主。它是无产阶级的政治制度。在社会主义制度下，人民是国家的主人，国家的一切权力属于人民。人民行使国家权力的机关是全国人民代表大会和地方各级人民代表大会。人民依照法律规定，通过各种途径和形式，管理国家事务，管理经济和文化事业，管理社会事务。人民依法享有选举权和被选举权等权利，依法享有人身、言论、通信、出版、集会、结社、游行、示威、宗教信仰等自由，在法律面前一律平等。社会主义民主是对人民民主和对敌人专政的辩证统一；在人民内部，是民主和集中的辩证统一，人民既享受着广泛的民主和自由，同时又必须用社会主义的纪律约束自己，遵守社会主义法制。

3. 民主(华中师大2014年研；四川大学2011年研)

答：民主是指统治阶级中的多数人掌握国家权力的国家形式、政治制度。马克思主义认为：①民主是特定的社会经济基础上的上层建筑，是以特定的社会经济为基础的，同时，它又服务于特定的社会经济关系；②在阶级社会中，民主具有阶级性，在生产力发展的特定阶段上，社会生产关系集中表现为阶级和阶级利益，因此，在特定生产关系基础上形成的民主也具有阶级性；③民主是一种国家形式，在实际社会生活中，民主常常体现为一种原则、一种价值或一种工作方式；④民主是一种保障公民权利得以实现的国家形式，民主是一种特定的国家形态和形式，它不同于其他国家形式之处在于它承认公民在政治上拥有平等的权利，并从制度上规定这种平等的权利能够得到实现。

4. 政治民主(华中师大2023、2015年研；四川大学2015年研；江西师大2014年研)

答：政治民主是指在特定的经济关系和利益关系基础上，保障公民政治权利得到平等实现的政治形式。政治民主具有如下特征：①政治民主以特定政治统治的确立为其前提；②政治民主与市场经济紧密相关；③政治民主以公民权利的自由和平等为核心原则；④政治民主以多数决定作为基本规则；⑤政治民主以间接民主和直接民主为基本实施方式；⑥政治民主以法治作为实施条件和保障。

5. 政治民主化(厦门大学2011年研)

答：从广义上看，政治民主化是指在人类历史发展进程中，政治从少数人统治向多数人统治发展的全过程。从狭义上看，政治民主化是指从传统社会向现代社会转型过程中，政治的形式和内容从非民主走向民主，特别是从专制走向民主的过程。政治民主化就是政治从专制集权向民主过渡，以建立民主政治，实现政治民主的过程。

三、辨析题

“当官不为民做主，不如回家卖红薯”表明古人已经具有现代人的民主意识。（中山大学2018年研）

答：这种说法是错误的，具体分析如下：

“当官不为民做主，不如回家卖红薯”这句俗语最早出自戏剧《七品芝麻官》。它反映了当时人民对封建官僚能够为民作主的期待和希望，但这句话并不意味着古人已经具有现代人的民主意识。

（1）从民主的含义来看，现代民主一般包括四个方面的内涵：

①民主要求赋予公民言论权、知情权、选举权、监督权和罢免权，同时保证这些基本权利的自由与平等。

②民主一般实行少数服从多数的原则，同时要求多数人尊重并保护少数人的意志。

③民主的实现形式可分为直接民主和间接民主。直接民主就是由社会全体政治成员直接管理或决定社会公共事务。但在现实中，不可能任何公共事务都由全体公民公投公决。通常情况下，由人民选举出特定的公职人员实行社会政治管理的方式，即被称为间接民主，又称代议民主。

④现代社会里，民主与法治密不可分，实行民主必须同时伴以法治建设。

对于古代的封建社会而言，上述四个方面是不可能实现的。公民基本没有政治权利；政治统治是多数服从少数的原则；公民除了科举基本没有机会和渠道接触社会公共事务；法律的设定是为统治阶级服务的。因此，古人并不具备产生民主意识的条件。

（2）“当官不为民做主，不如回家卖红薯”事实上只是表达了古人的一种美好愿望，他们仍旧是将希望寄托在封建官僚身上，却不敢主动去争取自己的权利。

综上所述，这句俗语并未表明古人具有现代民主意识，题干说法错误。

四、简答题

1. 社会主义民主的特征是什么？（湘潭大学2013年研）

相关试题：试述社会主义民主的基本特征。（论述题，首都师大2010年研）

答：（1）社会主义民主的含义

参见本章考研真题与典型题详解概念题第2题答案。

（2）社会主义民主的基本特征

①社会主义民主是多数人的民主，是人民真正当家作主

社会主义民主是在以马克思主义为指导的共产党的领导下建立、发展和完善的。我国的实践证明，共产党领导的多党合作与政治协商制度的完善是社会主义民主制的重要组成部分和根本保证，我们党始终代表了中国先进社会生产力的发展要求、中国先进文化的前进方向、中国最广大人民群众的根本利益。共产党的领导与社会主义民主的发展和完善绝不是对立的，而是一致的。只有坚持共产党的领导，才能坚持民主的社会主义性质，保证人民当家作主。

②社会主义民主实行民主集中制

通过民主的过程表达各方面的利益要求，通过集中的过程形成全体人民的共同意志，

由此形成了民主与集中的高度有机统一。在国家制度层次上，民主集中制体现为：人民代表大会代表人民行使国家的最高权力。全国人民代表大会掌握着包括经济、政治、文化、社会、外交等各方面的最高权力和全部权力，我国的行政机关、司法机关都由代表人民最高意志的人民代表大会产生，并且接受人民代表大会的监督。地方各级人民代表大会服从全国人民代表大会的决议。

③社会主义民主通过社会主义法制予以保障

社会主义法制是社会主义国家人民的利益和意志的集中体现，是社会主义社会和政治运行的基本规则，因此，依法治国是社会主义国家社会治理和政治运行的基本方略。所以，在发展社会主义民主的同时必须不断完善社会主义法制。

总之，社会主义民主是共产党的领导、人民当家作主和依法治国的有机统一，是最广泛、最真实的民主。与资本主义民主相比，社会主义民主具有巨大的优势，并已经在现实中得以体现。随着社会主义国家实力的增强，社会、政治、经济制度的完善，社会主义民主的优势必将得到更大的发挥。

2. 民主与法治的关系如何？（中山大学2017年研）

答：法治主张人的一切行为规范都应该用立法的形式明确规定，并主张有法必依，赏罚严明。民主以法治作为实施条件和保障，同时法治又以民主为前提和基础。民主与法治是相互依存、相互作用、紧密联系、不可分割的。民主与法治的关系如下：

(1)政治民主以法治作为实施条件和保障

①法治使民主政治的原则、规范法律化、制度化，使民主具有最高权威性。

②法治规定了民主政治的具体内容和范围，公民明确了其实际享有的权利。

③法治规定了实现民主的具体程序和方法，社会政治成员有了按照民主政治行为的基本准则。

④法治为民主政治提供了保障措施。法律惩罚违反民主政治原则的行为。

(2)民主政治中的法治又必须以民主政治作为基础和内容

①法律必须以维护公民的利益而不是个别权势者的利益为取向。

②法律原则和具体规定必须由全体人民通过一定程序来制定和确认，而不以少数人的意志为转移。

③法律面前人人平等，任何人不得凌驾于法律之上。

④法律裁决只能由民主程序产生的司法机关作出。

3. 政治民主有哪些基本特征？（广西民大2017年研；四川大学2014年研；东财2012年研；武大2011年研；南京师大2011年研）

相关试题：

(1)如何理解政治民主的科学含义及其基本特征？（武大2012年研）

(2)试述政治民主的基本特征与中国特色社会主义民主建设的主要目标。（四川大学2012年研）

答：政治民主的基本特征主要包括：

(1)政治民主以特定政治统治的确立为其前提

政治民主是一种社会政治形式，是一种政治管理形式。民主必须以特定政治统治的确定和存在作为自己确定和存在的基本前提。

(2)政治民主与市场经济紧密相关

政治民主与市场经济紧密相关的根本原因在于，民主政治的基本原则和规则是市场经济的原则、规则和规范在政治权力的组织运行方式和政治权利的实现方式中的运用。民主政治的过程是市场经济过程在政治领域中的反映和投射。

(3)政治民主以公民权利的自由和平等为核心原则

①政治民主集中体现为每个公民在社会政治生活中具有独立的政治人格和自由的权利。

a. 每个公民不应将他人的意志当作自己的意志，而是要拥有作为公民所应具备的独立政治权利和政治要求。

b. 每个公民可以在政治生活中自由地行使并实现自身的公民权利，自由地掌控自己的精神和行为，自主地决定自己的事务。

②公民之间享有平等的权利。公民在法律面前人人平等，在选举中一人一票。

(4)政治民主以多数决定作为基本规则

在具体程序上，多数决定规则体现为：

①任何公共事务在形成决定前必须由政治成员自由充分讨论，以便在此基础上形成公正的意向。

②按照特定的程序和规则，以一人一票的方式作出多数决定。

③由多数决定的方案的修改仍需多数重新决定。

多数决定的规则还意味着保护少数人的权利。要允许和保护少数人发表自己的观点和看法，维护少数人在法定范围内实施自己的政治权利。

(5)政治民主以间接民主和直接民主为基本实施方式

①间接民主是指由人民选举出特定的公职人员实行社会政治管理的方式。

②直接民主即由社会全体政治成员直接管理或决定社会公共事务。

(6)政治民主以法治作为实施条件和保障

参见本章考研真题与典型题详解简答题第2题答案。

4. 政治民主与市场经济之间的关系。(中南财大2010年研)

答：政治民主与市场经济两者相互影响，具有十分密切的联系，表现为：

(1)市场经济是政治民主发展的基础条件

民主形式的变化和民主程度的提高，是由社会经济条件的发展变化促成的。市场经济决定了利益的多元化，利益主体互动的过程体现了社会自治。公民实现政治权利和发展政治民主需要物质基础和社会机会，这些需要通过市场经济来提供。

(2)政治民主是市场经济发展的政治保障

市场经济的平稳有序发展离不开政治民主的有力支撑。民主的发展必然促使自由、平等、宽容、理性、诚信等成为社会的主流价值观，而这些价值观是市场经济健康发展的必要条件。此外，政治的民主有利于遏制腐败现象的发生，从而保障社会公平，促进市场经济的有序发展。

5. 实现民主政治的一般原则有哪些？（西南大学2010年研）

相关试题：民主政治的基本特征和主要原则有哪些？（西南大学2012年研）

答：实现民主政治一般遵循以下基本原则：

(1)自由平等原则

自由和平等是政治民主的核心原则。政治民主集中体现为每个公民在社会政治生活中具有独立的政治人格和自由的权利。公民之间享有平等的权利。公民在法律面前人人平等，在选举中一人一票。

(2)多数决定原则

多数决定是民主政治的基本原则。在具体程序上，多数决定规则体现为：

①任何公共事务在形成决定前必须由政治成员自由充分讨论，以便在此基础上形成公正的意向。

②按照特定的程序和规则，以一人一票的方式作出多数决定。

③由多数决定的方案的修改仍需多数重新决定。

多数决定的规则还意味着保护少数人的权利。要允许和保护少数人发表自己的观点和看法，维护少数人在法定范围内实施自己的政治权利。

(3)讨论原则

①讨论原则以异议、意见、反对派的存在为前提，并以讨论的方式交流各自的不同意见，求大同存小异，制定同一政策的方式和途径。

②讨论是和平地解决分歧和冲突的方式和途径。

③讨论是公开地交流不同意见，让公众了解并参与制定过程的方式和途径。

(4)妥协原则

妥协原则是指为达成具体的目的，意见相异或对立的各方调整各自的意见，以达到相对一致的方式和过程。

①妥协的目的是为制定出更为创造性的政策。

②妥协是相互了解和理解对方的意见的过程，而不是各方只顾坚持自己的意见。

③妥协是各方反省自己的意见，以发现和创造共同点的过程，而不是一方盲目地顺从另一方。

五、论述题

1. 如何理解法治是民主政治的保障？（首都师大2015年研）

答：民主以法治为基础，一方面是指民主制度要靠法律来保护，另一方面是指民主所依赖的平等原则和自由原则都蕴涵在法律之中。在某种意义上，平等是自由的前提，因为在不平等的特权社会不可能有贸易的自由，当然也不可能有政治上的民主；只有在契约原则、法制关系建立起来后，自由才能得到保障。从动态角度解释，法治是实现政治统治和政治管理的权威凭借，其核心内容是以特定的规范、准则来强制规定社会成员的行为和行为方式。具体讲，法治是民主政治的重要保障条件。这种保障主要体现在几个方面：

(1)法治承认民主政治的原则、规范，使之法律化、制度化，从而使民主具有最高权威性。法治建设是政治民主建设的重要内容，又是政治民主建设的基本途径。法治建设包括法律制度的确立、法律的建设和完善，政治民主运行的规则化和规范化，政治民主过程的程序化。

①政治民主的制度确立，是民主的制度性建设的首要任务

民主政治的发展过程，实际上就是社会政治生活确立民主规则并逐步依据这些规则走向制度化的过程。缺乏民主制度的确立，民主政治是难以想象的。所以，务必要确立民主政治的基本原则与根本制度，并且要以民主政治的基本精神来贯彻这些根本制度和原则。

②政治制度和法律制度的建设和完善

政治民主的制度性建设和完善包括政治制度和法律制度的建设和完善。具体如下：

a. 就政治制度建设和完善来说，政治权力主体在确立了政治民主的根本制度之后，需要完善和改进政治体制和运行机制，其完善和改进的原则，是有利于公民有序参与政治，反映其利益要求，实现其政治权利，并且提高国家机关工作效率，加强社会和政治监督等。政治权力主体按照这些原则要求，设置和改进政治机构与设施，确定政治组织和机构的职能及其相互之间的权力关系，开拓和完善公民有序参与政治生活的途径和制度。

b. 就法律制度的建设和完善来说，应该明确宪法是国家政治生活的根本大法，“任何组织和个人都必须在宪法法律的范围内活动，实现依法治国。”同时，需要根据社会和经济发展状态，不断制订和完善各项具体法律法规，以形成统一而完备的法律体系，做到社会和政治生活有法可依。在此前提下，需要做到有法必依，严格按照法律进行政治活动和社会活动。

(2)法治规定了民主政治的具体内容和范围，从而使公民明确自己实际享有的权利。这就要求政治民主运行的规则化和规范化，要求对于民主政治运行规则的建设和规范，要求政治生活公开透明，要求政治生活按照法定规则运行，这样公民才能进行有序的政治参与，行使政治权利。

(3)法治规定了实现民主的具体程序和方法，从而为社会政治成员提供了按照民主政治行为的基本准则。法律不仅从原则上确认了民主政治中公民政治权利的原则和内容，而且以具体法规规定了这些权利的实施办法，使民主政治具有特定规范的可操作的政治活动方式。政治民主过程的程序化，要求设置权力运行的正当程序，政治权力对于社会公共利益的实现和不同利益的协调，都应该按照法定的程序进行。而政治决策和实施过程，都按照法定程序进行。

(4)法治为民主政治提供了保障措施。法律以国家机器为后盾，在民主政治中，它以强制力保障着民主政治的正常实行，而惩罚违反民主政治原则的行为。

2. 社会主义民主的社会政治作用。(辽宁大学2019年研)

答：社会主义民主的本质是由社会主义政治关系决定和保证的。社会主义民主是共产党的领导、人民当家作主和依法治国的有机统一。社会主义民主通过发展社会主义市场经济而不断完善。社会主义民主的政治作用主要体现在：

(1)社会主义民主可以维护和巩固无产阶级政治统治。社会主义民主的本质就是要完成社会向完全自治的转变，实现马克思提出的“人民自己实现的人民管理制”。社会主义民主通过保证无产阶级和劳动人民政治权利的实现，来达到强化和巩固无产阶级政治统治的阶级基础的目的，保持社会主义民主政治统治的性质和力量。因此，社会主义民主的发展会

进一步维护和巩固无产阶级政治统治。

(2)社会主义民主可以协调人民之间的利益矛盾。社会主义民主是民主和集中的辩证统一，人民既享受着广泛的民主和自由，同时又必须用社会主义的纪律约束自己，遵守社会主义法制，从而实现人民政治的本质，实现人民内部的团结和社会政治的和谐稳定。

(3)社会主义民主是促进社会主义经济建设的有效途径。社会主义民主集中人民群众的智慧，最大限度地避免决策的盲目和片面，促进社会主义经济的科学发展；社会主义民主将民主的原则和方式运用到人际关系的协调中，充分保障人民的权益，积极调动人民奉献自我、从事社会主义经济建设的主动性，推动社会主义经济建设不断发展。

(4)社会主义民主是提高社会主义政治文明水平的重要途径。在社会主义民主政治生活中，人民参政议政的过程中也不断提高自身的政治知识和素质，规范民主政治的运行。随着社会主义民主主体——人民政治素质的提高，社会主义政治文明水平也将不断提高。

(5)社会主义民主是防止政治专制和政治腐败的有效工具。社会主义民主以人民主权为基本原则，拒绝一切政治专制和专断，使得国家的一切权力属于人民；同时社会主义民主也拒绝政府的专制，建立监督制度，保障人民意志的实现，防止政治腐败行为。

3. 试论政治民主的科学含义和基本特征。(武大2009年研)

相关试题：

(1)简述马克思主义的民主观。(简答题，华中师大2017年研)

(2)民主的基本观念。(简答题，暨南大学2010年研)

(3)论述政治民主的含义。(中国人民公安大学2010年研)

(4)论述政治民主的基本特征是什么?(浙江工业大学2009年研)

答：(1)政治民主的科学含义

根据马克思主义对民主内涵的讨论，政治民主是指在特定经济关系和利益关系基础上，保障公民政治权利得到平等实现的政治形式。

(2)政治民主的基本特征

参见本章考研真题与典型题详解简答题第3题答案。

4. 论述政治民主的类型。(中国人民公安大学2011年研)

答：政治民主可分为前资本主义社会的政治民主、资本主义社会的政治民主和社会主义社会的政治民主。

(1)前资本主义社会的政治民主

在前资本主义社会，民主经历了原始社会、奴隶社会和封建社会。按照三种社会形态的不同，民主可分为原始社会的民主、奴隶社会的民主和封建社会的民主。

①原始社会的民主。原始社会氏族成员共同管理社会生活的形式。当时生产水平低下，生产资料公有，氏族成员处于平等地位，重大事务由氏族成员的全体会议决定，社会秩序依据氏族组织的权威和全体成员的习惯来维持。它是原始社会经济关系的反映。原始社会的民主制形成的只是民主的简单规则和机构。

②奴隶社会的民主。奴隶社会的政治民主的典型代表是古希腊的雅典城邦，是人类历史上第一次发展为国家(城邦)形态的民主。奴隶社会民主的基本特征是：a. 民主具有奴隶

主阶级性；b. 民主制的实行与市场经济密切相关；c. 民主形成了较为完备的政治制度；d. 民主已经具有法制特征。

③封建社会的民主。封建社会的政治制度主体是土地私有制为基础的专制政治，但在西欧的某些城市共和国也实行了民主制度。这种民主制度的基本特点是：a. 它是由封建社会中某些工商业发达的城市经济中的市场经济关系造成的；b. 它是由豪门贵族、行会主和银行家这些封建统治阶级中的特殊阶层控制和支配的民主制；c. 它存在于封建社会中的某些局部、特殊地区，它的民主制在总体上还受着封建国王和领主的控制。

(2)资本主义社会的政治民主

①资本主义社会的民主的基本内容包括民主原则、民主制度以及民主权利规定。

a. 资本主义的民主原则以抽象人性论、自由、平等、博爱、天赋人权为核心内容。

b. 资本主义民主制主要包括普选制、议会制、分权制衡制、利益集团政治、政党政治和法制。

c. 民主权利规定主要是公民的信仰、言论、集会、结社自由。

②资本主义民主具有特定的历史地位、经济基础、阶级内容和社会政治作用。

a. 对于封建专制政治来说是一个历史的进步。

b. 是以私有制为核心的市场经济为基础的。

c. 本质上是资产阶级的民主，资产阶级凭借其掌握的财产和各种政治组织、传播工具，对社会政治产生着决定性的作用。

(3)社会主义社会的政治民主

参见本章考研真题与典型题详解概念题第2题答案。

5. 请说明政治民主的基本特征，并结合中国国情阐述中国实现民主的可行路径。（武大2013年研）

相关试题：

(1)试论中国民主政治的发展途径。（广西民大2010年研）

(2)分析政治民主的特征，结合我国国情，谈谈我国民主建设的途径。（中国政法2010年研）

(3)如何正确认识和推进我国民主政治建设的进程？（南开大学2009年研）

答：(1)政治民主的基本特征

参见本章考研真题与典型题详解简答题第3题答案。

(2)中国实现民主的可行路径

建设高度民主的社会主义政治是一项复杂的和长期的任务。过分强调民主化进程中的困难而放慢或停止民主建设的步伐，是一种错误倾向；夸大民主化进程中的有利因素，不顾客观条件盲目地追求一步到位，也是一种片面和有害的主张。建立民主政治应该面向未来，立足现实，注重成效，将政治体制改革同完善社会主义市场经济以及社会主义现代化进程的全面推进紧密结合，把社会主义民主纳入法律化、制度化轨道，从制度上保证党和国家政治生活的民主化、管理经济的民主化、整个社会生活的民主化。中国实现民主可以从以下几个方面入手：

①坚持和完善人民代表大会制度

人民代表大会制度是同我国人民民主专政的国体相适应的政权组织形式，是人民当家作主，行使民主权利的制度保障。坚持和完善人民代表大会制度，要从两个方面开展工作：

a. 根据宪法的规定，积极推进民主选举，进一步强化人民代表大会的立法职能和监督职能，完善人民代表大会及其常委会的各项工作制度，把人民代表大会建设成为宪法所规定的有权威的国家权力机关。

b. 进一步密切人民代表与广大人民群众的联系，逐步形成深入了解民情、充分反映民意、广泛集中民智的决策机制，推进决策的民主化和科学化，提高决策水平和工作效率。

②坚持和完善共产党领导的多党合作与政治协商制度

a. 按照"长期共存、互相监督、肝胆相照、荣辱与共"的方针，加强中国共产党与各民主党派、民主团体的合作共事，使有关重大方针和重大问题的政治协商与民主监督经常化、规范化、程序化。

b. 充分发挥各民主党派联系社会各界人士的作用，在全社会范围内建立广泛的对话渠道，以相互沟通和相互理解的方式来协调与处理各类人民内部矛盾，最广泛地发挥人民群众的积极性、创造性。

③坚持和完善民族区域自治制度

民族区域自治是中国共产党运用马列主义基本原理解决民族问题的基本政策，是国家的一项重要政治制度。

a. 保障少数民族权利，巩固和发展平等、团结、互助的社会主义民族关系。

b. 加快发展少数民族地区的经济和科学文化事业，促进各民族的共同繁荣。

c. 认真贯彻党的宗教政策、侨务政策，充分调动各界爱国人士的积极性，为社会主义现代化建设服务。

④坚持和完善基层民主制度

基层民主是我国民主政治建设的一个重要的侧面，是社会主义民主最广泛的实践，也是人民当家作主最直接的实际体现。当前进一步扩大基层民主，主要是要切实加强基层政权组织和群众自治组织的建设。

a. 要依法进一步建立健全村民委员会、居民委员会等组织，不断完善基层民主选举的具体制度和办法，普遍推行政务公开、村务公开、财务公开等制度，使广大人民群众对身边的经济、政治和社会事务，能真正有效地实行民主管理、民主决策和民主监督。

b. 在企事业单位，要继续坚持和不断完善以职工代表大会为基础形成的民主管理制度。要随着我国经济体制改革的不断深化和企业组织形式、劳动关系的变化，适当调整职代会的职能，拓展工作领域，丰富工作内容。同时，还要注意在实践中积极探索实行职工民主管理的新形式、新途径。

⑤健全和完善民主监督制度

社会主义民主政治，必然要求政府根据人民的利益、按照人民的要求使用权力。要把党内监督、法律监督、群众监督结合起来，充分发挥舆论监督的作用。加强对宪法和法律实施的监督，维护国家法制统一；加强对党和国家方针政策贯彻的监督，保证政令畅通；加强对各级干部，特别是领导干部的监督，防止滥用权力，严惩执法犯法、贪赃枉法。

⑥发展民主必须同健全法制紧密结合，实行依法治国

社会主义民主和社会主义法制是两个相互联系、不可分割的方面。民主是法制的基础，法制是民主的保障。大力加强社会主义法制建设，走依法治国之路，是社会主义政治发展的必然选择。

6. 试结合马克思主义民主观，论述积极稳妥推进中国特色社会主义民主政治建设。（对外经贸2014年研）

答：（1）马克思主义民主观

参见本章考研真题与典型题详解论述题第3题答案。

（2）积极稳妥推进中国特色社会主义民主政治建设

①坚持党的领导、人民当家作主和依法治国的有机统一

a. 共产党的领导是实现社会主义民主的根本保证。在社会主义国家，共产党是执政党，是国家各项事业的领导力量，是社会主义民主的保障力量。

b. 人民当家作主，是社会主义民主的本质体现和目的所在。社会主义民主区别于其他民主政治的本质是它能够真实反应人民的权利，能够切实保障人民权利的实现，这是社会主义制度优越性的体现。

c. 依法治国是实现社会主义民主的重要途径。法治的程度，影响着民主的程度。法治既是对于公民享受民主权利的保护，也是对于侵害民主的行为的限制。依法治国可以使得社会运行制度化、规范化和程序化。

②继续积极稳妥地推进政治体制改革

政治体制改革是社会主义政治制度的自我完善、自我发展，是社会主义民主政治建设的基本路径。政治体制改革是一项十分复杂的社会系统工程，我们必须适应经济发展和社会进步的要求，在坚持四项基本原则的前提下，继续积极稳妥地推进政治体制改革。我们在进行政治体制改革时，既不能急于求成，又不能无所作为，必须采取积极而又审慎的方针，有领导、有步骤、有秩序地推进。

③发展党内民主

中国共产党是按照民主的原则组成的工人阶级先锋队，在党内，党员是党的基础和主体，党员的政治权利一律平等，党的决策和管理也就必须遵循民主的原则。中国共产党作为执政党，居于政治制度的核心，是国家和社会生活的领导者和组织者，党内生活民主化对国家政治生活民主化具有示范和推动作用。所以，发展党内民主，不仅是党自身发展的内在动力，更是国家与社会主义发展的重要途径。

④加强社会主义民主的制度化和法制化

a. 加强制度建设是社会主义民主政治建设的关键。制度建设不仅是社会主义民主政治的实体形态，而且是衡量社会主义民主政治发展水平的主要标志。十一届三中全会后，邓小平深刻总结了我国民主政治建设中正反两方面的经验教训，指出：制度问题更带有根本性、全局性、稳定性和长期性。为了保障人民民主，必须加强法制，必须使民主制度化、法律化，使这种制度和法律不因领导人的改变而改变。

b. 加强对权力制约和监督是制度建设的重要内容。第一，搞好内部权力分解，建立科学的权力制衡机制。第二，推行公开办事制度，提高权力运行的透明度。第三，改革和完善党内监督机制。第四，建立健全舆论监督机制。

c. 深化干部人事制度改革是加强制度建设的重要任务。第一，建立健全能“上”能“下”的干部人事管理制度。第二，在干部人事制度的改革中，必须充分发扬民主，体现人民意志。

d. 实施依法治国是社会主义民主政治建设的重要保障。法治是现代民主政治的本质要求和有机组成部分。在中国特色社会主义民主政治建设的进程中，必须实施依法治国方略，保障社会主义民主的制度化、法制化。首先，要进一步加强立法工作。其次，要依法行政。再次，要积极推进司法体制改革，确保司法独立和公正。最后，要进一步加强普法教育，不断增强公民法律意识，提高法律素质，在全社会营造一个人人学法、懂法、自觉守法的良好氛围。

⑤大力发展人民民主

a. 改革和完善人大代表选举制度。第一，人大代表的产生实行竞争化。第二，人大代表联系选民实行制度化。第三，逐步实行人大代表的职业化。

b. 扩大公民有序的政治参与。第一，要培育公民的民主意识。即树立公民的主体意识增强公民的政治参与意识。第二，要加强基层民主建设，不断完善村民、居民自治制度。

⑥借鉴人类政治文明的有益成果

a. 要借鉴西方代议制度和竞争机制中的有益成果。代议制是指作为国家主体的人民选举出代表组成议会议决国家大事的制度。西方实行代议制的国家，主要是通过政治竞争获得国家权力，担负起管理国家的责任。西方国家的政治竞争主要表现为大选的竞选，还体现在公职人员的使用上，他们已经形成了系统的竞争机制，我们应加以借鉴和吸收。

b. 应批判借鉴吸收西方选举制度和政治参与机制中的民主原则。西方国家的选举制度是指按照一定程序选择掌握政治权力的人员组成政府，代表他们行使权力的一种制度。在西方国家，伴随着选举制度的发展，公民政治参与逐渐成为民主政治制度的一项重要内容，并形成了一系列政治参与形式。

c. 要充分借鉴西方分权制度和制衡监督机制的科学成分。三权分立制度是按照三权分立和权力制衡的原则把国家权力划分为立法、司法和行政三个方面，由宪法赋予法律地位大致相等的立法、行政和司法机构分别行使，各司其职，各负其责，相互制约，从而达到权力制衡。我们既不能照抄照搬，也不能因为它是资本主义的根本政治制度而全盘否定。

7. 运用民主政治的相关原理，结合实际分析党内民主推动社会民主的重要性和必要性。(东财 2014 年研)

答：民主政治是在特定的经济关系和利益关系基础上，保障公民政治权利得到平等实现的政治形式。没有民主就没有社会主义，也就没有社会主义现代化，因此社会主义民主建设对于我国整个社会主义现代化而言非常重要。党内民主是党的生命和本质性规定，也是多年来我国民主政治改革的基点和突破口，对社会民主具有示范作用。发展党内民主会推动党的自身建设朝着民主、科学、健康的方向发展；也是党加强执政能力建设和巩固党执政合法性的需要；中国共产党党内民主的切实推进，必将带动整个国家政治生活的民主化，这是中国共产党在我国政治生活中的核心领导地位所决定的。中国共产党作为我国唯一合法的执政党，其党内民主建设的意义决不仅限于中国共产党自身，而必然对整个社会的民主政治建设都会起到重要的作用。

（1）党内民主发展并推动了社会民主的实现

在我国缺乏民主政治传统的环境下，政党扮演了推动社会民主实现的重要角色。党内民主与社会民主是一种互动的辩证关系，党内民主对社会民主具有重大的指导和示范作用，同时，中国共产党又整合了整个社会民主的政治、思想、组织资源，所以党内民主又是社会民主的核心和题中要义，而社会民主作为我国民主政治的重要发展目标，也是中国共产党一直以来带领人民群众所要实现的。

（2）以党内民主推动社会民主将实质性地推进整个社会的政治发展

把党内民主视作民主政治发展的突破口与切入点，是由目前我国的具体国情决定的，也是兼顾民主和稳定这两大政治发展目标的实际需要。中国目前的中心任务还在于经济发展，这是由当前激烈竞争的国际环境所决定的，所以民主政治的发展要为经济的可持续发展开辟一个稳定健康的环境。率先实行执政党党内民主，以党内民主带动社会民主，会对整个国家的民主进程起到表率作用，将实质性地推进整个社会的政治发展。

（3）党内民主推动社会民主有利于促进和谐社会的构建

党内民主是增强党的创新活力、巩固党的团结统一的重要保证。要以扩大党内民主带动人民民主，以增进党内和谐促进社会和谐。只有实现和保持党的团结和谐，才能对社会和谐起到示范和带动作用，在和谐社会建设中更好地体现党的先进性。只有充分的党内民主作风，形成和谐的党内氛围，才能为社会和谐提供稳定的政治保障。反过来，社会的和谐发展，对党内和谐、党内民主及其制度的建设也有推动和促进作用。

（4）党内民主推动社会民主将有效地推动法治国家建设，促进社会主义现代化建设

法治国家建设的核心是权力运行的制度化和常态化，宪法高于权力。我国党内民主的核心是以党的规章制度来促进民主建设，由此推及到社会民主，同样也是通过法律、规章和制度来确保其顺利进行，党内民主推动社会民主将最大限度地促进我国社会主义现代化建设。

第七编　国际政治

第十九章　国际政治

19.1　复习指南

【知识框架（庖丁解牛）】

- 国际政治
  - 国际政治的含义
    - 国际政治主体
      - 定义
      - 基本特征
      - 类型
        - 主权国家
        - 国际组织
        - 其他国际政治主体
    - 国际政治的定义
      - 基本含义
      - 基本特征
  - 国际政治与国内政治的联系与区别
    - 联系
    - 区别
      - 利益构成和内容不同
      - 政治主体方面不同
      - 政治权力关系构成方面不同
      - 政治权利关系方面不同

通关提要（提纲挈领）

本章是国际政治的基础内容，难度一般。本章需要把握国家政治的含义、特征，了解国际政治行为主体，明晰国际政治与国内政治的联系和区别。

19.2　考研真题与典型题

一、判断题

在国际政治中，国家力量是国际政治主体力量中最重要的力量。（对外经贸 2016 年研）

二、概念题

1. 跨国公司（对外经贸 2014 年研）
2. 国际政治（首都师大 2010 年研）

三、简答题

1. 国际组织的基本特点。(青岛大学 2013 年研)

相关试题:

(1)简述国际组织的内涵及其基本特点。(湘潭大学 2012 年研)

(2)国际组织(概念题,青岛大学 2011 年研)

2. 国家主权的基本属性应包括哪几个方面?(电子科大 2014 年研)

3. 国际组织较之主权国家具有哪些突出的特点?(对外经贸 2013 年研)

19.3 考研真题与典型题详解

一、判断题

在国际政治中,国家力量是国际政治主体力量中最重要的力量。(对外经贸 2016 年研)

【答案】正确

【解析】在国际政治中,国家力量是国际政治主体力量中最重要的力量。国家力量主要由两部分构成,即物质的、可见的、可计量的力量和精神的、不可见的、难以计量的力量。

二、概念题

1. 跨国公司(对外经贸 2014 年研)

答:跨国公司是指以一国为基地或决策中心,通过对外直接投资,在其他国家或地区设立子公司、分公司或附属机构,从事国际性生产、经营或其他服务活动的大型企业或公司。其主要特点有:①有一个国家实力雄厚的大型公司为主体,通过对外直接投资或收购当地企业的方式,在许多国家建立子公司或分公司;②具有完整的决策体系和最高的决策中心;③从全球战略出发安排自己的经营活动,在世界范围内寻求市场和合理的生产布局,以牟取最大的利润;④具有强大的经济和技术实力,有快速的信息传递,以及资金快速跨国转移等方面的优势,所以在国际上都有较强的竞争力。跨国公司的强大经济实力,以及它们跨国的生产和经营方式,使得它们能够影响东道国的政策。这种影响不但表现在经济上,诸如控制某些国家的某些行业乃至经济命脉,而且表现在政治上,诸如干预某些国家的内政,甚至参与颠覆政府的活动。

2. 国际政治(首都师大 2010 年研)

答:国际政治是指国际社会中各主权国家、国际组织以及各种政治力量相互之间的关系及其矛盾运动过程的综合。其基本含义可以从以下三个方面来理解:①国际政治发生于国际社会的多个行为主体之间,其中主要发生于国家这一主体之间。②国际政治的基本内容,是国际社会多个行为主体之间的政治关系,这种政治关系是由三个层次的关系所构成的:利益关系、力量对比关系、国际政治行为主体之间的相互作用关系。③国际政治是国际社会政治关系的总体集成。国际政治作为各国和其他国际政治行为主体之间形成的普遍政治联系体系,具有如下基本特点:a. 国际政治关系是全球性的政治联系;b. 国际政治关系是诸行为主体之间的有机政治联系;c. 国际政治关系是有序的政治关系;d. 国际政治关系处于不断变化和发展中。

三、简答题

1. 国际组织的基本特点。(青岛大学2013年研)

相关试题:

(1)简述国际组织的内涵及其基本特点。(湘潭大学2012年研)

(2)国际组织(概念题,青岛大学2011年研)

答:国际组织的基本特点如下:

(1)国际组织都具有参与国际活动的能力。这种能力主要包括:

①在特定范围内具备建立和维护国际关系的能力,以及与其他国际法主体订立国际条约并履行该条约的能力。

②拥有维护自身权益的能力与相应手段,包括为维护自身权益而提起和应对诉讼、要求并支付国际赔偿的能力与手段等。

(2)国际组织存在与活动的合法性依据是组织参与者之间所订立的条约,任何超越和违背条约规定的职权与活动都是非法或无效的。

(3)国际组织的组织原则是组织各个参与者之间的地位平等,互不干涉彼此的内部事务或者个人事务,更不能侵犯各参与者各自的权利。

2. 国家主权的基本属性应包括哪几个方面?(电子科大2014年研)

答:荷兰政治思想家格劳秀斯从国家间关系和国际法的意义上强调了主权的独立、平等和不受限制的基本特性,同时将主权的内容分为对内主权和对外主权。国家主权的基本属性包括以下几个方面:

(1)对内的最高统治权。即国家对其领土内的一切人或事物以及领土以外的本国人实行最高的统治权。这是国际法已经确认的属地优越权和属人优越权的具体体现。

(2)对外的独立平等权。即在国际关系和国际政治中国家行使权力的完全自主性,排除任何外来的干涉和限制。各国可根据自己的意愿采取自主的对外行为,各国在国际法意义上的权力地位一律平等。

(3)防范侵略的自卫权。即国家为了维护政治独立和领土完整而对外来侵略或威胁进行防卫的权利。自卫权是国家的固有属性之一,也是国家维护正常的国际秩序和保障国际法实施的一种重要的手段。

由此可见,国家主权具有明显的两重性,即对内的主权和对外的主权。对内主权即国家对其领土范围内的一切人或事务和领土外的本国公民拥有最高的统治权和管辖权,每个国家有权选择自己的社会政治经济制度,独立自主地制定本国的内外政策,任何外国不得干涉。这种对内主权集中体现了统治阶级的权力,是由占统治地位的阶级和社会集团来实行的,体现的是统治阶级的意志。

对外主权即国家在国际社会中的独立权、平等权和自卫权。国家不论大小、强弱,都是独立的主权国家,都有平等参与国际事务的权利。在遭受外来侵犯时,每个国家都有行使独立的或集体的自卫的权利。这种对外主权是由对内主权所决定的,它体现了国家的阶级特征,同时它所捍卫的又不仅仅是统治阶级的利益,而是全社会、整个国家的利益,这种主权是属于国家的全体居民的。

3. 国际组织较之主权国家具有哪些突出的特点？（对外经贸2013年研）

答：国际组织是国际政治中的重要主体。国际组织包括政府间的国际组织和非政府间的国际组织，政府间的国际组织，是若干国家为了特定的目的和利益，通过共同签订条约而建立的常设性组织。非政府间的国际组织，则是由个人、社会团体或者政党所建立的国际组织，这类国际组织不具有国际法主体的资格。国际组织较之主权国家的特点为：

（1）由于国际组织没有固定的领土和居民，国际组织的成员与某一国家公民的身份有着明显的区别。国际组织的所在地和活动范围均为某一主权国家的领土，只有在主权国家同意的前提下才能以某种协议方式获得有限的使用权，这种有限使用的空间与国家主权所及的领土是根本不同的概念。

（2）国际组织不拥有集中统一的政权机构和暴力工具，一般不能像主权国家那样运用包括暴力在内的强制力解决国际问题。由于国际组织一般不拥有具有广泛权力的政府机构和保障其决策得以执行的物质手段，因而不能像主权国家那样可以通过政权机关强制推行其对外政策，甚至不惜采取极端措施来实现自己的对外战略目标。

（3）国际组织的成员来自两个以上的国家，因此它们一般不受特定国家的控制和支配，不代表特定国家的利益，从而具有超国家性和超阶级性的特点，具有超国家的共同利益。其中的自然人来自不同的国家，作为成员国的代表，他们代表和反映了本国的利益，作为跨国组织的雇员，他们又应当体现国际组织的整体利益。

第二十章　国际政治行为

20.1　复习指南

【知识框架(庖丁解牛)】

- 国际政治行为
  - 国际政治行为的含义和类型
    - 含义
    - 基本类型
      - 国际政治冲突行为
      - 国际政治合作行为
  - 国际政治行为的基本准则
    - 国际政治行为准则的含义和特征
      - 含义
      - 特征
        - 普遍适用性
        - 主体共识性
        - 价值应然性
        - 特定约束性
    - 国际法
      - 基本特点
        - 主体
        - 主要法律渊源
        - 约束力
      - 作用
        - 保障有序的国际政治关系的法律条件
        - 政治权利与义务的法定依据
        - 解决国际冲突和纠纷的法律标准和原则基础
        - 国际政治关系的基本准则

通关提要(提纲挈领)

本章内容较为简单，需要掌握国际政治行为的含义，熟悉国际政治行为准则的含义和基本特点，了解国际法在国际政治中的地位和作用。本章考试题型一般为概念题和简答题。

20.2　考研真题与典型题

一、简答题

1. 什么是国际政治准则？简述国际政治准则的基本原则。(湘潭大学 2016 年研)

相关试题：国际政治基本准则的特点及当代国际政治的基本准则。(青岛大学 2011 年研)

2. 国际法在国际政治中的积极作用。(湘潭大学 2021 年研；青岛大学 2014 年研)

相关试题：论述国际法基本特点和作用。(吉林大学 2014 年研)

3. 国际冲突范围扩散性的主要表现有哪些？(对外经贸 2013 年研)

4．简述国际行为的基本方式。（电子科大 2014 年研）

5．为什么说国家实力对一个国家的对外行为具有重要的制约作用?（电子科大 2014 年研）

二、论述题

1．联系国际政治的现实，分析国际法的基本特点及其在国际政治中的作用。（青岛大学 2011 年研）

相关试题：国际法在国际关系中有何作用。（中山大学 2014 年研）

2．综述国际政治学界对国际合作理论的多重视角研究，并用之来解读东亚共同体构建的前景。（对外经贸 2013 年研）

3．解决国际冲突的基本形式。（电子科大 2014 年研）

20.3　考研真题与典型题详解

一、简答题

1．什么是国际政治准则？简述国际政治准则的基本原则。（湘潭大学 2016 年研）

相关试题：国际政治基本准则的特点及当代国际政治的基本准则。（青岛大学 2011 年研）

答：国际政治准则，又称国际行为准则，是指国际政治中以国家为主要主体的政治行为体在处理国际事务中应当遵循的规范。国际政治行为的基本准则的特点包括普遍适用性、主体共识性、价值应然性和特定约束性。

当代国际政治的基本准则主要包括：

（1）各国主权平等

各国主权平等，是对国际政治基础和前提的规定。主权平等原则首先确认各国主权的完整独立，包括政治独立、经济自主和领土完整。

（2）以和平方式解决国际争端

这一规定是针对国际政治主体之间的矛盾和冲突状况确定的。它的核心要点在于只能以和平的方式作为解决问题的方式选择，一切武力或者以武力威胁的解决方式都是不正当的。

（3）互不干涉内政

任何国家、国家集团或者国际组织，都不得干涉他国的内政。

（4）互不侵犯

这一原则规定，国家在国际交往中，不得以任何借口和理由，发动侵略战争。任何国家都不得以武力、武力威胁或者其他方式侵犯其他国家。

（5）和平共处

不同国家在国际交往中，都应尊重国际法和其他国际准则，尊重彼此，求同存异，和睦相处。

2．国际法在国际政治中的积极作用。（湘潭大学 2021 年研；青岛大学 2014 年研）

相关试题：论述国际法基本特点和作用。（吉林大学 2014 年研）

答：国际法，或称国际公法，是指调整国际法主体之间、主要是国家之间关系的，有法律拘束力的原则、规则和制度的总体。国际法的基本组成内容可以概括为平时法、战争法和中立法。国际法对国际政治产生的积极作用表述如下：

（1）国际法是保障有序的国际政治关系的法律条件

国际政治关系的有序性，是国际政治活动和交往得以顺利进行和发展的必要条件。国际法一方面为这种有序性提供了基本规范和准则，另一方面则以其特定的约束力，为这种有序性创造了特定的保障性条件。

（2）国际法是确定国家等国际法主体政治权利和义务的法定依据

国际法规定国家交往中各自的权利与义务，一般体现在互相缔结的条约与公约中。这些条约与公约为各主体的政治权利和义务提供了法定依据。

（3）国际法确立处置国家间争端的标准，保障国际社会的正常秩序

国际社会中，国家间争端是不可避免的。这种争端可能是运用国际法程序加以解决的“权利争端”，也可能是通过特殊的外交与政治手段才可能解决的“政治性争端”。无论是外交、政治，还是法律，它们均是解决争端的和平手段。此外还有一些手段是国际法认可的强制手段，例如经济制裁、军事制裁等。国际法为各国交往提供了自我约束与相互约束的行为准则，维护了国际社会的正常秩序。

（4）国际法为小国反对别国干涉与霸权行为提供武器，有力维护了世界和平

战后，随着国际法主体的重大变化，第三世界国家逐步成了国际社会的多数成员与国际法中的新主体。国际法的内容逐步改变，在第三世界国家的大力倡导下，使国际法的原则更有利于弱小与新兴国家捍卫主权、反对霸权、维护世界和平、阻止世界战争的斗争。

3. 国际冲突范围扩散性的主要表现有哪些？（对外经贸 2013 年研）

答：国际冲突是指国际行为主体之间为实现各自的利益和目标而进行的对抗性或敌对性活动。国际行为主体之间利益和目标的不一致是国际冲突的内在前提和基本条件。国际冲突的实质是一种以对抗性或敌对性为主要特征的国际相互作用形式，是国际行为主体之间有意识的对抗性活动。随着全球相互依赖程度的不断加深、超级大国的干涉，国际冲突的领域和范围在不断扩大，国际冲突范围扩散性主要体现在：

（1）国际竞争与冲突遍布世界，范围广，领域全，参加者不是少数大国，而几乎是所有国家。战后亚非拉新独立国家的涌现，直接介入许多竞争与冲突，扩大了竞争与冲突的范围。

（2）全球相互依存程度的不断强化使得国际事务具有联动效应。

（3）国际冲突不仅仅局限在某几个方面。超级大国的竞争与冲突以及地区冲突，涉及的领域也不再局限于资源和市场，而是综合政治、经济、文化、军事各个方面，以不同性质、不同强度表现出来，呈现出错综复杂的局面。

（4）由于国内政治国际化和国际政治国内化的不断发展，使得国内矛盾更容易受地区或国际危机的影响。

4. 简述国际行为的基本方式。（电子科大 2014 年研）

答：国际行为主体在实施其对外战略和对外政策时，既可以采取外交方式、军事方式，

也可以采取经济方式、文化方式，这些行为方式构成了国际行为的基本方式。

(1)外交方式

外交方式即各国政府通过其驻外使节或政府官员的谈判和协商来调整和处理国家间的相互关系。它包括：正式的外交活动，如建立或中断外交关系、派驻外交使团、进行协商和谈判；非正式的外交活动，如民间外交活动和非法的外交活动。外交方式也被称为一种政治行为方式。

(2)经济方式

经济方式即通过制定和实施一定的经济政策，采取某种经济行动，影响他国的对外行为或相互关系。它包括国家间的贸易、国家的对外援助或制裁。经济方式既是谋求自身经济发展和共同经济发展的重要手段，又是一种发展相互政治关系、谋求自身政治利益和制约他国对外行为的政治手段。

(3)军事方式

军事方式即通过对外实施暴力或威胁使用暴力来支持或打击特定的行为对象。它包括：公开的军事方式，如直接动用或威胁使用暴力来进行军事干涉或武装自卫及威慑；秘密的军事方式，如秘密派遣武装人员非法潜入他国领土进行暴力活动。军事方式既可作为一种支援手段，亦可作为一种惩罚手段，既有合法的暴力，又有非法的暴力。

(4)文化方式

文化方式或称为信息手段，即通过宣传媒介或其他宣传方式，影响对象国的公众舆论或公众思想，以向该国政府施加压力，借以影响该国的对外行为。它包括：宣传，即形成舆论；示意，即通过语言或行动来传递某种特定的信息。

5．为什么说国家实力对一个国家的对外行为具有重要的制约作用？(电子科大2014年研)

答：(1)国家实力的内涵

①国家的实力或力量是一个与国际政治中的权力关系、利益关系密切相关的概念。一定的实力是主权国家和非国家行为主体赖以在国际政治中存在的基础，也是它们作为国际行为主体的重要特征之一。国家实力对国际行为的作用主要体现在它对行为主体的行为能力的影响上。一个行为主体在国际舞台上作用的大小，主要表现为其行为能力的大小。

②测量一国行为能力的尺度主要有五个方面：在主要国际组织中的地位和作用；在重大国际问题上的作用；对其他行为主体对外决策的影响；自身对外影响的范围和领域；对外影响的途径和手段等。国际行为能力的大小，主要取决于一国物质力量的强弱，同时，也与非物质力量有着密切关系。此外，行为能力的大小，还取决于不同的国际环境、历史发展的一定阶段以及不同的地域和对象。一般来讲，综合国力强大的国家，其行为能力和对外影响力就大；综合国力较弱的国家，其行为能力和对外影响则相对较小。但有可能因条件和对象的不同而有所不同。

(2)国家实力的制约作用

国家的实力对一个国家的对外行为具有重要的制约作用，这主要表现在：

①它是制定对外战略的重要依据。一个国家在对外决策时，必须正确地估价自己的实力地位，自己与行为对象之间的实力对比状况，以及国际政治舞台上的力量对比状况。过高或过低地估计自己的实力地位，都会导致决策的失误。

②它是实现国家对外目标的重要手段。国家对外目标的确定要考虑自身的实力地位，对外目标的实现也需要凭借自身的实力。我们反对“弱国无外交”的强权政治，同时也必须承认，“无实力外交”也是不现实的、不可能的。要实现一定的对外目标，必须采取一定的行为手段，必须具备一定的实力。

③它是决定国家对外行为方式的重要因素。一个国家的对外行为应采取何种方式，取决于多种因素，而实力地位起着十分重要的作用。实力地位不同，则采取的方式不同。有的国家以采取经济方式为主，有的国家以采取军事方式为主，有的国家主要以采取政治方式为主，有的国家则综合采取各种方式。

二、论述题

1. 联系国际政治的现实，分析国际法的基本特点及其在国际政治中的作用。（青岛大学2011年研）

相关试题：国际法在国际关系中有何作用。（中山大学2014年研）

答：(1)国际法的基本特点

国际法与一般的法有共同性，但也有其特殊性，表现在它与国内法相比较有以下基本特点：

①国际法的主体主要是国家。此外，还有政府间国际组织，特别是世界性的国际组织（如联合国）。

②国际法的制定主要是通过国家之间的协议来实现的，国际社会没有专门的立法机关。例如第三次联合国海洋法会议制定了《联合国海洋法公约》，又例如通过专门的外交会议制定了《维也纳外交关系公约》。

③国际法调整的对象是国际关系，主要是主权国家之间的关系。

④在强制实施方面，国际法也与国内法不同。在国内，国家有强大的执法手段，如法院、警察、军队、监狱等，保证国内法的实施。而国际法则没有这样居于国家之上的强制机关。联合国国际法院也没有强制管辖权。国际法的外在强制主要靠国家自己按照国际法，采取个别或集体的行动，包括要求违背国际义务、违反国际法的国家承担国家责任，实行报复，进行自卫。当然，国际法的实施也并不单纯依靠外在的强制。一般和总体而言，国家按照国际法行事，对自身也是有利的。

(2)国际法在国际政治中的作用

参见本章考研真题与典型题详解简答题第2题答案。

2. 综述国际政治学界对国际合作理论的多重视角研究，并用之来解读东亚共同体构建的前景。（对外经贸2013年研）

答：国际合作是国际互动的一种基本形式，它是指国际行为主体之间基于相互利益的基本一致或部分一致，而在一定的问题领域中所进行的政策协调行为。国际合作的基础是国际行为主体相互利益的基本一致或部分一致。国际合作的实质是国际行为主体在一定的问题领域中所进行的政策协调行为。

(1)国际合作的类型

①按照合作所覆盖的范围，国际合作可以分为全球性合作、区域性合作、多边合作和

双边合作等。

②按照合作目标的广泛程度，国际合作可以分为战略性合作和一般性合作。

③按照合作的形式或正式程度，国际合作可以分为默契、国际条约和国际组织。

④按照合作的领域，国际合作可以分为政治合作、经济合作、军事合作以及科技、文化、环境等领域的合作。

⑤按照合作形成的方式，国际合作可以分为自愿合作和强制合作等。

(2)国际合作的障碍

如果国际行为主体希望达成相互合作，它们还必须克服一系列障碍，这些障碍包括信息不对称、“搭便车”和对相对获益的关切等。

①信息不对称

国际合作的障碍首先来自国际行为主体之间的信息不对称。信息不对称具有隐蔽性，必须强调的是，只有当欺骗行为成为可能时，信息不对称才会阻碍国家间合作。

②“搭便车”

国际合作经常为“搭便车”的问题所困扰，特别是当国际合作涉及多个行为主体时。作为追求自身利益的行为主体，国家在从事国际合作时往往具有“搭便车”的动机。

③国家对相对获益的关切

新现实主义者认为，国家对相对获益的关切构成国际合作的主要障碍。一个国家对相对获益的关切究竟能够在多大程度上阻碍国际合作，将取决于两个判断：a. 其他国家是否可能将合作的收益转化为伤害这个国家的能力；b. 其他国家是否有意愿伤害这个国家。

(3)国际合作的保障

根据罗伯特·基欧汉的定义，国际制度是指“持久的、相互联系的正式和非正式规则，这些规则规定行为角色、限制行动并塑造预期”。他认为，国际制度包括以下三个组成部分：正式的政府间组织或跨国的非政府组织、国际机制、国际惯例。

①国际制度改变国家间的信息不对称状况，使国家获得进行合作所必需的重要信息。

②国际制度确立权利界定的原则和权利行使的范围，提供权利争议的解决程序。

③国际制度改变国家对外行为的成本收益，使国家遵守合作协议。国际制度使得各个国家能够遵守国际规则和原则，减少了国家盲目发动战争和对外冲突的可能性，使国家遵守合作协议，最大可能性改变了国家对外行为的成本收益和机会收益。

(4)东亚共同体构建的前景

在当今世界相互依存不断加深的条件下，国际制度的力量和作用日益凸显，国际合作带来的预期收益也越来越显而易见。东亚共同体的建立是国际合作的一个新的发展阶段，共同体的成员国可以在更大范围和更高的目标上进行合作，合作的形式和领域也必将呈现出多样化的发展趋势，但是在合作的过程中，障碍也是不可避免的。为了克服这些障碍，获得由国际合作带来的福利改善，东亚共同体可以在大量问题领域建立国际制度。

3. 解决国际冲突的基本形式。(电子科大 2014 年研)

答：国际冲突是国家之间为了追求自身利益而发生的各种冲突，解决国际冲突的基本形式主要包括：

(1)内部解决

①冲突的发展过程实际上也是冲突各方试图实现其利益和目标的过程。当冲突的各方或其中一方意识到，冲突的发展无益于自身的利益和目标的实现时，或者受到冲突波及的其他各方认为冲突的发展会损害其利益时，就会争取在冲突的某一阶段采取措施，使冲突得到解决。

②霍尔斯蒂在《国际政治：分析的结构》一书中列举了冲突解决的六种方式：回避、征服、屈服、妥协、裁决、消极解决。上述解决方式除了裁决是最终由冲突各方邀请外部力量介入以外，一般都是内部解决方式，即冲突各方之间的内部解决。

(2)国际干预

在一定条件下，某些中立的国家或国际组织等第三方通过斡旋、调停、调解、仲裁和司法解决等对冲突进行适当的干预，已经越来越常见，也被认为是符合国际法原则的。尤其是一些具有国际权威的国际组织，如联合国以及一些地区性国际组织，有责任对其成员国的争端和冲突进行干预和协调，对危及和平的侵略行为加以制止。国际干预可以分为联合国体系内的干预和联合国体系外的干预。前者是指联合国直接组织的干预或联合国授权某个国家或国际组织所进行的干预。后者是在联合国体系之外所进行的国际干预，干预主体可以是大国、邻国或联合国以外的其他国际组织，其特点是没有得到联合国的批准或授权。

(3)集体安全

集体安全，就是以集体的方式威慑或制止侵略，从而保障国家安全的设想与原则。根据集体安全理论，一国如果侵犯其他国家，必然遭到其余所有国家的反对和制约。从而使任何侵略行为遭到失败，使潜在的侵略意图得到抑制。集体安全方案包含两个原则：威慑原则和普遍性原则。威慑原则指的是，试图使用武力者将立即遭到一个反侵略国际联盟的反击；普遍性原则是指，所有国家对侵略者的认识一致并反对之，所有国家都有义务以适当的方式加入到反侵略行动中。这样，集体安全通过形成压倒性的反侵略联合力量来威慑或抑制侵略，从而促成国际冲突的解决。

(4)世界联邦主义

世界联邦主义认为，要促进国际社会的合作与和谐，杜绝国际冲突的发生，就必须自愿地拆除国家主权的藩篱，按照联邦与民主的原则，实现政府权力的集中化。

按照马克思主义利益分析方法，国际冲突的本质是国家间的利益矛盾和利益冲突，这种矛盾和冲突得到妥善的解决依旧要通过和平协商的方式，并且，以和平协商和外交方式解决这些矛盾和冲突，应该是现代国际政治生活的根本性途径。

第二十一章　国际政治体系

21.1　复习指南

【知识框架(庖丁解牛)】

- 国际政治体系
  - 国际政治体系的含义和特征
    - 国际政治体系的含义
    - 国际政治体系的基本特征
      - 全球整体性
      - 多极趋向性
      - 多重复杂性
      - 有序结构性
  - 时代主题与国际政治格局的发展
    - 当代世界的和平与发展问题
      - 和平与发展时代主题的提出和发展
      - 和平与发展的相互关系
        - 根本前提
        - 有力保障
    - 经济全球化与国际政治格局多极化
      - 经济全球化的含义
      - 经济全球化对国际政治的影响
      - 经济全球化与全球治理

通关提要(提纲挈领)

本章的内容较为基础，是重点内容。本章要把握国际政治体系的基本特征，了解和平与发展的时代特征，明确经济全球化对国际政治格局的影响。本章多以简答题和论述题形式考查，要结合当今国际格局分析国际政治体系的基本特点，把握其发展态势。

21.2　考研真题与典型题

一、概念题

1. 国际政治体系(对外经贸 2016 年研)

相关试题：国际体系(青岛大学 2012 年研)

2. 国际政治格局(青岛大学 2015 年研；首都师大 2011 年研)

二、辨析题

经济全球化不利于全球治理。(扬州大学 2018 年研)

三、简答题

国际体系呈现哪些比较鲜明的特征？(对外经贸 2013 年研)

四、论述题

1．结合国际格局的历史演变过程，综析当今国际格局的基本特征及发展趋势。（对外经贸 2012 年研）

2．国际政治格局总是同世界经济格局相互联系、相互作用。（电子科大 2014 年研）

3．近年来，中美两国之间围绕人民币汇率的定值问题争吵不休，人民币汇率问题已经成为影响中美关系顺利发展的一个重要因素。有人说，人民币汇率问题是一个经济问题，不应该把经济问题政治化；也有人说，人民币汇率问题本身就是一个政治问题，不存在经济问题政治化的情况。请用所学的知识和理论谈谈你对此问题的看法。（中山大学 2014 年研）

相关试题：经济全球化对国家主权的影响。（安徽大学 2022 年研）

21.3　考研真题与典型题详解

一、概念题

1．国际政治体系（对外经贸 2016 年研）

相关试题：国际体系（青岛大学 2012 年研）

答： 国际政治体系是指世界格局一定时期内由世界上各种基本力量的对比、组合形成的相对稳定的国际关系总体结构。一般来说，国际政治体系主要包括两个方面的内容：①国际政治力量集合；②国际政治运行的整体规则和机制。

2．国际政治格局（青岛大学 2015 年研；首都师大 2011 年研）

答： 国际政治格局是指国际舞台上的主要政治力量之间在一定历史时期内相互联系、相互作用而形成的一种结构状态。国际政治格局有如下基本含义：①一定时期内的世界主要矛盾，是国际政治格局形成和发展的基础。在国际政治中，由于各行为主体在诸多方面存在着差异性，因此，往往造成各行为主体利益关系中的矛盾性。②国际政治格局是以世界范围内的基本政治力量为主干而形成的。在国际政治中，各主体就是为谋求、实现和维护各自利益而形成的力量主体。故国际政治中的利益矛盾在现实性上即表现为国际政治各力量主体之间的矛盾。③国际政治格局是国际政治基本力量之间的组合方式和构成状况。

二、辨析题

经济全球化不利于全球治理。（扬州大学 2018 年研）

答： 这种说法是错误的，具体分析如下：

（1）经济全球化是指世界经济活动超越国界，通过对外贸易、资本流动、技术转移、提供服务、相互依存、相互联系而形成的全球范围的有机经济整体。全球治理是指由各种公共的和私人的机构共同参与的对全球公共问题的管理，进而达成不同程度的全球集体合作行动，并确定稳定的秩序。其核心是如何克服集体行动的困境，即“如何组织集体行动”的问题。全球治理的目标，是要在复杂的全球交往中建立起公正的秩序。

（2）虽然在经济全球化影响下，越来越多的全球性问题产生了，比如恐怖主义、金融危机、环境污染、自然灾害、跨国犯罪、严重传染性疾病等问题。但不可否认的是经济全球化为全球治理创造了有利条件。经济全球化的积极作用有：

①经济全球化的发展加深了国际经济政治主体之间的依赖程度，使得人类的全球性共同利益得以扩展和深化。

②经济全球化促进了治理和解决全球性共同问题的主体和组织网络的发展。

③经济全球化促进了国际法的发展，为顺利解决全球性问题提供了法律依据或者形成相关法律的机会。

④经济全球化促进了世界经济多极化的发展。经济全球化是一个制度变迁的过程，是一个既相互竞争，又相互融合渗透的过程。

三、简答题

国际体系呈现哪些比较鲜明的特征？（对外经贸 2013 年研）

答：国际体系是一个既抽象又具体的范畴，它具有以下几方面的基本特征：

（1）整体性

①国际体系的整体性在于它所表现出来的是各行为主体单个力量相互作用融合而成的整体力量，这是各行为主体意志和愿望的直接表现。

②国际体系的整体性表明，各行为主体不仅离不开世界，而且都为世界的发展提供了一定的前提和条件。

（2）相互联系性

国际体系主要包括世界经济体系和世界政治体系，二者既密切相关，又相对独立，它们之间的基本关系是：世界经济是世界政治的基础，世界政治是世界经济的集中表现。这主要体现在：①世界经济是世界政治形成的基础和条件，因而对其起决定性作用；②世界政治对世界经济也有反作用，二者往往互为因果、彼此制约；③世界政治与世界经济之间是相互渗透的。

（3）不平等性

国际体系从形式上看似乎是由平等的行为主体所组成，然而它从诞生之日起就充满了不平等和不合理性，因为它是建立在垄断资本对全世界的剥削和压迫基础之上的，与帝国主义的殖民扩张和争霸战争是紧密相连的。国际体系的不平等性最充分地体现在不合理的世界政治经济旧秩序上。

四、论述题

1. 结合国际格局的历史演变过程，综析当今国际格局的基本特征及发展趋势。（对外经贸 2012 年研）

答：国际格局一般是指国际政治格局。国际政治格局是指国际舞台上的主要政治力量之间在一定历史时期内相互联系、相互作用而形成的一种结构状态，其构成要素是国际政治力量，它作为国际系统的一种表现形式，其形成和发展与国际社会紧密相关，是资本主义形成和发展的产物。

（1）当今国际格局的基本特征

①一超渐弱，美国作为全球超级大国的地位开始有所弱化。多强并起，原来由少数几

个国家来主导国际政治经济秩序的局势正在发生着深刻的变化。表现为原来由八国集团主导的全球经济秩序，现已扩展到二十国集团，并且发展中国家占据很大一部分比重，国际治理机制正在发生渐变。一些新兴经济体国家在全球经济治理过程中的作用提高还体现在它们在国际金融机构当中的代表权开始总体上处于一种上升的状态，新兴经济体在国际组织当中的发言权也得到提升。

②经济全球化更加深入，区域一体化方兴未艾。经济全球化发展趋势更加深入、更加广泛，其影响也更加明显。与此相对应的是区域一体化蓬勃发展，从全球层次上看经济联系越来越紧密，包括贸易、投资、金融等各个方面的各种壁垒开始消除，全球之间的联系开始日益紧密。

③国际关系行为体系更加多元，国际权力更为分散。不仅仅是国家成为国际关系的行为体，其他的一些非国家行为体在塑造整个国际关系过程中也发挥了很重要的作用。

④全球的安全形势表现为：总体和平、局部战争，总体缓和、局部紧张，总体稳定、局部动荡。和平、稳定仍然是大潮流，但是在这个潮流之下出现了一些地区性的不稳定因素，中东地区是充满动荡的主要地区。

(2)当今国际格局的发展趋势

①20世纪70年代以后，国际格局出现了向多极方向发展的趋势，即中、美、苏、日、西欧和第三世界这六大力量竞相发展，政治上美国的霸权地位受到动摇，欧洲一体化形成，中国、印度崛起势头明显，第三世界国家影响力增大，各地区区域化加速。美国地位动摇但仍是世界最强，格局是一超多强，向多元化方向发展。

②经济发展呈现全球化、区域化趋势。各国经济相互渗透，你中有我，我中有你。但是，发达国家对发展中国家的剥削力度加大了。20世纪90年代以来，经济全球化得到了迅速的发展，现已发展成为以科技革命和信息技术发展为先导，涵盖了生产、贸易、金融和投资各个领域，囊括了世界经济和与世界经济相联系的各个方面及全部过程。其主要表现为：国际分工从过去以垂直分工为主发展到以水平分工为主的一个新阶段；世界贸易增长迅猛，多边贸易体制开始形成；国际资本流动达到空前规模，金融国际化的进程加快；跨国公司对世界经济的影响日增；国际经济协调的作用日益加强；国际组织、区域组织对经济发展的干预作用日益增强。

2. 国际政治格局总是同世界经济格局相互联系、相互作用。(电子科大2014年研)

答：(1)国际政治格局和世界经济格局的含义

①国际政治格局是指国际舞台上的主要政治力量之间在一定历史时期内相互联系、相互作用而形成的一种结构状态。

②世界经济格局是指世界范围内各种国民经济类型和经济力量中心之间相互关系的结构状态，或经济力量对比关系的状态。经济格局与政治格局之间，既自成系统，又相互联系。

(2)国际政治格局同世界经济格局之间的关系

①世界经济格局的形成，是国际政治格局产生的基础和前提。国际社会的形成和发展是建立在世界经济的形成和发展的基础之上的，国际政治系统是建立在世界经济体系完成的基础之上的。正是由于资本主义世界市场的形成，才出现了现代意义上的国际政治，并

在此基础上形成一定的政治格局状态。

②国际政治力量的形成，与其所拥有的经济实力及其在经济格局中的地位紧密相关。一个国家或国家集团在国际政治中的行为能力如何，经济实力地位是最基本的并长期起作用的决定性因素。

③世界经济格局的发展演变直接影响着国际政治格局的变化，两者的演进呈同向发展的趋势。世界经济格局的变化与国际政治格局的演变在时间上并不是立即发生的，但在方向和趋势上是一致的。

④国际政治力量对比关系对世界经济关系的影响也是不容忽视的。

a. 国际政治格局一经形成，对各种政治力量之间的经济关系就具有相当的制约性。20世纪60年代以后，帝国主义阵营的分化、西欧和日本政治独立性的增强，也使其与社会主义国家和第三世界国家间的经济关系更加灵活，并由此而出现了最初的南北对话。

b. 国际政治格局与世界经济格局是可以相互促进的。当代的国际政治多元化是在世界经济多元化的基础上形成的；同时，它又反过来进一步推进了各种经济力量的发展和经济多元化的深入。

3. 近年来，中美两国之间围绕人民币汇率的定值问题争吵不休，人民币汇率问题已经成为影响中美关系顺利发展的一个重要因素。有人说，人民币汇率问题是一个经济问题，不应该把经济问题政治化；也有人说，人民币汇率问题本身就是一个政治问题，不存在经济问题政治化的情况。请用所学的知识和理论谈谈你对此问题的看法。（中山大学2014年研）

相关试题：经济全球化对国家主权的影响。（安徽大学2022年研）

答：（1）经济问题政治化的含义

经济问题政治化是把经济方面的问题添加上政治色彩，由相关国家政府出面干预经济问题的解决，从而使问题的解决带有很强的政治性目的。经济问题政治化是发达国家制约发展中国家经济和其他方面发展的重要手段。发达国家利用其在国际经济事务中的优势地位，制定游戏规则，以损害发展中国家的利益为代价，维护自身所谓的合法权益。

（2）经济全球化对于国际政治的影响

人民币汇率经济问题政治化的背后实质是经济全球化对于国家间政治的影响问题。经济全球化对于国际政治的影响主要表现在以下三个方面：

①经济全球化对于国家主权的影响。经济全球化在加强主权国家之间联系的同时，也对国家主权构成了严峻的挑战，其主要体现在：

a. 跨国公司对国家主权形成冲击。跨国公司通过子公司或者代理公司绕过特定国家政府相关法律法令，谋求利润最大化，一定程度上弱化了一国国家主权的作用；跨国公司通过其强大的经济力量对投资国经济政策形成影响，进而抑制相关国家主权的经济功能。

b. 经济全球化强化了国际组织的组织协调功能，弱化了国家主权的功能。

c. 在经济全球化进程中，国家主权的范围、功能、权限等方面均受到了很大的冲击和压力。

②经济全球化对于国际组织的影响。经济全球化的加速发展，使国际组织和跨国公司为代表的非国家行为主体逐渐在国际关系中显露头角，在国际事务中发挥着越来越重要的

作用。

③在国际社会中，与经济全球化趋势并存的是国际政治格局多极化的发展。

a. 经济全球化对国际政治格局多极化的影响：经济全球化给国家和地区经济发展带来了机遇，促进了本国经济的发展，为世界多极化奠定了基础；经济全球化有利于削弱国际政治格局单极化，促进世界多极化的发展；在经济全球化过程中，区域经济一体化进程会随之加快从而促进国际政治格局进一步向着多极化方向发展；但西方国家力图借助自己的强势力量、在经济全球化中的主导权和在国际组织与规则中的主控权，建立资本主义模式的一统天下和单极世界，激化发达国家和发展中国家的矛盾。

b. 国际政治格局多极化对经济全球化的影响：世界各国共同发展、世界多个国家和国家集团综合国力的提高、各国和国家集团平等参与国际事务的权利得到维护，意味着发展中国家的政治经济主权、发展权和共同发展权得到维护；国际社会的多样性将会得到尊重和维护，国际政治关系的基本准则将会成为国际政治主体真正的准则，国际政治关系将会趋向民主化，国家和国家集团之间将会以平等协商、互利合作的方式处理相互关系；进一步促使经济全球化向着有利于世界和平与发展的方向发展，促进国际关系民主化进程，推动和谐世界的建设和发展。

人民币汇率问题不仅是个经济问题，而且涉及到国家间的政治关系问题，要想处理好这一问题，并且促进我国经济平稳快速发展，有必要认清这一问题的实质，即经济全球化对于国家间政治的影响。